语言学概论

高廉平　苗春华◎主编

YUYANXUE
GAILUN

西南师范大学出版社
国家一级出版社 全国百佳图书出版单位

图书在版编目(CIP)数据

语言学概论 / 高廉平，苗春华主编. -- 重庆：西南师范大学出版社，2019.1
ISBN 978-7-5621-5778-6

Ⅰ. ①语… Ⅱ. ①高… ②苗… Ⅲ. ①语言学－高等学校－教材 Ⅳ. ①H0

中国版本图书馆CIP数据核字(2019)第008552号

语言学概论

YUYANXUE GAILUN

高廉平　苗春华　主　编

责任编辑：李浩强　张燕妮
装帧设计：观止堂_未氓　朱璇
排　　版：夏　洁
出版发行：西南师范大学出版社
网址：www.xscbs.com
地址：重庆市北碚区天生路2号
邮编：400715
经　　销：全国新华书店
印　　刷：重庆荟文印务有限公司
幅面尺寸：170mm×240mm
印　　张：14.75
字　　数：280千字
版　　次：2019年3月　第1版
印　　次：2020年9月　第2次印刷
书　　号：ISBN 978-7-5621-5778-6

定　　价：39.00元

目录

CONTENTS

第一章

绪 论

【章目要览】

语言学的任务是研究语言的性质、功能及结构，揭示语言的发展规律；语言学的发展经历了传统语言学时期、历史比较语言学时期、结构主义语言学时期、形式主义语言学时期以及语言学新发展；语言学的分类主要有具体语言学和普通语言学、共时语言学和历时语言学、理论语言学和应用语言学、宏观语言学和微观语言学。

【相关知识】

本章涉及语言类型学、语言学的发展历史以及西方语言学流派的相关知识。

【情景案例】

20世纪，美国作家艾利克斯·哈利写了一部小说《根》，讲述18世纪中期，哈利的祖先在非洲砍树做鼓时，不幸被人贩子绑架到美国卖给白人种植园主做了奴隶。他的后代为了不忘记身世，以口头形式把这些苦难的历史传下来。但遗憾的是，他们已不知道家族的"根"到底在哪里，知道的只是他们家前面小河的名字以及一个姓氏的读音——Kunta Kin-tay。当哈利从长辈那儿听到祖先苦难而生动的历史后，产生了强烈的创作欲望。经过10年的奋斗，初步构思了小说的轮廓，然而那个关键性的"根"——Kunta Kin-tay，这个奇怪的声音仍然是一个谜。他找到一个懂得几种非洲语言的语言学家求教。经过一段时间的研究，语言学家得出结论："Kunta Kin-tay"这个声音是非洲冈比亚曼丁卡部族的姓氏。三天后，哈利便去了冈比亚。在冈比亚曼丁卡部族的一个乡村，他果然找到了他祖先的家，因为在那个村里，Kunta Kin-tay在砍木头做鼓时被白人抓走的事情一直流传。由此可见，语言经历了漫长的发展时期，对人类社会生活起着至关重要的作用。

【重点提示】

语言学的研究对象、任务；语言学的发展历程；语言学的分类。

第一节 语言学的发展

一、语言学的研究对象和任务

概括地说，语言学是以语言作为专门研究对象的一门独立的科学，语言学的任务就是研究语言的性质、功能及结构，揭示语言的发展规律。

但是具体分析起来，语言学的发展却是一个历史的范畴。在不同的历史阶段，语言学的对象和任务又不完全相同。

在传统语言学时期，语言研究的目的是为了读懂古代文化典籍（有关哲学、宗教、政治、历史、文学方面），研究的对象仅限于古代的书面语和文字，研究的任务是注释、校勘古书，而不是描写语言的结构规律。

在历史比较语言学时期，语言学家用比较的方法对不同语言的语音、基本词汇、语法构造等加以研究，根据各个方面的对应关系，确认不同的语言之间有无共同的历史来源，最后构拟出原始母语的面貌。研究任务是确认语言间的亲属关系，构拟原始母语。研究对象是书面语言或者已经“死了”的语言。

在结构主义语言学时期，语言学家注重语言事实的记录和描写，注重语言结构的分析。研究的对象更多地关注到活的口语；研究的任务是描写语言事实，弄清语言的结构，认识语言的本质，揭示语言的规律。

在形式语言学时期，语言学家试图建立一种解释自然语言生成句子的机制的理论，使用演绎的方法、高度形式化的描写，从语言能力研究中揭示人的认知过程。研究的对象除具体的语言事实之外，特别关注说话人对语言的内在认识，即语言能力。研究的任务是建立形式化的公式来规定概念、表达规则，运用生成和转换的理论来构建语法体系，解释语言能力的生成机制。

在此后的语言学发展时期，由于学科之间的相互影响、相互渗透、相互交叉，语言学的研究对象除了语言本身之外，还涉及与之相关的各个方面，如社会现象、文化现象、心理现象、生理现象以及生物学、神经学、数学、计算机科学等。在这个发展过程中，语言学理论和方法也在不断变化、不断更新，语言学的研究任务呈现出多元的态势，语言学理论的发展也呈现出五彩纷呈的局面。

二、语言学的发展简史

(一)传统语言学

传统语言学也叫“语文学”，通常指19世纪历史比较语言学产生以前的语文研究或文献研究。文字的发明标志着人类社会步入文明时代。千百年来，人类的祖先用文字给后代留下了许许多多光辉灿烂的文献。然而随着时光的流逝，后人读起这些文献，越来越感到困难，这就需要有人专门对古文献做些讲解、注释工作，目的是让后人读懂文献而不是在于研究语言，这就是语文研究的起源。传统语言学研究目的或者在于传承宗教典籍，或者在于做哲学上的探讨，或者在于校勘和注释古书。古印度、古希腊和古罗马、中国具有悠久的历史文化传统，是传统语言学的三大发源地。

1. 古印度的传统语言学。古印度是婆罗门教的发源地。古印度人用的书面语言叫梵语。当时有一部用梵语写的诗集叫《吠陀》(相当于我国的《诗经》，意思是“智慧”)，时间一长，后人读起它越来越感到困难。公元前4世纪，著名学者巴尼尼写了一本《梵语语法》，又称《巴尼尼经》。巴尼尼集中了许多学者的成果，采用诗歌体形式，把全部梵语的语音、词语的构成和变化法则隐含在3983条经句之内，分析、描写极为精细。这部语法著作提出了今天我们熟悉的“词干”“词尾”“变格”“变位”“元音”“唇音”等术语，在词类、构词法和语音方面都有论述，后来一直被称为“所有语言中最完备的语法”。

梵语

2. 古希腊、古罗马的传统语言学。古希腊是哲学的摇篮，古希腊人常常把对语言的讨论和对哲学的研究放在一起进行。他们的语言研究，大多从研究思想与词的关系、事物与名称的关系等问题开始。他们试图用逻辑来研究语言，比如柏拉图(前427—前347)认为讲一句话就一定要有个主词，然后是有关主词的动作，所以很早就有了主词和动词的概念。用逻辑的范畴来说明语法的范畴，用思维的规则来解释语言的规则，今天看来已经不妥当了，但正是他们的研究初步奠定了语法研究的基础。

柏拉图

古希腊、古罗马人把对语言的哲学思辨作为语言研究的重点，特别是集中在对“词”“物”之间或者“名”“实”之间的关系上，即语言中的“名”(名称)和现实现象中的“实”之间究竟是一种什么样的关系，是“实”决定了“名”还是两者之间没有什么必然的联系。一派观点认为名称反映了事物的本质，事物的本质决定了名称的原始正确性；另一派观点认为“名”“实”之间没有必然联系，纯粹根据习惯约定。

古希腊学者狄奥尼修斯·特拉克斯对古希腊的传统语言学做出了重要贡献。特拉克斯是一名教师,他在教授罗马青年学习希腊语的过程中,根据罗马人学习希腊语的特点和所遇到的问题写了一本《希腊语法》。在这本著作中,特拉克斯研究了八种词类(静词、动词、分词、冠词、代词、前置词、副词、连词),并给这八类词逐一定义,提出了性、数、格、人称、时态、语态等语法范畴,从而形成了相当完备的词法理论,奠定了语法理论的基础。特拉克斯的这本著作使人类对语言具备了基本的理性认识,对后世产生了极大的影响。

罗马人把希腊人的成就运用到拉丁语中,即把希腊语法体系照搬到拉丁语上来,编写出了系统实用的教材,通过教学传播了这种语法理论。瓦罗编著的《拉丁语研究》,被认为是研究拉丁语的权威性著作。全书共24卷,分为绪论、语源学、形态学和句法论四部分。瓦罗的贡献是区别了屈折形式和派生形式,比较详细地考察了拉丁语的性、数、格体系和结构功能。

3.中国的传统语言学。中国最早关于语言的认识也是跟哲学思辨联系在一起的,春秋战国时代,“名”“实”之争是一些学者争论的焦点问题。比较有代表性的观点是荀子在他的《正名篇》里对“名”“实”关系的阐述:“名无固宜,约之以命。约定俗成谓之宜,异于约则谓之不宜。名无固实,约之以命实,约定俗成谓之实名。”荀子观察语言现象之深入、论述之精辟,其观点至今仍有重要的理论意义。

中国古人在讲解注释古文献时并不注重词法和句法,最早的语言学著作也不是语法书。中国是一个注重文字的国家。从公元前14世纪开始产生大量的汉字,特别是秦始皇统一中国文字后,书面文献一直是文言文形式。这种形式一直沿用到20世纪初。中国的传统语言学一直围绕着汉字的形、音、义这三方面进行,由此产生出文字学、音韵学、训诂学,三者统称为“小学”。研究小学的目的是为了读懂古文,便于作诗。

(1)文字学方面。东汉许慎的《说文解字》是文字学的代表著作。汉代的经学家们在研究文字时,通常根据字的形体结构去解释字的意义。《说文解字》虽然是研究字义的,但由于古代汉字记录的是语言中的词,所以归根结底,它研究的还是词义。《说文解字》全书9353个字(重文1163个字),按540个部首形成比较科学的体系。此书集前人之大成,第一次按部首排列汉字,后来的汉字字典(直到今人仿照西方按照音序编排词典以前)都基本上遵循了它开创的格局。许慎以小篆的形体为依据,把所有的字分成540部,通过字形的分析解释字的本义,归纳出“六书”的理论。

(2)音韵学方面。有两大成就:一是反切的发明,二是韵书的产生。反切就是用两个字给一个字注音的注音方法,取上字之声,下字之韵和调,得出被切字的读音。如

"都,当孤切"。反切的出现是由于佛经传入我国时,人们从记录佛经的拼音文字——梵文上受到启发,开始注意到汉字的音节也是可分的。对汉字音节结构的深入认识使韵书的产生成为可能。

魏晋以后,出了很多种韵书。韵书的大量盛行,源于文学创作讲究声律和形式美的风气。最早的韵书是三国时代魏国李登的《声类》,到了隋朝有陆法言的《切韵》(没有完全流传下来)。影响最大的音韵学著作是北宋初年陈彭年等奉命编撰的《大宋重修广韵》(简称《广韵》)。《广韵》全书有五卷,收字26194个,分206韵,是第一部官修的韵书,也是我国语言学史上现存最古老最完整的韵书。《广韵》在语音的研究中是一个枢纽,它是上溯古音的依据,也是下延今音的凭借,可见其在语言学史上的地位。唐朝末期的守温参照梵语字母创造了汉语"字母",用30个汉字表示汉语的声母。宋代把30个字母增加到36个字母,出现了按照字母、韵类和声调排列的图表,这就是韵图。比较有名的韵图有《韵镜》《七音略》《切韵指掌图》等。1324年,元代周德清为了写曲子,把当时的都城(大都)的语音作为标准音编写了《中原音韵》。《中原音韵》反映了当时北方近代汉语语音的面貌,是研究北京音起源、汉语语音历史的重要依据。

(3)训诂学方面。训诂是把难懂的古字义用当时的话解释出来,使后人能顺利阅读古书。训诂学是解释字义和研究字义演变的一门学科。中国最早注释的古书是孔子编著的《春秋》,为之作注的有左丘明、公羊高和穀梁赤。他们的注释分别被称为《春秋左氏传》《春秋公羊传》《春秋穀梁传》。其中,《春秋公羊传》和《春秋穀梁传》侧重从义理辞章方面注释《春秋》,属于训诂学的范畴。

古人为文献作注一般是随文而注,后来有人把这些注释搜集起来汇编成册。训诂学的代表性专著应该首推《尔雅》,这是一部为解释经书而编的分类性百科词典,是最早的训诂资料集。所选词语大多来源于当时通行的经典,如《春秋》《易经》《诗经》《尚书》《国语》《论语》等。编者已无法考证,一般认为不是出自一人之手。成书时间也众说不一,大约是在秦汉之际。全书共三卷十九篇,按照词所表达的内容进行分类。这十九篇是:释诂、释言、释训、释亲、释宫、释器、释乐、释天、释地、释丘、释山、释水、释草、释木、释虫、释鱼、释鸟、释兽、释畜。每一类中把意义相同或相近的词归为一条,用一个比较通用的词进行解释。

中国幅员辽阔,方言庞杂,自古如此。西汉时期,产生了第一部方言著作《𬨎轩使者绝代语释别国方言》(简称《方言》),作者扬雄。这部书的体例与《尔雅》基本相同,不同的是它不仅把同义、近义的词归为一类进行解释,而且还说明了词的使用范围,区分了古语、通语和方言。

东汉时期刘熙用同样的方法编辑了一本词典《释名》，全书按词义内容分成二十七篇，分别为释天、释地、释山、释水、释丘、释道、释州国、释形体、释姿容、释长幼、释亲属、释言语、释饮食、释采帛、释首饰、释衣服、释宫室、释床帐、释书契、释典艺、释用器、释兵、释乐器、释车、释船、释疾病、释丧制。作者采用的是以同音词或近音词解释词义的声训法，试图解释语音与所代表的语义之间的关系，探究事物得名的缘由。

清代是中国传统语言学发展的辉煌时期。这一时期人才之众、成就之显著是前所未有的。如顾炎武的《日知录》《音学五书》《韵补正》，戴震的《孟子字义疏证》《声韵考》，钱大昕的《潜研堂文集》，段玉裁的《说字解字注》，王念孙的《广雅疏证》，王引之的《经传释词》等。在上古音研究方面，戴震、段玉裁、王念孙、江有诰对以《诗经》为代表的上古韵部勾勒出了比较清晰的轮廓。钱大昕、章炳麟等对上古音声母有重大发现。在《说文解字》研究方面，段玉裁、朱骏声、桂馥、王筠被认为是“《说文》四大家”，其研究方法和取得的成就，对以后的《说文》研究有重要的影响。

到了19世纪，我国人学习、研究欧洲语言的渐渐多了，人们往往仿照印欧语法的体系来写汉语语法。1898年马建忠(1845—1900)的《马氏文通》是第一部模仿印欧语法写出来的汉语语法著作。全书共分四部分：第一部分对各种语法术语进行定义；第二部分讲实词；第三部分讲虚词；第四部分讲句子。《马氏文通》在研究方法上虽然不无曲为比附之处，但它毕竟开了中国语言学史上语法研究的先河，其意义已经超出了语法学范围，它引入的西方语言学方法使汉语研究摆脱了经学附庸的地位，成为一门独立的学科，对中国的语言研究产生了重要的影响。

(二)历史比较语言学

19世纪初，西方语言学家运用历史主义观点和历史比较的方法研究语言的亲属关系，使语言学进入了一个全新的阶段。一些学者用比较的方法，对不同语言的语音、基本词汇、语法构造等加以研究，根据各个方面的对应关系，确认不同的语言之间有无共同的历史来源。

1786年，英国人威廉·琼斯(1746—1794)在印度加尔各答的亚洲学会年会上宣读了他的论文《三周年的演说》，提出他的“印欧语假设”。琼斯认为，古代梵语和欧洲古代的许多语言，如希腊语、拉丁语，在语法上有着惊人的相似之处，并推断这些语言之间存在着共同的历史来源。琼斯的这个假设后来被历史比较语言学家所发展，证明是有一定根据的。可以说，琼斯是历史比较语言学的先驱。

拉斯克、葆朴、格里木被认为是历史比较语言学的奠基人。

丹麦学者拉斯克出身于丹麦农民家庭,后进入哥本哈根大学专攻语言学。1818年,拉斯克的《古代北方语或冰岛语起源研究》出版,他在这本书中第一次提出冰岛语和欧洲其他印欧语言同出一源。拉斯克论述了语言比较研究的原理和方法。他认为要确定语言的亲属关系,必须考察它们的整个结构,最重要的是语法系统,而不是只比较其中零碎的细节。他把古冰岛语归入日耳曼语系,把冰岛语与拉丁语和希腊语进行了详细的比较,找出了它们与斯拉夫语、立陶宛语在词汇上的对应关系。拉斯克还认为冰岛语和波斯语、印度语有一个较远的共同来源。1914年他的代表作《古代北方话即冰岛语起源的研究》获丹麦科学院奖。

德国学者佛兰兹·葆朴,柏林大学教授,专攻梵语。1816年出版《论梵语动词变位系统——与希腊语、拉丁语、波斯语和日耳曼语比较》。他认为这几种语言都出自一种共同的原始语言,找出了这些语言的动词变位系统。

德国学者雅各布·格里木,格林童话的作者之一,是德国历史上杰出的民间文学家和语言学家。他在1819年写了一本著名的《德语语法》。这本书归纳了德语语法,同时将哥特语、斯堪的那维亚语、英语、弗里斯兰语、荷兰语和德语等日耳曼语族诸语言的语法进行比较。格里木的一个巨大成就是发现了几组辅音从原始印欧语到日耳曼语的历史演变规律,这些规律被后人称为"格里木定律"。格里木的研究在扩大对日耳曼语和印欧语亲属性的认识方面起了决定性的作用。

此后,欧洲各国掀起了对各种语言进行历史研究的热潮。历史比较语言学家们按照各语言的历史来源和亲属关系,对各种语言做出了"谱系"分类,并且从事各有关亲属语言早期的原始母语的构拟和重建。整个19世纪都是历史比较语言学发展的时期。到19世纪末,历史比较法取得了辉煌的成就。特别是对于印欧语系,学者们几乎可以把每个语言单位的来源及发展都推演出来。俄国学者沃斯托可夫的《斯拉夫语言论》就斯拉夫诸语言的材料做了历史比较研究,他是斯拉夫历史比较语言学的奠基人。还有德国的古尔替乌斯和施莱歇尔、丹麦的维尔纳、瑞士的索绪尔、法国的梅耶等人都对历史比较语言学的建立和发展做出了贡献。

历史比较语言学的产生为普通语言学的建立奠定了基础。普通语言学不像历史比较语言学那样只限于通过几种语言的比较找出它们的亲属关系,也不限于只研究语言的某个历史阶段,它还就整个人类语言的历史与现状从理论的高度进行概括和总结。

普通语言学的发源地是19世纪初的历史比较语言学兴旺发达的德国。洪堡德被认为是普通语言学的第一个奠基者。洪堡德1828年出版《论人类语言结构的差异》,1830年出版《论爪哇岛上的卡维语》。他以后的不少学派的学者往往采用他的某些观点加以发挥或者就他提出的问题给予不同的回答。德国语言学家施莱歇尔提出了著名的"语言的形态学分类法",把人类语言分为孤立、黏着、屈折三大类型。洪堡德又增加了一种类型:复式综合语。

(三)结构主义语言学

索绪尔是结构主义语言学的鼻祖。索绪尔出生在日内瓦的一个学术世家。1875年进入瑞士日内瓦大学学习,1876年转入德国当时的历史比较语言学中心莱比锡大学学习。1878年发表著名的《论印欧系语言元音的原始系统》。1881年在巴黎高等研究学院教授印欧语系古代语言和历史比较语言学,1906年—1911年在日内瓦大学3次讲授普通语言学。索绪尔去世后,他的学生根据他遗留的手稿和听课笔记,编辑出版了《普通语言学教程》。这部著作是普通语言学权威之作,被公认为奠定了当代结构主义语言学的基础。

索绪尔

索绪尔的语言学思想主要有:严格区分语言和言语,明确限定语言学研究的对象;语言实质上是一种符号体系,语言学应该研究这种结构内部的关系;认识语言结构要依靠两种基本关系:句段(组合)关系和联想(聚合)关系;认为语言有共时性和历时性两种状态;把语言要素分为内部要素和外部要素;语言既有社会性方面又有个别性方面;重视口语的研究,特别着重于分析、描写语言的结构体系。

结构主义语言学可分为以下三大学派:布拉格学派、哥本哈根学派和美国描写语言学派。

布拉格学派,又叫功能学派。代表人物有特鲁别茨科依、雅各布逊等。这一派形成于1926年,其刊物叫《布拉格语言学会会报》。布拉格学派认为语言研究不应忽视语言实际,因为语言和现实是密不可分的,语言是同现实事物有直接联系的符号系统,因而也就具有不同的功能和风格;他们认为应该强调语言的历时和共时的区分,但是不能完全割裂它们的关系;语言的内部研究不能忽视外部的联系;针对语言的谱系分类研究,提出了"语言联盟"的思想等。布拉格学派在音位学的研究中卓有成就,代表作是特鲁别茨科依在1939年出版的《音位学原理》。

哥本哈根学派,又叫符号学派。代表人物有叶姆斯列夫、布龙达尔等。这个学派成立于1939年,其刊物叫《语言学报》。叶姆斯列夫将索绪尔的符号学说发展到极端,认为语言只是一种由内容和表达所构成的符号,这种符号不依赖于语音和现实世界而存在,因此他们所研究的不是语言结构而是抽象的关系结构。他们在音位之间的语音特征的基础上提出词之间的“语义特征”，试图通过有限的最小要素和关系发现“语言的代数”。因此，他们常常用一些同数学符号很相近的符号系统来代替传统的术语。1939年，布龙达尔发表的《结构语言学》成为这个学派的纲领。1943年，叶姆斯列夫出版的《语言理论导论》被认为是这个学派的代表作。

美国描写语言学派，简称美国学派。代表人物是布龙菲尔德。美国学派是20世纪20年代美国学者在调查美洲印第安语言的基础上形成的。他们重视语言的共时描写，在描写中注重语言单位的分布，在这个基础上归并出语言单位；建立语言结构的层次观念，使用直接成分分析法，对以后的句子分析产生了广泛的影响；重形式描写，排斥语言的意义，排斥语言历史的研究；重视语言个性，不重视语言的共性。

布龙菲尔德

上面三派之中，以美国描写语言学派影响最大。布龙菲尔德的《语言论》1933年出版后，引起了很大的震动，一直被美国人奉为“语言学圣经”。这以后，继承和发展布龙菲尔德学说的学者很多，如《语言分析纲要》的作者布洛克、《英语结构》的作者弗里斯、《结构语言学的方法》的作者哈里斯、《描写语言学导论》的作者格里森、《现代语言学教程》的作者霍凯特等。我国语言学家赵元任、朱德熙、丁声树等人也受到这个学派的一些影响。

结构主义语言学派推崇直接成分分析法（Immediate Constituent Analysis），简称IC分析法，即逐步地把语言片段中的处于同一层次直接连接在一起的成分切分出来，直到不能再分为止。例如对“直接成分分析法”这一语言片段便可采用这样的分析方法。

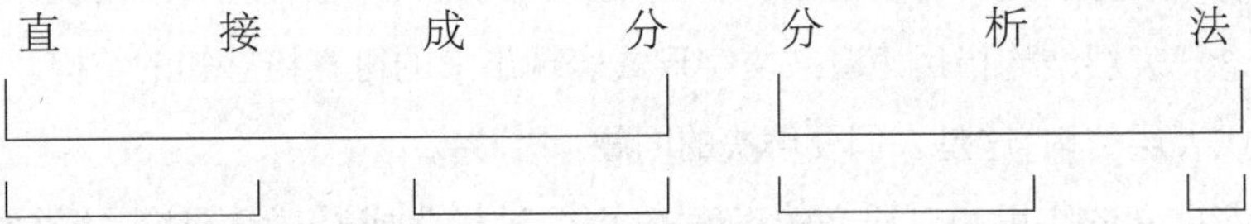

（四）转换生成语言学

转换生成语言学的创建人是美国语言学家乔姆斯基。

乔姆斯基认为，语言描写和分析的目的不在于分类，而在于建立一种理论以解释自然语言中产生无限多的句子，即怎样从有限的成分和规则生成无限的句子。在研究方法上，转换生成语言学采用逻辑和数学的方法把语言描写形式化，使用像数学那样的符号和公式规定概念、表达规则，通过演绎使规则能够生成某种语言中全部合乎语法的句子，而不只是研究已经出现或已经观察到的句子；其语法理论包括生成和转换两个方面。

乔姆斯基

生成规则包括一套短语结构规则和词汇插入规则。前者用一套符号表示，如：S→NP+VP，NP→D+N，VP→V+VP（S代表句子，NP代表名词短语，VP代表动词短语，D代表限定词，V代表动词）。例如：

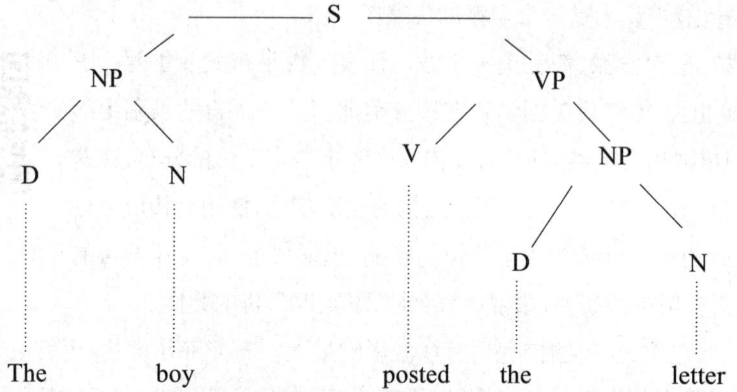

"这个男孩子把那封信寄走了"

乔姆斯基的词汇规则是生成合格句子的保证，即对一个句子内各成分加以限制。如上例，"post"前的名词一定是有生命的（一般是人）。如果是非生命的名称，就会生成不合格的句子，如"石头寄信"之类。

转换是生成句子的基本方式，最初是哈里斯提出的，后由乔姆斯基加以改造和发展。开始时，乔姆斯基指的是核心句与非核心句的转换，如主动句转为被动句、肯定句转为否定句、陈述句转为疑问句或命令句等。乔姆斯基还制定了一套转换程序，如换位、添加、省略、替换、复写等。后来，乔姆斯基放弃了核心句的提法，改用表层结构和深层结构概念。表层结构指用声音或文字形式表现出来的可直接感知的结构。深层结构如何转换成表层结构，这是人们要解决的问题。

围绕着语义的作用和对语义的态度的变化，转换生成语言学理论已经经历了五个发展阶段。这五个阶段分别是：第一阶段，古典理论（1957—1964）。古典理论的代表作是《句法结构》。其主要特点是：强调语言的生成能力；引入"转换"规则，即短语结构规则、转换规则和语素音位规则；语法描写中不考虑语义。第二阶段，标准理论（1965—1971）。标准理论的代表作是《句法理论的若干问题》。这一阶段的理论包括语法规则系统、语义规则系统和语音规则系统。语法规则系统分为基础部分和转换部分；基础部分的规则生成深层结构，转换部分的规则生成表层结构。语义规则和语音规则分别对深层结构和表层结构做出解释，是解释性规则。标准理论与古典理论最大的不同是增加了语义规则。第三阶段，扩展的标准理论（1972—1979）。这一时期的代表作是《深层结构、表层结构和语义解释》。与第二阶段的不同主要表现在把语义解释部分地移到表层结构中，进而完全移到表层结构中。第四阶段，支配和约束理论(1980—1986)。这一时期的代表作是《支配和约束讲演集》。在这一阶段，乔姆斯基提出了普遍语法、核心语法和虚范畴的概念。第五阶段，经济核查理论(1986年以后)。这一时期的代表作是《语言学理论最简方案》。在这一阶段，乔姆斯基提出了语言使用系统中的经济原则，增加了用以检验词库中的所有形态在句子中的功能的核查理论。

乔姆斯基在他的研究中大量引进数理逻辑的方法，试图制造出一个能生成所有句子的形式化的系统。在20世纪50年代后期和60年代，他的学说在欧美成了取代结构主义的时髦的语言学说，被称为"乔姆斯基革命"。同时，随着时间的推移，乔姆斯基的语言理论也受到了挑战，连他的学生雷科夫也认为他对语义处理不当，另成立了"生成语义学派"。与此同时和在这以后还出现了各种流派竞起的局面，如美国兰姆的"层次语法学派"、菲尔墨的"格语法"、派克的"法位学"，法国的马迪内的"功能语言学派"。特别是曾一度受到冷遇的语义学，自20世纪70年代以后又成了热门。但是，不管怎么说，乔姆斯基的理论和研究方法不仅对语言学产生了深远的影响，而且对哲学、心理学、计算机科学、人工智能科学和认知科学都有很大的影响，尤其对计算机的程序设计、自然语言处理等的影响更是不可估量。

(五)语言学的新发展

语言学的新发展表现为两种基本态势。

一是对前人语言思想、语言理论的深入和发展。比如从20世纪60年代末期开始，麦考莱、雷科夫、罗斯、菲尔墨等人在修正转换生成语言学的基础上，提出了生成语义学和格语法。从20世纪70年代开始，英国语言学家韩礼德等人在布拉格学派语言理论的基础上，开创了社会功能解释语言学。19世纪德国洪堡德等人从类型的角度把语言分为孤立语、黏着语、屈折语和复式综合语等四种类型。20世纪60年代开始，菲尔墨则进一步探讨词语的语义角色的普遍类型，荷兰的狄克在《功能语法理论》里讨论了语法的概括能力或语法的普遍性。

二是学术视野的多元化，表现为学科发展的交叉性、边缘性。比如语言学和社会学结合，产生社会语言学；语言学和人类学结合，产生人类语言学；语言学和心理学结合，产生心理语言学；语言学和生理学结合，产生生物语言学；语言学和数学结合，产生数理语言学。此外，还有文化语言学、神经语言学、计算语言学等。因此，也有人将这一时期称为交叉语言学时期。

第二节　语言学的分类

根据研究的对象和范围，语言学可以分为具体语言学和普通语言学、共时语言学和历时语言学、理论语言学和应用语言学、微观语言学和宏观语言学。

一、具体语言学和普通语言学

具体语言学的研究分为两种情况：一是研究某种具体的、个别的语言，这又叫作“个别语言学”，如研究汉语的叫作汉语语言学，研究英语的叫英语语言学；再就是研究几种有亲属关系的或者没有亲属关系的语言，前者称为历史比较研究，后者称为类型比较研究。运用比较的方法来发现几种语言在历史演变过程中的对应规律，从而拟测语言的亲属关系，称为历史比较语言学，如汉藏语语言学、印欧语语言学、斯拉夫语语言学等。在19世纪的欧洲，语言研究的这一分支几乎控制了整个语言学领域。历史比较语言学运用历史比较的方法研究语言（或方言）之间的亲属关系及其历史演变。通过几种亲属语言（或方言）的基本词汇和语法结构的比较，揭示语音对应规律以及诸语言间的历史联系，重建或构拟原始母语的系统以说明亲属语言和方言的历史发展。类型比较研究运用比较的方法对不同的语言进行对比研究，如可以拿汉语跟日语、英语、俄语等进行比较，找出它们之间的相异或相同之处。类型比较的目的是通过语言的比较，揭示各种语言所具有的共同特征（普遍现象），并在此基础上揭示单个语言的特点。类型比较以语言的系统和结构的一般特征为基础，所以它是根据已发现的形式和结构的相似之处对观察到的现象做更广泛更深入的比较和分类。

普通语言学又称为一般语言学。普通语言学的任务是概括各种具体语言和亲属语言的研究成果，研究各种语言的共同规律和一般原理。尽管人类的语言多种多样，千差万别，但其中蕴涵着一般性的共同结构特点和演变规律。普通语言学就是要揭示人类语言的共同结构特点和演变规律，以及这些普遍性规律在各种语言中的具体表现类型。具体语言学的研究是建立普通语言学的基础。具体语言材料积累得越多，研究得越深入，普通语言学的内容就越丰富，概括得就越全面。普通语言学本身的研究目的在于建立有关语言学的一般性理论，它是语言学的理论部门，它把所有具体语言研究的事实和理论结合起来加以系统化，反过来又指导整个语言学的研究。如果离开普通语言学的原理去研究具体语言，就会限于个别事实，囿于传统方法，影响研究效果。因此，在研究具体语言时，要运用普通语言学的一般原理来指导和分析具体语言的特点，在前人研究的基础上，加深具体语言的研究。“语言学概论”课是普通语言学的基础课程，它的任务是解释语言学的基本概念，介绍语言学的基础知识、基本理论和研究语言的一般方法。

二、共时语言学和历时语言学

“历时”和“共时”的概念是瑞士语言学家索绪尔提出来的。他认为，“有关语言学的静态方面的一切都是共时的，有关演化的一切都是历时的”[①]。为了更好地表明有关这两大秩序的对立和交叉，有必要分出两种语言学，即“共时语言学”和“历时语言学”。共时语言学研究语言在某个历史阶段横断面的状况，分析、描写处在一个时间平面上的语言结构，研究语言的共时规律，比如现代汉语、近代汉语、中古汉语、上古汉语等。共时语言学关心的重点是某种语言相对静态的语言结构要素及其相互关系，是语言的体系性。

历时语言学研究语言的历史发展，研究语言从一个时期到另一个时期的演变方式，研究这种演变在语言内部和外部的原因、结果，从而归纳出语言发展的内部规律。比如汉语史、英语史、俄语语音的历史发展等。它所关心的重点是历史变化的语言现象和规律，探讨语言要素和语言系统从古到今的连续性，它的研究成果可以对共时语言现象和规律做出进一步的解释。

语言的共时研究和历时研究虽有各自关注的重点，但二者本身有密切的联系。就语言研究的对象而言，共时和历时只是相对的概念。语言的历时研究不可能截然分出一个界限分明的语言共时体系，因为语言始终处于发展变化之中；语言的历时研究也不可能找出一个连续不断的链条来，因为语言的历时发展也是由一个一个的横断面、一个一个的链环构成的。所以，一方面，语言的共时描写、研究也要充分考虑到语言的历史发展；另一古面，语言的历时研究要以共时描写为出发点。语言的共时现象是语言历时发展的结果，又是语言继续发展的起点。如果不弄清共时语言的体系，历时研究就不可能顺利进行。

三、理论语言学和应用语言学

理论语言学对语言现象进行理论研究，概括语言事实，揭示语言的一般规律，形成科学原理。就其对象和任务来说，理论语言学与普通语言学具有一致性。是用不同的

---

① 费尔迪南·德·索绪尔：《普通语言学教程》，高名凯译，1980年，商务印书馆，第119页。

叫法,只是着眼点不同而已:普通语言学与具体语言学相对而言,理论语言学与应用语言学相对而言。当我们运用理论语言学的原理来解决各类语言实际问题时,就形成了应用语言学。理论语言学要关心语言实践提出的任务,理论联系实际,解决各个领域中的应用问题。但它的根本任务是系统而深刻地研究语言学的基础理论,为应用语言学提供指导性的参考和科学的原理。

应用语言学一方面运用语言理论解决实际问题,另一方面又向理论语言学提出新的问题和新的要求,促使理论语言学不断向前发展。应用语言学有狭义和广义两种理解。狭义的应用语言学专指把语言理论应用于语言教学。广义的应用语言学指语言理论的各种实际应用,包括与计算机有关的机器翻译、情报检索、人工智能、语音识别、自然语言处理、失语症和言语病理、文字的创制和改革、正音正字、词典编撰等。

四、微观语言学和宏观语言学

微观语言学主要研究语言结构系统本身,即只对语言的结构系统特别是语言的各个部门进行深入研究;宏观语言学则从宏观的角度在更大的范围内对语言进行研究,不仅涉及有关语言的结构系统,而且关心与语言有关的各个方面。微观语言学可以进一步分为语音学、音系学、语义学、语法学、词汇学、词典学、词源学等;而与语言学有关的边缘学科和交叉学科都可以归入宏观语言学的范畴。

从语言学本身的历史发展来看,自结构主义语言学以来,人们把关注的视野、研究的重点更多地放在了对语言内部结构的研究而忽视了语言的社会功能、社会变异以及语言同其他社会现象关系的研究。随着社会科学和自然科学的发展,语言学在其他领域中的应用,如语言教学、文学研究、通信工程、计算机科学、行为科学等,日益受到人们的重视。对语言进行多学科的综合研究成了现代语言学的主要发展趋势。当代科学正朝着多学科综合性的方向飞速发展,各门学科之间互相联系互相渗透的势态日益显著,从而导致大批新的边缘性学科的不断涌现。现代语言学跟社会学、心理学、数学、逻辑学、信息论、神经生理学、电子计算机科学、通信工程学等都有了各种各样的联系,由此产生了许多新兴的边缘性学科。特别值得注意的是,近年来由于电子计算机的发展和广泛应用,人们正在研究人工语言(为计算机设计的语言)跟自然语言之间的关系,这给语言研究带来了新的方向,进一步扩大了人们的视野。

实际上,微观语言学和宏观语言学之分是相对的,是立足于整个学科体系对语言研究的一种划分。即使在结构语言学和边缘学科、交叉学科内部也还可以有微观研究和宏观研究之分。比如对语言结构的具体描写分析是微观研究,在具体描写分析的基础上进行理论的概括和归纳是宏观的研究;探讨语言结构与社会结构的共变规律是微观语言学的研究课题,而探讨语言规划、语言使用、双语教育等问题则是宏观语言学的任务。

第三节　语言学的功用

一种理论,一门学科,它的性质、作用跟它所研究的对象密切相关,因而语言学的价值和作用是跟作为人类社会重要的组成部分之一——语言的价值和作用分不开的。语言活动在人类社会实践活动中无处不在,语言学也就不可避免地要跟社会生活中其他学科发生密切的关系。

在社会科学中,语言学跟哲学、逻辑学、历史学、心理学、社会学等都有密切的联系。哲学中很多理论观点常常牵涉到对语言的认识。古希腊、古罗马以及我国战国时期的一些学者关于“名”“实”问题的思考,既是语言学问题,也是一个哲学命题。语言学与逻辑学的关系十分密切,语言是思维最重要的工具,思维的语言表达是否合乎逻辑已经成为语言表达中的一个重要问题。语言学同心理学有密切的关系,关于言语获得和语言能力的某些假设,是心理学家和语言学家共同关心的问题。当代语言学理论和心理学都想通过观察和实验取得证据来说明人类是怎样掌握语言的,是怎样理解和说出话语的,语言是怎样和思维过程紧密相连的。在这一研究过程中,心理学家试图从知觉、记忆、智力、动机等方面开展研究来证实一些假设;而语言学家则试图建立语言结构的模式为心理实验提供语言上的框架;心理语言学的产生便是这两门学科共同合作的结果。再如语言学与社会学,语言问题本身就是社会问题的一部分,某种社会集团的成员,他们的用语在很大程度上取决于他们的社会环境;反之,一个人的用语又可以反映出他的文化素养和社会地位。某个社会集团存在着双语现象,这种现象本身就是一个值得研究的社会问题,甚至它和人们的就业等问题密切关联。在美国或印度这种多语言的社会中,由于语言使用上的差别,可以发展出不同的社会集团。语言学和社会学的相互协作,便产生了社会语言学。

语言学不仅跟社会科学关系密切,而且跟自然科学发生了愈来愈紧密的联系。现在,语言学跟心理学、数学、信息论、电子计算机科学、通信工程、系统论等学科的关系越来越密切,已经产生了许多新的语言学分支,语言学研究的成果被日益广泛地应用于许多领域。说话是一瞬间的事情，但分析起来却有着一系列复杂的过程。用信息论的术语来说，这一过程大体上可以分为“编码——发送——传递——接收——解码”五个阶段。这里的每一个阶段都需要专门的研究，需要实验语音学、控制论、信息论、符号学等学科的互相配合，共同协作。但这一过程的研究又离不开语言学的参与，需要语言学的成果，因而这种研究与语言的研究密切相关。

语言学的用途主要表现在以下几个方面。

一、有助于语文、外语教学水平的提高

语言的基本理论来源于具体的语言事实，但反过来又要对一种语言的存在、发展包括语言学习起规范作用。古希腊、古罗马的语言研究是从语言教学的需要开始的。第一部希腊语语法著作是为罗马人学习希腊语而编写的。语言教师应该对语言的结构规则和使用规则有足够的理性认识，否则难以取得好的教学效果。在语言教学——包括现代汉语、古代汉语、外语的教学中，掌握基本的语言学方面的理论和知识，可以增加学习的自觉性，减少盲目性，举一反三，触类旁通。比如，世界上任何一种语言都有其自身的结构特点，语言学根据这些结构特点，把世界上的语言归纳成几种不同的类型，并从每个类型中又概括出一些基本规则，掌握这些规则以后，就可以很快地掌握一类语言。在语言教学中，认识到语言的社会功能，就会自觉地重视学生语言表达能力的训练；在一定程度上了解语言的各种结构要素，能够使学生对语言内容和形式的分析能力得到相应的提高；了解了语言与思维的关系，明白了人们在掌握语言时的心理和生理过程，就会在教学上有意识地把语言训练和思维训练紧密地结合起来，创造出多种多样灵活有效的教学方法，从而提高语文教学水平。

二、为制定语言文字政策法规提供理论依据

一个国家语文政策或语言文字法律、法规的制定，都必须有相应的语言理论的支撑。中华人民共和国成立之初，党和国家制定了语文建设的三大任务：汉字改革、推广普通话、语言规范化。1985年12月16日，国务院决定将中国文字改革委员会改名为国家语言文字工作委员会。1986年1月6日至18日，国家教育委员会和国家语言文字工作委员会在北京联合召开了全国语言文字工作会议，明确了在新的历史时期语言文字工作的主要任务：研究和整理现行汉字，制定各项标准；推行《汉语拼音方案》；推广普通话；语言规范化；加强语言文字的基础和应用研究。为什么不再提“改革”汉字？为什么

要推广普通话？怎样推广普通话？语言规范原则是什么？怎样处理推广共同语与民族语言使用、方言使用之间的关系？在方言差异比较大的语言里，确定基础方言的依据是什么？在多种语言的国家里，确定哪一种语言或哪几种语言作为官方语言等，这些都是需要语言学的研究成果的，否则就没有依据。同时，为没有文字的民族语言制定文字，也是一项艰巨的语言学工程，需要语言学的成果，需要语言理论的指导。

三、有利于科学技术的现代化

现代生产的特点之一是高度自动化，这使得人们在生产过程中处于更加积极、主动的地位。近年来，计算机技术的发展已经使得机器不但可以帮助人完成许多繁重的体力劳动，而且可以代替人进行一定的脑力劳动。人工智能的研究已经显示出许多美好的前景，如果人机之间可以直接进行信息交换，就会产生一系列给人们带来巨大便利的语言机器，如语言翻译机、语音钥匙、盲人使用的阅读机、保密通讯的声码器以及情报自动检索、自动排版印刷的设备等。20世纪50年代，美国语言学家乔姆斯基在语言学和数学、数理逻辑、计算机科学相结合的基础上创立了高度形式化的生成语法，而计算机科学则运用这种形式化的方法全面革新了计算机程序制作的方式，从而大大推进了计算机科学的发展。几乎能够像人一样工作的机器，近年来已有了重大突破。机器人的使用已经愈来愈广泛了，现在从实验室里正不断涌现出有视觉、有感觉，甚至能“思考”的新一代机器人。解决人机对话的问题，不仅向数学家、计算机专家等提出了任务，而且也向语言学家提出了一系列任务。为了给计算机提供足够的准确的语言结构信息，这就需要对语言进行深入的研究，在各种软件设计中，离开了语言学家、语言学理论是不行的。

思考练习

一、填空题

1.语言学的三大发源地：______、______和______。

2.中国的传统语言学把 ______、______、______统称为“小学”。

3.拉斯克、葆朴、格里木等三人被认为是__________ 的奠基人。

4.普通语言学的发源地是19世纪初的历史比较语言学兴旺发达的_____。历史比较语言学的产生为普通语言学的建立奠定了基础。

5.语言交际过程可分为：_____— _____— ______—______—______五个阶段。

二、选择题

1. 索绪尔是(　　)的鼻祖。

A. 形式语言学　B. 历史比较语言学　C. 结构主义语言学　D. 传统语言学

2. 印度最早的经典所使用的语言是(　　)。

A. 英语　B. 梵语　C. 藏语　D. 印度语

3.(　　)的任务是概括各种具体语言和亲属语言的研究成果,研究各种语言的共同规律和一般原理。

A. 普通语言学　B. 具体语言学　C. 共时语言学　D. 历时语言学

三、名词解释题

历史比较语言学　结构主义语言学

四、简答题

1. 语言学的发展经历了哪几个时期?

2. 中国传统语言学的主要成就表现在哪些方面?

3. 怎样理解语言学的对象和任务?

【拓展延伸】

[1]费尔迪南·德·索绪尔. 普通语言学教程[M]. 高名凯,译. 北京:商务印书馆,1980.

[2]布龙菲尔德. 语言论[M]. 袁家骅,赵世开,甘世福,译. 北京:商务印书馆,1980.

[3]赵元任. 语言问题[M]. 北京:商务印书馆,1980.

[4]诺姆·乔姆斯基. 句法理论的若干问题[M]. 黄长著,林书武,沈家煊,译. 北京:中国社会科学出版社,1986.

[5]胡壮麟. 语言系统与功能[M]. 北京:北京大学出版社,1990.

[6]刘润清. 西方语言学流派[M]. 北京:外语教学与研究出版社,1995.

[7]叶蜚声,徐通锵. 语言学纲要[M]. 北京:北京大学出版社,1997.

第二章

语言的本质

【章目要览】

语言是人类作为最重要的交际工具和思维工具来使用的音义结合的、由词汇和语法构成的符号系统。语言是人类特有的交际工具，是思维的重要工具，是一个符号系统。

【相关知识】

本章涉及生理学、心理学、符号学以及儿童语言习得的相关知识。

【情境案例】

在英国著名戏剧家莎士比亚的名剧《罗密欧与朱丽叶》第二幕第二场中，朱丽叶有一句台词："What's in a name? That which we call a rose, by any other word would smell as sweet."翻译成中文就是："名字有什么？被我们称为玫瑰的那种东西，换上别的词，不是照样芳香?"

玫瑰在英语里叫"rose"。英国人把玫瑰叫"rose"，这本是无可论证的。假如英国人当初不把玫瑰叫"rose"，而叫别的什么名字，这也未尝不可，只要大家都承认，约定俗成就行。因为名字只是一种表达内容的形式，形式变化内容并不变，只要取得大家的认可就行。同样，在中国，我们并不把玫瑰叫"rose"，而叫"玫瑰"，这是汉民族长期约定俗成的结果。

由此可见，语言是音义结合的符号系统，这种结合是任意的，同时由大家约定认可，而后体现其强制性。

【重点提示】

语言与言语的关系；语言的符号性；组合关系和聚合关系。

第一节　语言与言语

一、语言是什么

这是一个古老的问题，早在公元前，古代印度人就开始探讨这个问题了。时至今日，由于研究方法和研究角度的不同，人们对"语言是什么"这个问题的回答是多种多样的。不同的学科给予语言的本质以不同的定义。就是在语言学学科领域里，不同的语言学家也有不同的回答，具有代表性的就有几十种。苏联语言学家兹维金采夫在他的《普通语言学概要》中曾举出二十余种说法。下面列举几种：

"语言是思想的有声表达，它通过声音表现出思维的过程。……达尔文给动植物的物种所确定的规律，至少它的主要特点，也可以应用在语言机体上。"（施莱歇）

"语言由词构成，而词是用作符号的一些语音，代表我们的思维，表达我们的思想和感情。"（福尔士纳托夫）

"语言是以交流思想和感情为目的的人的活动。"（叶斯泊森）

"语言是利用任意产生的符号体系来表达思想、感情和愿望的人类特有的、非本能的方法。"（萨丕尔）

"语言是表达思想的符号体系……是言语能力的社会产物，是社会集体为了个人实现这一能力而获得的必要条件的总和。"（索绪尔）

"语言是约定俗成的符号体系。这些符号可以在任何时间任意复制出来。"（埃宾豪斯）

"语言是人类最重要的交际工具。"（列宁）

"语言直接从人类思维中产生，并适应着思维，跟思维协调一致。语言是全人类的共同财富和遗产。人类不可能缺少语言，正如不能缺少空气一样。人们对语言的权利也是平等的。"（格里木）

从上述论述可见，有的语言学家强调语言同思维的关系，有的语言学家着眼于语言的功能，有的语言学家则是从语言的结构系统入手进行研究。应该说，这些论断从不同的侧面、在不同程度上揭示了语言的本质。随着社会的发展和语言学研究的进一步深入，人们对语言本质的研究会继续，争论会继续，会有更深入、更全面、更接近语言客观事实的认识。但已经取得的这些成果，为后来者的研究奠定了坚实的理论基础。

我们可以这样来认识语言的本质:语言是人类作为最重要的交际工具和思维工具来使用的音义结合的、由语汇和语法构成的符号系统。

世界上有多少种语言?

二、语言和言语

最早区分二者并较为详细地论述二者关系的是瑞士语言学家索绪尔,他认为在言语里没有什么是集体的,它的表现是个人的和暂时的。言语常常是个人的,并且个人常常就是它的主宰;而语言是言语行为的社会部分,是个人以外的东西,个人本身不能创造语言,也不能改变语言。索绪尔尤其强调二者的区分,他认为语言与言语有区别,它是人们可以分开来研究的对象。把语言和言语分开来,一下子就把什么是社会的、什么是个人的、什么是主要的、什么是附属的和多少是偶然的分开了。

(一)语言和言语的区别

首先,语言是表达思想的工具、交际的工具,言语则是使用语言工具的行为和结果。就这一点而言,它们是工具与对工具运用的关系。

言语是使用语言工具的行为和结果,指的是说话的行为和说出来的话。比如,北京人爱说"有事言语一声儿""他早该言语了",《三国演义》第四十六回《用奇谋孔明借箭,献密计黄盖受刑》中,黄盖挨了打后,"卧于帐中,诸将皆来动问。盖不言语,但长吁而已"。这里的"言语"都是指的说话的行为、说话的动作。同时,言语也指人们所讲的话和所写的话,即言语作品。言语是使用语言的结果。人们说出来的话和写出来的文章都是言语作品,都是言语。班固《汉书·贾捐之传》载杨兴的话:"君房下笔,言语妙天下。"这里的"言语"指的是贾捐之(字君房)所写的文章。

语言则是从言语中提炼出来的可以分析的结构系统,包括这种语言的语音系统、词汇系统、词义系统、语法系统,这些系统是从无限的句子里反复使用的材料和规则中抽象出来的。索绪尔认为语言研究不能漫无边际地进行,而应该从千千万万的言语中提炼出共同的、核心的系统,即语言。

其次,言语具有个人因素,语言具有社会因素。言语是个人的言语行为,以个人的意志为转移,因而言语具有个人因素。可以说,每个人说话和他所说的话都有自己的特点。比如,我们可以轻而易举地听出自己熟悉人的口音,可以感觉出某人说话用词造句的习惯。因此,不只是语音,包括用词、造句各方面都会带上个人因素。孔乙己张口闭口"之、乎、者、也",一副穷酸相;祥林嫂逢人便讲"我真傻",反映出她失去儿子后内心的极度悲痛。鲁迅先生的文章嬉笑怒骂,横眉冷对千夫指;郭沫若的诗则是激情似潮,奔腾呼啸,这些言语和言语作品,都带上了鲜明的个性特征和个人因素。语言,则要遵循一个原则:全社会都能顺利地进行交流。语言是从言语中归纳出的一套标准、准则的系统,是音义结合,由词汇、语法构成的一个完整的体系,是言语活动中社会成员约定俗成共同使用的部分,是全体社会人员拿来就可以用的工具,因而它具有社会因素。按照索绪尔的说法,言语是个人的,个人永远是言语的主人;而语言则是言语行为的社会部分,是个人以外的东西。

第三,语言相对封闭,言语则相对开放。语言的相对封闭包括两层含义:一是语言的材料、规则是有限的。以现代汉语为例,普通话有元音音位6个,辅音音位22个,元音音位与辅音音位共能组成400多个音节,加上声调,一共1300多个音节(包括轻声);上千个语素,几万条词;语法规则更加有限。汉语如此,其他语种无不如此,其音位、词汇、语法规则都是有限的。二是相对稳定。语言是要发展演变的,但变化缓慢,不可能今天一个样,明天一个样。作为全体社会成员共同使用的交际工具,需要保持相对稳定,否则就会乱套。从这个角度说,语言也不是一个开放的系统,相对封闭。言语的开放性,则表现在语言规则的支配下,人们在语言使用上形式的多样和数量的无限。可以利用有限的材料和规则造出所需要的无限的句子,可以在组合关系上表现为其长度的无限(理论长度),在聚合关系上表现为替换的无限。

(二)语言和言语的联系

一方面,语言存在于言语之中,存在于人们的交际过程之中,存在于言语行为和言语作品之中,言语是语言存在的形式。语言是从言语中概括出来的,没有言语就无所谓语言。因此,研究语言一般要从观察言语着手,注意言语中表现出来的大量的、普遍的语言事实。

另一方面,语言是对言语的规范。语言从言语中概括出来的是一套系统和相关规则,这套系统和规则又要作用于言语。言语或言语行为必须遵循一定的语言规则,否则就会造成交际的障碍。比如硬把“中央电视台”说成“台视电央中”,那就违背了现代汉语最基本的组合规则。语言的这种规范作用就像一张无形的网,每个人从他出生的那天起就落入了这张现成的语言网里,受到这张网的约束。

第二节　语言是人类最重要的交际工具

一、语言的交际功能

只要有社会的存在，就会有人与人的相互接触，只要有人与人的交往，就需要语言。在原始社会中，人们为了获取共同生活的物质资料，他们成群而居，共同劳动。这种群居生活和共同劳动，就需要交谈，需要一种充当交际、交流思想、达到互相了解并调整共同工作的工具。语言就是为了满足这种需要而在劳动过程中和劳动一起产生的。

恩格斯在《劳动在从猿到人转变过程中的作用》中说道："劳动的发展，必然促使社会成员更紧密地互相结合起来，因为它使互相帮助和共同协作的场合增多了，并且使每个人都清楚地意识到这种共同协作的好处。一句话，这些正在形成中的人，已经到了彼此间有些什么非说不可的地步了，需要产生了自己的器官：猿类不发达的喉头，由于音调的抑扬顿挫的不断加多，缓慢地然而肯定地得到改造，而口部的器官也逐渐学会了发出一个个清晰的音节。"①

事实上，语言从它产生的时候起，就是作为交际的工具，发挥着交际的功能，为人类社会服务的。至于语言产生以后，在人类历史长河中，则一直是以交际工具这个角色活跃在社会的各个领域，为社会成员间的人际交往和思想交流服务。

运用语言进行交际，就是说话人通过语言发送信息，听话人通过语言接收信息，达到交流思想、互相了解的目的。具体地说，运用语言进行交际的过程，就是信息的编码、发送、传递、接收和解码的过程。

1.编码。这个"码"包括两方面的内容：一是语音形式，二是语义内容。语音形式是信息的载体，语义内容是要表达的思想。将一定的语义内容和一定的语音形式结合起来，就构成了一个完整的"码"。说话人为了传达某种信息，首先需要在语言中寻找恰当的词语，并按照语法规则把这些词语编排起来，凭借语音形式这个物质载体，组成正确的句子。说话人应该力求编码清晰、明确，否则会妨碍语义内容的表达。

2.发送。编码完成，通过发送器把语音形式输出。口语的发送器是肺、声带、口腔、鼻腔、舌头等发音器官。一定的语音形式规定发送器相应的运动过程。发送器必须准确、清晰地把编成的语音形式输出。如果产生发送误差，会使听者不知所云。

① 恩格斯：《劳动在从猿到人转变过程中的作用》，载《马克思恩格斯选集》（第三卷），人民出版社，1972年，第511页。

3.传递。语音形式一旦输出,语义内容即附着于语音形式进行传递。口语的声波负载着语义内容通过空气或电路传递到听者那里。在这个阶段需要排除各种干扰,使语音形式保持基本特征,不失本真。否则,听者将无法辨认,以致不能接收。

4.接收。语音形式通过空气传到听者那里,听者的接收器开始工作。在口语交际中,接收器是听觉器官。接收器必须正确地辨认语音形式,否则会产生接收误差。

5.解码。听者把接收到的语音形式“还原”为语义内容,从而理解说者所传达的信息。解码失误,必然影响对语义内容的正确理解。

交际功能是语言最基本的社会功能(语言还是思维的工具),是语言的生命力所在,它决定着语言的生死存亡。任何一种语言,只有当它能够充分发挥其交际功能,满足人们的交际需要的时候,这种语言的生命力才能越来越旺盛;反之,如果由于某种原因,某种语言失去了它所依附的社会,不再充当这个社会的交际工具,那么它的生命力也就随之丧失。汉语、英语、法语、西班牙语等语言之所以如此活跃、如此发达,是有很多人正在使用它们,它们的交际功能正在充分地实现;拉丁语、鲜卑语、满语之所以已经消亡,是因为这些语言的交际功能已经丧失。

二、语言是人类最重要的交际工具

每一个社会都必须有自己的语言。语言是组成社会的一个不可缺少的因素。人与人之间的联系依靠语言来维持。人们的共同生产、共同生活需要语言来协调。没有语言,人与人的联系就会中断,社会就会解体。

之所以说语言是人类最重要的交际工具,是因为人类社会现有的交际工具不止语言一种,文字、旗语、电报代码、数学符号、化学公式、灯语(红绿灯)以及身势、表情等交际工具也都在交际中发挥一定的作用。在这众多的交际工具中,语言是最重要的一种。

文字是标记语言的书写符号体系,它使语言由凭听觉感知的口头形式转化为凭视觉感知的书面形式,从而克服了语言在交际过程中所受到的时间和空间的限制,大大增强了语言的交际功能,在社会生活中确实起着重要的作用。但是,文字和语言并不是两种平行的、同等重要的交际工具。同语言比较起来,文字是辅助性的,处于从属地位。一个社会可以没有文字,但不能没有语言。事实上,在文字产生之前,语言早已存在了几百万年。人类社会在极其漫长的历史阶段中只有语言没有文字,至今还有不少少数民族没有文字。我国有56个民族,有文字的语言不超过20种。即使在有文字的社会中,交际双方都得识字,文字才用得上,在文化教育尚不普及的社会中,使用文字只是部分人的事,而语言则是全民的。文字是在语言的基础上产生的一种最重要的辅助性交际工具。

至于旗语、灯语、电报代码等交际工具,大多是在语言或文字的基础上产生的,在特定的领域里为社会服务。

身势语在一定的条件下可以起到交际工具的作用。日常生活中,人的某种手势、姿势、表情、动作等甚至也可以独立完成一些特定的交际任务。例如,鼓掌欢迎,举手敬礼,挥手送别,伸舌头表示惊讶,点头表示肯定,摇头表示否定,西方人用摊手耸肩表示"不知道"或"无可奈何",等等。所谓"眉目传情""暗送秋波""察颜观色"等说的就是用眼神和面部表情来传送信息。但身势语的约定有着民族的特点、时代的特点、社会的特点,缺乏系统性等局限性,它只是有声语言的一种辅助交际工具。

由此可见,其他一切工具都有特殊的服务领域,使用的范围都比较窄。而语言的活动范围几乎是无限的,"包括生产的领域,也包括经济关系的领域,包括政治的领域,也包括文化的领域,包括社会生活,也包括日常生活"①。至于手势、表情等各种伴随动作,它们一般也是在语言的基础上产生的,即使像"眉目传情"这一类特定的交际方式,也必须以语言的交际为基础,离不开特定的语言环境,双方才能心领神会。一个社会可以没有文字,也可以没有旗语、灯语,但不能没有语言。即使有文字的语言社会也还存在着大量文盲。在上述种种交际工具之中,其他工具都是一些辅助性的交际工具,语言才是人类最重要的交际工具。

三、语言是人类特有的交际工具

(一)什么是语言能力

"语言能力"是由乔姆斯基提出的。乔姆斯基认为语言的研究不仅应当关注语言行为,而且应当研究语言能力。他的整个转换生成语法就是关于语言能力的理论。在乔姆斯基看来,以前的一些语言学家根据语言素材进行分析和描写,只是研究语言行为,不能说明语言能力。乔姆斯基学说的最大特点是注重语言现象内在的研究,比如探索语言的先天机制、生成语言的过程、语言的深层结构等。这些都必然涉及内在的语言能力问题。

语言能力包括两方面的含义:

一是指掌握语言的先天潜能。这种潜能的生理基础是发达的大脑和灵活的发音器官。发达的大脑产生抽象思维能力,灵活的发音器官使得人类具备伶牙俐齿,发出清晰

① 斯大林:《马克思主义和语言学问题》,人民出版社,1971年,第27—28页。

可辨、音义结合的音节。没有发达的抽象思维能力,就不可能对客观事物进行概括、判断和推理,没有灵活的发音器官,也不会发出清晰可辨的音节来。人的发音器官是在劳动中、从猿到人的演变过程中逐渐形成的。

二是指人们掌握、运用语言的能力。这有一个条件,即离不开特定的语言社会。这种能力是在后天形成的,在一定的语言社会中形成的。一个人是否具备语言能力,取决于他是否生活在一定的语言社会;一个人能掌握、运用什么样的语言,取决于他出生并生活在什么样的语言社会。一个出生并生活在重庆的日本小孩,就只会说重庆话而不会说日语;一个从小生活在伦敦的重庆人,也只会说英语而不会说重庆话。离开了一定的语言环境、语言社会,即使是人,也不会说话,这一点可以在狼孩身上得到证明。据统计,由野兽哺养婴儿的例子有50多例,其中狼孩居多。最著名的狼孩要算印度的狼孩拉姆了。狼孩拉姆是1976年被人在森林里发现的,当时他正在同3只小狼一起吃生肉。他头发蓬乱,指甲像钩子,手掌、肘和膝盖都结满了老茧,像狼一样用四肢行走,年纪约有10岁,对人们的捕捉曾进行过顽强的反抗。后来,拉姆被送到一个收容所,学会了洗澡和穿衣服,但他仍野性十足,特别喜欢吃生肉,一有机会就溜出去偷吃邻居喂养的鸡。拉姆于1985年2月14日死于腹泻,从回到人类社会到他死去,都没有学会说话。由于拉姆始终没能学会说话,因此,至今人们对他是怎样到森林里被狼收留以及狼是怎样把他喂大的情节均一无所知。

发达的大脑和灵活的发音器官是语言能力的生理基础,后天的语言环境、语言社会是人的语言能力得以实现的必备条件。失去前者,不可能具备语言能力;失去后者,语言能力则只是一种潜在的、可能的能力,无法变成现实的能力。

(二)语言能力是人类特有的能力,语言是人类特有的交际工具

可以从两方面来认识这个问题。

一方面,从生物进化史来看,人类在生物进化的过程中逐步具备了语言的生理基础,而动物没有完成这个进化。生物进化经历了一个漫长的历史时期,而人类出现在生物进化的最后时刻。语言随着人类社会的出现而出现,成为与动物区分的根本标志。那么,是哪些条件使得人类具备了语言能力而与动物最后分手呢?概括起来说,是人类社会的共同劳动。

一是人类的共同劳动决定了产生语言的需要。共同劳动中,人们需要互相帮助,互相协调,总得说点什么。按照恩格斯的说法,已经到了彼此间有些什么非说不可的地步,于是开始“说点什么”,产生了语言。

二是人类在劳动中改造了自己的发音器官,具备了说话的能力。这当中,手脚的分工和直立行走与语言的产生有密切的关系。手脚的分工使得人类站立起来。站立起来以后,原来由嘴负担的任务(如和动物一样用嘴拿东西、吃东西、打架……)分离出去了,嘴只管吃东西和说话。同时,直立使口腔和喉咙形成直角,喉咙受到重力的作用,位置下移,拉长了从喉咙到嘴唇的整个发音通道,这就有助于人类祖先在发音时控制气流,构成更多样式的阻碍,发出一个个清晰的音来。

三是人类在长期与自然界斗争的过程中锻炼了自己的大脑,使得人类不仅具有敏锐的感觉器官,全面的感知能力,能够眼观六路,耳听八方,通过听觉、视觉、触觉等反映现实现象,认识客观事物,而且在劳动实践的过程中,锻炼了概括事物,进行判断、推理的抽象思维能力。发达的大脑和高度的抽象思维能力使得人类语言发展为如此丰富完整的系统成为可能。

而其他动物没有经历以上的过程,发音器官和大脑没有得到这样的改造和锻炼,因而不会说话。

另一方面,动物所谓的"语言"和人类的语言有着根本的区别。从实验结果来看,动物没有类似于人类语言的"语言",动物最终也无法学会人的语言。

人们对动物做过许多试验。一是考察动物能否学会人的语言。"鹦鹉学舌"是中国的一句老话,鹦鹉确实有很强的模仿能力,它可模仿许多声音,比如雨滴落地的声音、鸟禽的鸣叫、风声、雷鸣,甚至能够惟妙惟肖地模仿人类的语言。我国古代关于鹦鹉学舌的较早的记载见于《礼记·曲礼》:"鹦鹉能言,不离飞鸟;猩猩能言,不离禽兽。"但是鹦鹉的语言是"学舌",是模仿,模仿是鹦鹉的本能。除了鹦鹉之外,黑猩猩、海豚等动物也能模仿人的声音,经过训练掌握一些单词,理解和听懂一些话。但是这些动物的思维能力至今仍处于非常低级的状态,它们只能模仿只言片语,进行一些简单的表达。绝大多数动物的发音器官根本不能与人类相比,它们所能发出的声音相当有限,人类语言对于动物来说全然是外在的。它们根本无法自己创造出类似人类的语言。

二是考察动物到底有无语言。俗话说"人有人言,兽有兽语",似乎动物也有语言。动物之间通过某种方式确实存在一定的"交际",比如猴子、猩猩之间的叫喊,蜜蜂的所谓"舞蹈语言"。有一个叫哈涅尔的美国人,毕生研究了一个问题——猿类的语言,最后出版了他的研究著作《猴子的语言》。书中详细地记载了猴子可能发出的各种各样的声音以及各种各样表达情绪的方法。但哈涅尔最后的结论认为,猿根本不能进行有联系的谈话。它们的言辞仅限于以同样方式重复某种叫声;如果推想它们的谈话具有高度的社会性质,那就是轻浮的判断。此外,人们对蜜蜂的交际方式进行了大量的研究。研

语言起源的几种假说

究发现，蜜蜂的交际是靠其舞蹈动作来进行的，称为“舞蹈语言”。蜜蜂发现蜜源以后，回巢做特定的舞蹈动作，告诉伙伴们关于蜜源的方位、距离、质量等情况。同伴按照它的指示，能自己找到那个蜜源。蜜蜂的交际如此细致，有无语言？实际上，蜜蜂的舞蹈所表示的方位、远近、花蜜的质量等信息是先天的、本能的。把蜜蜂从小单独喂养，长大以后再放回蜂群，结果照样能够理解“舞蹈语言”。由此可见，动物的所谓“语言”与人类的语言有着根本的不同，人类语言所具有的单位的明晰性、任意约定性、生成性、传授性等特点是动物的“语言”所不具备的，语言是人类特有的交际工具，是人类和其他动物分道扬镳的最后的、最重要的标志，是其他动物和人类之间不可逾越的鸿沟。

第三节　语言是思维的重要工具

一、语言与思维的关系

概括地说，语言同思维既有统一性，又是两种不同的异质现象；语言与思维相互联系，但又不是简单的形式和内容的关系，语言和思维各有其形式和内容；语言是思维的工具，但又不是唯一的工具。要认识二者的关系，首先要弄清思维以及思维的类型，然后根据不同的类型，正确认识它们同语言的关系。

（一）思维及其类型

思维是人脑能动地反映客观现实的能力和过程，它所反映的是客观现实的本质特征以及客观现实之间的本质联系。思维可以分为直观动作思维、形象思维、抽象思维。

直观动作思维。这种思维直接感知思维对象，并通过思维者自身的动作去影响思维对象。客观事物的本质特征和规律性联系就表现在感知并作用于思维对象之中。儿童的思维常常是伴随着动作进行的，他们在动作的伴随下思考，在动作进行的过程中展开思维活动。拿着小玩具说“过家家”，坐在小板凳上说“骑马马”。运动员、汽车司机、机修工的思维活动有大量的直观动作思维。学习游泳的人在下水之前先在岸上比画动作，体会动作要领，以便下水之后能够掌握要领；一个技师检查发生故障的发动机，经过反复的检验，找出机器发生故障的原因，从而构成一定的判断：修复机器应采取哪些措施。这些都是直观动作思维。

形象思维。这种思维是用表象来进行分析、综合、概括、抽象的思维活动。客观事物的本质特征和规律性联系就表现在新形成的表象和表象的组合中。画家、雕塑家、作家、导演、作曲家等从事艺术创作的人更多地运用形象思维。作曲家们说他们“听见”要写的曲子，冼星海写《黄河大合唱》时就不一定非得站在黄河边上。画家要写生，但并非每次作画都要有实物在眼前，可以根据见到过的景物画出轮廓，着上颜色。这些都是根据表象进行想象的形象思维。

抽象思维（也称理论思维、逻辑思维）。这种思维指以语言为工具，运用逻辑形式来进行的思维活动，是以概念、判断、推理的形式来反映客观事物的活动规律，达到对事物本质特征和内在联系认识的过程。客观事物的本质特征和规律性联系表现在概念、判断和推理之中。抽象思维是以词语表达概念，句子表达判断和推理——以语言为工具的一种思维活动。由于语言与抽象思维之间的关系密切，每一个掌握了语言的人同时也就获得了抽象思维的能力，而每一次抽象思维的过程又必须在语言的基础上进行。

综上所述，人类的思维有不同的类型，思维的进行必须有某种载体作为工具，这种工具可以是直观动作、表象，也可以是语言。其中，抽象思维的载体完全是语言，是以语言作为工具的。当然，这并不是说，前两种思维完全不用语言。比如形象思维，要想把思维的内容表达出来，又必须通过语言的渠道。内心的思维虽有形象、抽象之分，但伴随着说话的思维都是抽象思维，都有语言的参与。本节讨论的语言与思维的关系，主要是讨论语言与抽象思维的关系。

（二）语言与思维的统一性

总起来说，语言离不开思维，思维也离不开语言。语言是思维的重要工具，思维要在语言材料的基础上进行，语言就是为伴随思维过程、表达思想成果而存在的。

首先，语言是伴随思维过程的物质形式。思维是人类的一种精神活动，而人类的精神活动必须以一定的物质形式为基础，这种物质形式之一便是语言。没有语言作为物质形式，思维活动就难以进行，更难以为人们所认识和理解。赤裸裸的抽象思维是没有的，不用词来表达和巩固的概念也是不存在的。人们日常说话，因为太平常、太习惯了，脱口而出，仿佛没有感到思维伴随，更没有感到思维还有语言参加。这件事可以通过两个窗口作“慢镜头”的考察：一是思考复杂问题的时候，二是说外语的时候。在考虑复杂问题的时候，在构思一篇大块论文的时候，在心力交瘁、搜索枯肠、绞尽脑汁的时候，我们感到内心在默默自语，这种“默默自语”就是语言在伴随思维的时候，将思维的内容自言自语地说了出来。同时，我们还能感到所用方言或语言跟平时讨论问题时使用的一致。另外，在用外语结结巴巴说话时，我们能够明显地感到自己先用本族语把意思想好，然后译成外语说出来，这个时候，就不仅仅是使用语言在思维，而且是使用两种语言在思维了。

其次，思维的成果依靠语言得以固定和再现。思维是一种认识活动、精神活动。这种精神认识在没有可感知的物质依托将其固定下来之前，是看不见、摸不到的。对客观事物抽象概括的认识，只有用词语才能固定下来，形成确定的概念；也只有在词语中，概念才能被反复地思考、深刻地理解，成为某一次思维活动的起点。人们对客观世界任何一种较为完整的认识，都体现在一次思维过程中。这样的过程又必须在句子中才能明确地展开和完成。唯有在句子中，概念和概念才能相互比较、联系，形成判断和推理，一步步发展成丰富的思想。离开了语言这个工具，人们对客观世界的抽象概括就只能是一种隐隐约约的意会，更无法对它们进行判断和推理，进而形成丰富的思想。同时，语言对思维有再现作用。心理语言学把表达出来的语言形式称为外部言语，除了这种外部言语之外，还有一种所谓内部言语，即不必念出声来在人脑子里形成的言语。人们要把自己的思想告诉别人的时候，使用外部言语；要对自己的某个想法再思考、再推敲的时候，则使用不出声的内部言语。使用内部言语的时候，思维既是认识的主体，又是认识的对象。先把需要检查的、原有的思想用语言在脑海中再现出来，再用思维对再现出来的这个思想进行思考，这就是语言的再现作用。

语言对思维过程的伴随，对思维成果的固定和再现，使得人类的思维清晰化、精密化，使得思维活动的成果通过语言工具得以表达、得以贮存、得以传递、得以发展。人类社会达到今日之高度文明，跟语言的这种作用是密不可分的。

抽象思维需要语言作为工具，但不能绝对地说语言就是抽象思维的唯一工具，有的时候抽象思维活动只借助于语言还不够。比如“不可言传，只可意会”，对一件事有无限的“感慨”，却“无法用语言来形容”等，表现为思维与语言脱节的现象。再如下棋高手在瞬间做出后面许多步骤的判断，人们在“急中生智”的时候迅速做出的决策，人们在思考问题时的“茅塞顿开”“豁然贯通”“顿悟”“灵感”等现象，都不可能是完全凭借语言来进行的。

（三）语言与思维的区别性

首先，语言和思维的范畴不同。语言是思维的工具，是物质的，而思维是使用工具的主体，是一种精神活动。之所以说语言是物质的，一是因为语言的功能在于使社会成员之间能够互相交际、交流思想，其工具性决定了它的物质性；二是因为语言具有一切物质所具有的特点：可以被感知，但又独立于人的意识之外，并以空间和时间为其存在形式。至于思维，无论是直观动作思维、形象思维，还是抽象思维，其功能都在于帮助人们认识客观世界、反映客观世界，因而思维是一种认识活动，是一种精神现象。离开了物质载体，思维就不能被人们感知，也无法在时间与空间中存在。由于范畴不同，思维与客观现实的关系是一种反映关系，二者之间有必然的联系，不认识客观现实，就不能形成思维；而语言只是客观现实的代表，是客观现实的一种符号，二者之间并没有必然联系。

其次，语言和思维的构成要素不同，且构成关系并非一一对应。思维是运用概念，按照逻辑规律构成种种不同的判断来进行推理的；语言则是运用词语和语法规则构成种种不同的句子。在构成关系上，一般说来，概念要用词语来表达，判断要用句子来表达，但表达者和被表达者之间不是一一对应的关系。

就概念与词而言，概念在语言中体现为词，但并不是所有的词都代表概念。一般来说，实词表达具体概念，而实词中存在着一词多义、多词同义、多词同音等现象，因此它与具体概念也不是一一对应的关系；再就判断和句子而言，任何判断都表现为句子，但并不是所有的句子都能表达判断。句子可分为陈述句、疑问句、祈使句、感叹句。一般说来，只有陈述句才表达判断。在判断句里只有肯定和否定的区别，要么“是”，要么“不是”，而祈使句只表示要求、命令、希望等，感叹句只表示某种强烈的感情，疑问句等待的是一个判断的回答，它们都不能表达判断。虽然陈述句表达判断，但表达者和被表达者之间也不完全对应。一个陈述句可以表达不同的判断，比如“小王叫他哥哥来着”这个句子，可理解为“小王曾经管他叫哥哥”，也可理解为“小王已经通知了他的哥哥”。同样一个判断有时又可以用不同的句子表达。比如“中文系××级的同学都要求上进”，也可以说“中文系××级的同学没有一个不要求上进”。

从这个意义上说，语言和思维的关系不是形式和内容的关系。语言和思维各有自己的形式和内容：语言的形式是语音，语言的内容是语义；思维的形式是概念、判断和推理，思维的内容是对客观现实的反映。思维的一切形式和内容只有通过音义结合的语言符号的表达才能被认识和理解。

再次，语言和思维的规律不同。思维规律是全人类共同的，而语言具有民族性。思维规律之所以是全人类共有的，是因为思维是人脑的一种机能，每个正常的人都具有这种机能，都能运用概念、判断、推理这些形式进行思维，而且都要遵守基本的思维规律。

客观事物的规律相同,思维规律也相同,所以不同民族对同一事物的认识基本上是相同的。当然不同民族或不同的人对同一事物在认识上存在着深浅程度不同和理解上的差异,尤其是一些抽象的概念。正因为人类思维规律大体是一致的,所以各民族的语言可以互译,各民族之间可以通过语言的转化交流思想,相互了解;又由于不同民族语言对同一客观现实的表达方式会有差异,所以不同语言之间很难进行完全等值的翻译。

语言之所以具有民族特点,是因为语言是音义结合的符号系统,是一定社会约定俗成的产物。所以,不同的社会、不同的民族就会有不同的约定。这种民族特点可以表现在语音、语义、语法诸方面。比如语音方面,送气与不送气在汉语普通话中有区别意义的作用,在英语中却没有;英语塞音、塞擦音的清、浊可以区别意义,汉语里却不能。词义方面,客观世界对各族人民是“一视同仁”的,但语言中的词义对客观事物的概括,各种语言却很不一样。汉语“早上”与英语morning的概括有较大的差别;英语对颜色的划分是purple, blue, green, yellow, orange, red,汉语则是“赤、橙、黄、绿、青、蓝、紫”;英语在亲属称谓中的一个词uncle,汉语里却分成伯父、叔父、舅父、姨父、姑父等。语法方面,不同语言语法系统方面的差异也很大。英语的名词有定冠词、不定冠词,汉语却没有;汉语里名词前面通常要加量词,但西方语言一般都没有;俄语的一个动词有很多个形式上的变化,而汉语则主要靠词序和虚词来作为语法手段,缺乏形态变化。

二、考察语言与思维的关系的途径

(一)从儿童学习语言的过程来考察语言同思维的关系

无论操哪种语言的民族,其幼儿在习得语言方面,都有一些共性,要经过一些共同的阶段。儿童学习语言大体上要经过这样一些阶段:咿呀阶段、独词句阶段、双词句阶段、电报体阶段、接近成人阶段。

儿童学习语言从掌握简单的词到词的组合,再到掌握简单的语法规则的过程,实际上是认识世界的过程、思维发展的过程。孩子学会一个词,然后把这个词跟它所表示的那类事物联系起来,而词又是一类事物的名称,这样,他就认识了这一类事物。比如孩子吃饭的碗,大人说这是碗,于是他就把[uan^{214}]这个声音跟盛饭的工具联系起来了。这个时候孩子的思维能力主要表现为词与某类事物挂钩,从思维的角度讲,是初步懂得概括;从语言学习的角度讲,学会了一个词,并且初步懂得了词与客观事物的联系。

在双词句阶段,从语言学习的角度讲,孩子在独词句的基础上学会了词与词的组合,比如碗,可能又学会了“大碗”“小碗”“花碗”等;从思维发展的角度讲,孩子又注意到了事物与事物属性的差别，如碗的大小、有无花纹，以及事物的共同属性，无论大小、有无花纹，都是碗。由于能够抽象出事物的属性，所以，也就可能把统一的事物分析成不同的要素，如把碗分成大、小、花、白等。这就是说，从独词句到双词句阶段，孩子已经不仅仅注意到词与事物的联系，而且已经注意到词与词之间的关系——即语言单位之间的联系。

从双词句再到电报体阶段（独词句、双词句是孩子学话中最关键的两步），再到连接语言单位关系的虚词，儿童在学习语言的道路上逐步摆脱了事物的具体形象的影响而愈来愈注意语言本身的事实。总之，儿童最早的智力活动就是学说话，在学习语言的过程中认识世界，发展思维能力。可以说，语言和思维从每个人的孩提时代起就如影相随，始终保持着密切的关系。

（二）从神经生理学的实验来考察语言与思维的生理基础

通过实验，生理学家们发现人的大脑可以分为左右两半球，大脑两半球之间由胼胝体、前连合和海马连合这三束连合神经纤维束联系起来。其中胼胝体是最大的连合纤维束，它由大约两亿根神经纤维组成。大脑左半球管右半身的动作，右半球管左半身的动作。为研究语言与思维的生理基础进而推测语言与思维的关系，人们进行过病理实验、解剖实验、刺激反应实验等，发现人类的语言活动与大脑左半球的某些部位相联系。

病理试验。1861年，法国医生布洛卡在对病人进行病理实验的时候发现，人大脑的左半球与掌管语言和抽象思维有关，被称为“优势半球”，而人脑的右半球则与掌管形象思维和直观动作思维有关。例如，如果是大脑左半球受损伤，患者就会出现一种语言障碍，他说不出自己的病床和病房的号码，却能凭感官直觉摸回自己的病房和病床；如果病人是大脑的右半球受伤，他能说出自己的病床、病房的号码，却不能找到自己的病房和病床。后来就将左半球受伤不能说话的区域称为“布洛卡区”，这个区受损伤而造成的语言障碍就叫作“布洛卡失语症”。

解剖实验。裂脑人的研究是20世纪五六十年代解剖实验取得的重大研究成果。著名的解剖实验是美国芝加哥大学的斯佩里和他的学生的实验。

1954年，斯佩里和他的研究生米尔斯有一个惊人的发现：在割裂大脑两半球之间的联系后，每个半球都能像一个完整的脑一样独立地起作用。他们应用新的手术方法和一侧行为测验技术对猫进行了研究，将猫的大脑、视交叉、视神经的横过部分都分割开，使左眼来的信息只传送到右半球，而右眼来的信息只传送到左半球。当用一只眼睛解决问题时，动物能正常反应，并且学会完成一个任务。当盖住这只眼睛把同一问题呈现给另一只眼睛时,动物不能再认识这个问题,而必须用这个脑半球重新学会这个问题。

切断实验动物的胼胝体对动物的智能无严重损害,这一结果使外科医生敢于对某些癫痫病的患者实施割裂脑的手术。20世纪60年代初,斯佩里把裂脑研究扩展到裂脑人身上,他用一系列精心设计的心理学实验方法,对20余例裂脑人的心理行为活动进行了测验,发现了许多前所未知的新现象,为研究人脑功能提供了极其重要的科学依据。

斯佩里以精确的实验证明,大脑两半球在功能上有明显的分工,左半球同抽象思维、象征性关系和对细节的逻辑分析有关,它具有语言的、理念的、分析的、连续的和计算的能力。右半球则与模式识别和空间知觉有关,处理单项的事物而不是数理排列,它具有音乐的、绘画的、综合的、整体性的和几何空间的鉴别能力。左右大脑半球在功能上是互补的,既各司其职又相互配合。

刺激反应实验比较简易的办法是两耳同时听各种声音,然后来比较左、右脑对刺激的反应。如果刺激是语言性质的,右耳(左脑)的反应比较准确;如果刺激是非语言性质的,则左耳(右脑)的反应比较准确。由此也可证明掌管语言的机制在大脑左半球。

神经生理学的实验表明,语言的发展自有其生理的基础,由此可以推测语言同思维的联系和区别。

(三)通过对先天聋哑人的考察探索非语言思维的存在

思维总是要以某种物质为载体,或声音,或动作,或形象……不需要任何载体是不可能的。思维除了以语言作为载体之外,还可以直观动作和表象作为载体,尤其是直观动作思维和形象思维的初级阶段,人有,动物也可能具有。既然有非语言思维,那么,聋哑人不会说话,能不能进行思维这个问题就迎刃而解。聋哑人虽不会说话,但也是可以思维的。

第一,聋哑人也有语言的生理基础——健全的大脑和发音器官,也有大脑左右半球,也有专门的分工,不会说话是因为耳聋听不见别人说话,才学不会说话,一旦恢复或获得听觉,就可以逐渐学会说话。

第二,聋哑人可以发展非语言的交际工具,从视觉、触觉等方面去接收常人用听觉得到的信息,比如哑语——手语。通过口形训练,教会聋哑人观察和模仿常人说话的口形,用“看话”代替听话。

第三,缺少语言载体给聋哑人思维能力的发展带来一定的影响。俗话说“眼观六路,耳听八方”,“看话”终究不如听话来得方便,尤其是抽象的词语和语法规则,就让聋哑人感到非常困难。

可见，存在着非语言思维。聋哑人主要靠非语言思维，正常人也有非语言思维。思维需要一定的载体，没有任何依托的“赤裸裸”的思维是不存在的。

第四节 语言是符号系统

一、语言符号的性质

(一)什么是符号

符号是用于传递信息、指代事物和思想的标记。在认识活动中，人们常常以甲事物代表乙事物，代表乙事物的甲事物就是乙事物的符号。因为甲事物与乙事物是代表与被代表的关系，所以符号是由形式和内容构成的结合体。形式是可以直接感知到的，内容是形式表达的意义。比如，交叉路口用作交通标记的“红绿灯”是一种符号，红、绿、黄是三种不同的颜色，是符号的形式；不能通行、可以通行、准备停车或缓行分别是红、绿、黄三种颜色所表达的意义，是内容。形式和内容结合在一起，构成了红灯、绿灯、黄灯三个具有指挥交通作用的符号。

符号可以分为三类。一是视觉符号，如文字、交通标记、邮政标记、旗语、灯语、身势语、图、古代的烽火台等；二是听觉符号，如军营的号声、汽笛、战鼓、钟声等，语言是一种听觉符号；三是触觉符号，特指盲文。

符号是一种标记，但并非所有的标记都是符号，比如征候也可以标记一定的事物。因此，要注意符号与征候的区别。征候可以代替它们标记的那个事物，具有指代性，这是符号与征候的共同之处。它们的不同之处在于：征候是事物本身的特征，与事物之间有自然、必然的联系；而符号与所代表的事物之间则没有必然的联系。譬如早起打开窗户，见到地面和对面的屋顶是湿的，说明昨夜下过雨；闻到飘来的花香，说明院子里的花已经开放；听见阵阵鸽铃，那是邻家的信鸽在放飞。湿润、芳香、鸽铃声，分别代表下雨、花开、鸽子飞，它们之间有自然的联系，人人都能觉察，这些是征候，不是符号。符号则和自己代表的事物是两回事，相互之间没有必然的联系。为什么用红灯代表不能通行，绿灯代表可以通行，这之间没有什么必然的联系，是社会约定的结果，是没有什么道理可讲的。

(二)语言符号的性质

如前所述,每种符号都必须具备两个基本方面——形式和内容。没有形式的内容和没有内容的形式都不可能存在,符号是形式和内容的统一体。语言符号也包括形式和内容两方面。语言符号的形式是表达一定内容的声音,也称语音形式;语言符号的内容即语义,必须依靠一定的语音形式表现出来。

语言符号是音义结合的统一体,这可以从两方面去理解:其一,语言符号是由语音形式和语义内容构成的,语音形式是语言符号的物质外壳,语义内容是人们想要表达的思想;其二,语音形式和语义内容相互联系、相互依存,二者结合紧密、不可分割。索绪尔曾经用"水"和"纸"做比喻来说明符号的两面性及其密切关系。他说:"比较正确的是把它比作化学中的化合物,例如水。水是氢和氧的结合;分开来考虑,每个要素都没有任何水的特性。""语言还可以比作一张纸:思想是正面,声音是反面。我们不能切开正面而不同时切开反面,同样,在语言里,我们不能使声音离开思想,也不能使思想离开声音。"[①]索绪尔的这种比喻,应该说是贴切的。

音义结合的语言符号有如下特点:

1.任意性。语言符号是音义结合的统一体,但它的音义结合却是任意的,音和义之间没有必然的、本质的联系,它们之间的结合是使用语言符号的社会自然形成的习惯、集体约定的结果。比如汉语为什么把玫瑰叫"méigui",把鹿叫"lù",而英语把玫瑰叫"rose",把鹿叫"deer",没人能解释这是为什么。同一事物,有多少种语言就可以有多少种叫法,即使是同一种语言,在不同的方言也可以有不同的叫法,在古代和现代又有不同的叫法。所有这些现象,我们只能从语言符号的任意性上去解释。声音,只是人们用以载义的形式,但用什么样的声音表达一个意义,这并没有固定的模式。

索绪尔系统、明确地阐述了语言符号的任意性。他说:"我们建议保留用符号这个词表示整体,用所指和能指分别代替概念和音响形象。"索绪尔进一步阐明:"能指和所指的联系是任意的,或者因为我们所说的符号是指能指和所指相联结所产生的整体,我们可以更简单地说:语言符号是任意的。"[②]

索绪尔为语言符号的两个方面创制了专门的术语:"能指"和"所指"。"能指"就是声音,"所指"就是语义。语言符号的任意性是语言学的一条重要原则,正如索绪尔所说:"上面所说的这个原则支配着整个语言的语言学,它的后果是不胜枚举的。……人们经

---

① 费尔迪南·德·索绪尔:《普通语言学教程》,高名凯译,商务印书馆,1980年,第14页、158页。

② 费尔迪南·德·索绪尔:《普通语言学教程》,高名凯译,商务印书馆,1980年,第102页。

过许多周折才发现它们,同时也发现了这个原则是头等重要的。”[①]正是有了任意性这一原则,语言才可能不断地丰富和发展。

语言符号有任意性的特点,但任意性却不等于随意性。语言符号的音义结合是由社会约定俗成的,而不是由哪一个人、哪一个社会集团创制、掌管的。其他任何一种具有人为规定性的符号则可以根据需要创制或修改甚至废除。例如,文字这种最重要的辅助性交际工具,它在本质上也具有人为的规定性。我们今天还担负着为少数民族语言制定文字的任务。语言符号是社会的产物,它要经过人们的约定,经过大家的认可,赋予一定的价值,才能进入交际领域,起到交际的作用。

语言符号是音义结合体,是指代某种事物的标记,但并不等于现实现象本身。语音与语义的关系,语义与现实现象的关系,语音与现实现象的关系,符号与现实现象的关系等,可用下图来表示:

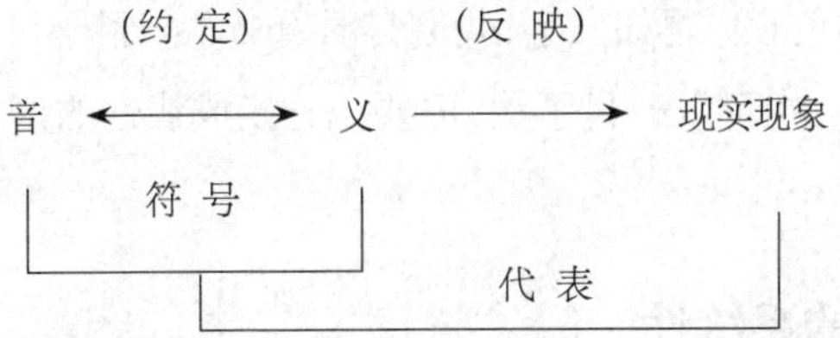

这个图的含义是:语音形式和语义内容结合构成语言符号;音义之间的关系是任意的,是社会约定俗成的;语义内容是人们对现实现象的概括的反映,并非现实现象本身;音义结合的语言符号,代表了现实现象;语音和现实现象之间没有直接的联系,意义是联系语音和现实现象的桥梁。

2.强制性。语言符号的任意性,是就创制语言符号时的情形而言的,是从语言发生学的角度而言的。语言符号一旦进入交际,也就是某一语音形式与某一意义结合起来,表示某一特定的现实现象以后,就具有了社会所赋予的固定的意义,就具有了强制性。它约束人们、迫使人们去遵守它的规则,任何个人或社会集团都无权对它进行改动。如果有人要擅自改变某种约定又没有得到社会的认可,是要受到惩罚的。每个人从出生的那天起,就落入一套现成的语言符号的规则里,只能被动地接受,没有要求更改的权利。

语言符号的语音形式与某种语义内容一经约定结合以后就不能随意改动,因此会处于相对稳定的状态中。语言是用来满足人们相互交往需求的不可缺少的工具,所以它必须适应交际的需要,必须保持相对的稳定性,不能轻易发生变化。当然,这并不意

---

① 费尔迪南·德·索绪尔:《普通语言学教程》,高名凯译,商务印书馆,1980年,第103页。

味着语言永远不发生变化，只不过这种变化是相当缓慢的，短时间内不易察觉。

语言符号的任意性和强制性是其属性的两个重要方面，任意性是对不能解释的名词的解释，它能够促进语言的多样化和语言不断发展；强制性则是强迫社会成员遵守共同的语言规则，使语言的稳定性和语言的交际作用的顺利发挥成为可能。

3.线条性。指语言符号构成的线性序列。当符号与符号组合，形成更大的单位时，只能在一条线上展开。作为符号形式的声音，只能一个跟着一个依次出现，随着时间的推移而逐渐延伸，绝不可能在同一时间里说出两个符号或两个声音。换句话说，不能在两维的面上或三维的立体空间同时展开。语言符号的线条性使得语言要素按照一定的规则一个挨着一个地进行组合成为可能。比如“我们学习语言学概论”这个句子，只能按照 wǒmen xuéxí yǔyánxué gàilùn 这样的顺序把它说出来。不能同时说出 wǒ 和 men 两个音节。其他的符号有些就不一定。比如图画，我们可以同时看到作品的点、线、面或长、宽、高以及不同的色彩。再如文字，我们有时看书，“一目十行”的事是可能的并且是常有的。看一张表格，也可以一目了然，但要把它换成线性的语言符号说出来，就啰唆得多。

二、语言符号的系统性

概括地说，语言符号的系统性指语言是由各种语言单位构成的一种层级装置，这种装置靠组合和替换来运转，各语言单位都处在组合关系和聚合关系这样一个体系之中。

（一）语言要素的系统性

语言的组成要素不是一些互相之间没有联系、互不相干的独立存在的符号，而是各种不同的语言符号根据严密的组织规律分层次组织起来的，不同单位之间互相联系、互相制约的“系统”。语言系统由各种子系统组成，子系统由更小的子系统或不同的要素组成。由于分析的角度不同，对系统的归纳和划分会有所不同。比如从内容和形式来说，语义是内容，语音是形式，这就可以说，语言系统是由语音和语义两个子系统构成的；从建筑材料和结构规则来说，语汇是材料，语法是规则，这又可以说语言系统是由语汇和语法两个子系统构成的；而任何一个语法成分或语汇成分，又都是音义结合的统一体。所以，总括起来可以说语言系统是由语音系统、语义系统、语汇系统和语法系统等构成的。每个子系统由更小的要素构成。比如语音系统可由音质音位和非音质音位构成，音质音位由元音音位和辅音音位构成；语义可由语义的理性意义和附加意义构成，附加意义由感情意义、语体意义、联想意义构成；语汇可由基本语汇和一般语汇构成；语法是一套规则,可由组合规则和聚合规则构成等。

语言具有系统性,语言的各个子系统也具有系统性。只是各子系统的系统性有明显的差异。其中,语音的系统性最强,语法次之,语汇和语义再次之。

(二)语言的层级体系

语言的层级体系是指由非符号单位的语音单位、语义单位与由符号单位的语素、词、句子构成一个两层三级的层级装置。

就音义结合的符号而言,语素是音义结合的最小的语言单位,其次是词,词是最小的可以自由运用的语言单位。词和词可以组合成短语,词和词、或词和短语、或短语和短语,可以组合成句子,句子是最小的、基本的交际单位。句子和句子可以组合成语篇,语篇是最大的交际单位。在这些语言单位中,语素是最小的音义结合的单位,词是可以独立运用的语言单位,句子是基本的交际单位,因此它们是语言层级体系的符号层,并且处在符号层最重要的三个"级"上。

上述单位都是符号单位,语素是最小的符号单位,不能再分了,再分就不是语言符号的单位了。但从语言符号的构成来说,它们是音义的结合体,它们的基础是一套语音单位和语义单位,语音单位可以分为音节,音节可以分解为音位,音位可以分解为音素,而在实验语音学中用现代的电子仪器来分析,音素还可以分解为音子。从语义的角度来说,语素的语义内容可以分解为义位,义位可以分解为义素。其中,音位和义位是最重要的两个非符号单位,由它们构成了语言层级体系的底层。这样,语言就构成了一个两层三级的层级体系,如下图:

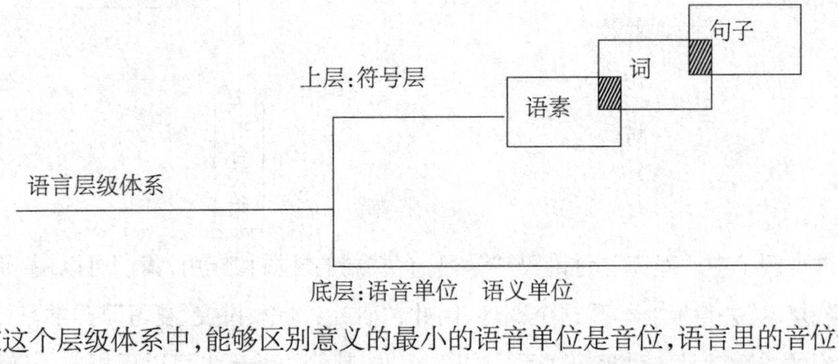

在这个层级体系中,能够区别意义的最小的语音单位是音位,语言里的音位一般只有几十个;从有限的音位到无穷的句子,是按照一定的规则,利用排列组合的方式以少变多的结果。比如汉语普通话,音位只有几十个,组成音节,有400多个(不算声调);音义结合以后构成最小的语言单位——语素,有几千个;再到几万个词,再到无穷的句子。这是以少变多。

这种以少变多的排列组合要按照一定的规则进行，理论上讲这种排列组合的可能性是很大的，而实际上，语言的排列组合只用了很小的一部分可能性。比如汉语普通话的“大”“锅”“饭”三个语言单位，只能有“大锅饭”“饭锅大”“大饭锅”的组合，没有“钣大锅”“锅饭大”“锅大饭”的组合。再如英语的c、a、t三个音位，也只能有cat、act的组合，不能有tca、atc、cta、tac的组合。利用其中很小一部分可能性说明一个问题，即组合在一定的语言里是有规则的，只能在规则允许的范围内组合。

（三）组合关系和聚合关系

组合关系是指两个以上连续的单位有条件、按规则组合起来的关系。如果把“小张打球”看成一根语言链条的话，在这根语言链条上有“小张”“打”“球”几个链环，这几个链环之间的关系就是一种组合关系。不同的组合可以形成不同的关系。“小学生”是偏正关系，“学生小”是主谓关系，“学小生”是述宾关系。从语义关系来看，组合是有规则、有条件的。不同的语言有不同的组合方式，比如在汉语普通话里“小张学习语言学”不能换成“语言学学习小张”，不允许有这样的组合关系。

聚合关系是指能互相替换、具有相同性质和作用的单位之间的类聚关系。如果把语言符号的组合看成是一根链条，每个符号就是一个链环。这样，在链条的某一环节上能够互相替换的符号具有某种相同的作用，它们自然地聚集成群，形成一种聚合关系。如下图：

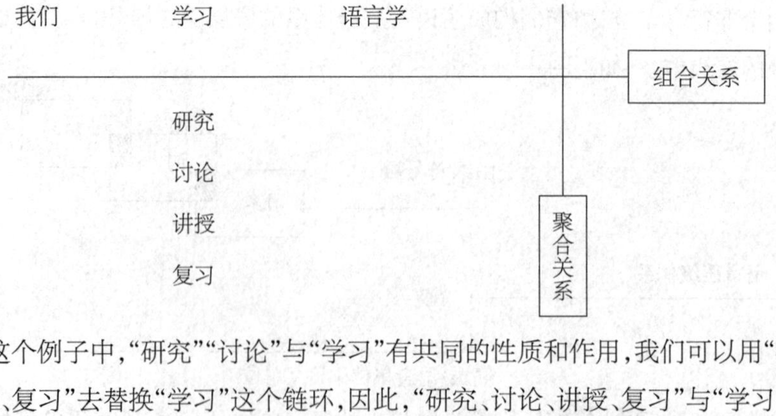

在这个例子中，“研究”“讨论”与“学习”有共同的性质和作用，我们可以用“研究、讨论、讲授、复习”去替换“学习”这个链环，因此，“研究、讨论、讲授、复习”与“学习”这三个链环之间的关系就是一种聚合关系。依次类推，其他的链环也可以用相关的链环去替换，从而形成聚合关系。

语言的组合关系和聚合关系来源于索绪尔的语言理论。在索绪尔的《普通语言学教程》里，他将其称为“句段关系”和“联想关系”。组合关系和聚合关系是语言体系的一对根本关系，是组成语言系统的一个纲，一个横纵的坐标。在语言系统中，每一个符号都可能在这两种关系中找到自己的位置，都可能处在这个横纵的坐标中，包括非符号单位。例如语音横向上可组合成音素、音位、音节、语流，语音的纵向又可分为辅音聚合类、元音聚合类、音位聚合类、音节聚合类等；词可横向组合成词组、句子，而词的纵向又可聚合出各类词，如同义词聚合类、反义词聚合类、单义词聚合类、多义词聚合类等；句子横向可以组合成句群，纵向也可分为不同的聚合类，如主谓句和非主谓句、陈述句、疑问句、祈使句、感叹句等。

组合关系和聚合关系互相联系、互为存在的前提：只要有组合关系，就可能有相关的聚合关系，因为组合关系不仅仅是个体单位之间的关系，而是与个体单位相关的一组单位与另一组单位之间的关系；只要有聚合关系，就可能有与之相关的组合关系，比如汉语普通话里[tɕ]只与齐、撮二呼组合，与[tɕ]有相同聚合关系的[tɕʻ]、[ɕ]也只与齐、撮二呼组合。

思考练习

一、填空题

1.________是表达思想的工具、交际的工具，________则是使用语言工具的行为和结果。

2.语言符号具有________、________、________三个特点。

3.索绪尔为语言符号的两个方面创制了专门的术语："____"和"____"。"____"就是声音，"____"就是语义。

4.______和______是语言系统中的两种根本关系。

二、选择题

1.下列现象不属于符号的是（　）。

A.交通标记、汽笛　B.炊烟（代表有人家）、霜露（代表天气冷）

C.盲文、纳西族文字　D.古代烽火台、旗语

2.符号是用来表示某种意义的标记，包含（　）两个方面。

A.形式和意义　B.语音和语义　C.组合关系和聚合关系　D.意义和内容

3.生理学主要研究下列人类语言交际活动中的（　）阶段。

A.编码　B.发送　C.传递　D.解码

三、名词解释题

语言　语言能力　符号　语言符号的二层性

四、简答题

1.简述语言同思维的关系。

2.语言符号的特点表现在哪些方面?

3.为什么说语言能力是人类特有的?

五、论述题

张三说:“我们先发明了电视,然后才给电视命名,所以思维不需要语言。”张三的错误在哪里?请分析论述。

【拓展延伸】

[1]叶蜚声,徐通锵.语言学纲要[M].北京:北京大学出版社,1997.

[2]岑麒祥.语言学史概要[M].北京:科学出版社,1958.

[3]岑运强.趣味实用语言学讲话[M].北京:北京师范大学出版社,1998.

[4]马克思恩格斯选集[M].北京:人民出版社,1972.

[5]胡明扬.语言和语言学[M].武汉:湖北教育出版社,1985.

[6]伍铁平.语言与思维关系新探(增订本)[M].上海:上海教育出版社,1990.

第三章

语 音

【章目要览】

语音具有物理属性、生理属性和社会属性。从物理属性看，音素是从音质角度划分出来的最小语音单位，可以分为元音音素和辅音音素，而记录音素的标写符号叫作音标。从社会属性看，能够区别意义的最小语音单位叫作音位，音位归纳的原则有对立原则、互补相似原则、系统原则，归纳所得的音位可以分为自由变体和条件变体。音位可以分为音质音位和非音质音位，非音质音位包括时位、重位和调位。从聚合关系看，能够将一个音位同别的音位区别开来的语音特征叫作区别特征，具有相同区别特征的音位形成聚合群。从组合关系看，音位的组合构成音节，音节的组合构成语流。语流中可能产生语流音变，包括同化、异化、弱化、脱落、增音几种情况。

【相关知识】

本章与实验语音学的基础理论部分、生理学的发音器官结构部分、音位学的音位归纳部分有关，涉及现代汉语普通话、方言、少数民族语言及其他语言相关材料。

【情景案例】

初学英语者在拼读国际音标的时候往往会拿不准读音，其中一个原因就是同一个字母在不同单词中读音可能不同。比如英语当中的l在不同的情况下读音并不相同:

help　lake

belt　lip

milk　look

左边这一列的l读音是边擦音，而右边这一列的l读音是边音。同一个字母为什么读音会不同呢？这个问题事实上涉及音位学的基础知识，与音位归纳的原则有关。

【重点提示】

语音的生理属性及发音；元音舌位图、辅音表；音位的定义；归纳音位的原则；音位的聚合与组合。

第一节　语音的性质

一、什么是语音

语言作为人类交流思想、传递信息的交际工具，必须借助声音才能将无形的意义变成语言符号，语义才能够被传递、接收和理解。语音是指由人类发音器官发出的、能载负、传达为人们所理解的有交际意义的声音，是语言符号的物质外壳。

由上述定义可见，语音包括以下三层含义：语音是语言符号的物质外壳，是一种载体，没有这种外壳、载体，人的思想（语义）就无法固定、再现和传递，人们就无法进行交际活动；语音是由人类发音器官发出的，否则都不是语音，这就把语音同自然界的声音、人类同动物的声音区别开来了；语音是能载负、传达为人们所理解的有交际意义的声音。语音是一种物质载体，是用人的发音器官发出的声音，但这并不是说，凡是人的发音器官发出的声音就一定是语音，只有能够载负、传达被人们理解的、有交际意义的声音才是语音。这就把语音同人类发音器官能够发出的其他声音如鼾声、咀嚼声、抽烟时的吸吐声等声音区别开来了。

二、语音的物理性质

一切声音都是物体振动引起的，物体振动引起空气粒子的振动，形成音波，传到耳鼓，这就是我们能够听到的声音。作为一种物质材料，语音同自然界的其他声音一样，都具有这种物理属性。根据发音体振动的频率、振幅、时间的长短和声音的特性，形成了声音的高低、轻重、长短、音质的不同，这就是所谓的声音四要素：音高、音强、音长和音质，语音的物理性质也可以从这几个方面来认识。

（一）音高

指声音的高低，它决定于发音体振动频率，即发音体在一定时间内振动的次数。振动次数越多，音就越高，反之则越低。频率的单位是赫兹（Hz），每秒种振动1次为1赫兹。人耳能够听到的频率范围在16~20000Hz之间。低于16Hz的叫“低声波”，超过20000Hz的叫“超声波”。在1500~3000Hz之间的是最悦耳的音。

音高决定于频率，频率决定于发音体的物质材料，决定于发音体的粗细、厚薄、松紧、长短。凡是粗的、厚的、松的、长的物体，振动频率就小，声音就低；凡是细的、薄的、紧的、短的物体,振动频率就大,声音就高。语音也是这样,人的音高决定于声带的长短、厚薄,还有说话、唱歌时声带的松紧如何。人的声带,男女不一样:女的大约13毫米,男的大约17毫米。

音高在有的语言中有区别意义的作用,如汉语等有声调的语言就是利用音的高低升降变化构成四声(阴、阳、上、去)来区别意义的。比如在汉语普通话中,yi zhi这两个音节,在声母、韵母不变的情况下,意义的不同,是靠声调不同来区别的:yí zhì(一致),yì zhì(意志),yī zhì(医治),yì zhí(一直),yí zhì(遗志),yí zhǐ(遗址),yǐ zhì(以至),yì zhì(抑制),yì zhǐ(抑止)……

(二)音强

又叫音重,指的是声音的强弱。音强决定于发音体音波振幅的大小。推动发音体振动的外力大,音波的振幅就大,发出的声音就强;反之,外力小,振幅就小,声音就弱。比如拉提琴,右手对弓子的压力越大,拉出的声音就越强。手风琴也一样,拉风箱的力量越大,声音也就越强,要想让声音柔和一些,则轻轻地拉。语音的强弱与发音时用力程度和气流量的大小有关,发音时用力大,气流量大,语音就强;用力小,气流量小,语音也就弱。

音强在许多语音中是有一定区别意义的作用的。比如汉语普通话的“地道——地道”“妻子——妻子”“反正——反正”“大爷——大爷”几组词,下面加点的音节读不读重音,意思是不一样的。如英语中的content['kɔntent]是名词,意思是“内容”;content[kən'tent]是形容词,意思是“满意的”,重读音节的改变,意义也要改变。

(三)音长

音长是指声音的长短,它取决于发音体振动时间的长短。振动持续的时间长,声音就长,反之则短。在拉小提琴时,弓子和琴弦摩擦的时间越长,声音也就越长;手风琴风箱拉动的时间越长,声音也就越长,反之则短。人的发音气息持续的时间长,声音就长,反之则短。

在一些语言或方言中,音长具有区别意义的作用。如:英语seat[si:t](座位)—sit[sit](坐);[ʃi:p]sheep(羊)—[ʃip]ship(船);广州话的[ka :i^{55}](街)—[kai^{55}](鸡)这些词例就是靠音长来区别意义的。

（四）音质

又叫音色、音品。以上三个要素可以称为“超音质要素”，而“音质”是语音四要素中最重要的一个要素。音质指声音的性质，即一个声音区别于其他声音的基本特征。音质是由声波的形式决定的。发音体发出的一系列频率、振幅各不相同的振动复合成音波。振动频率最低的声音叫作“基音”，其他振动发出的声音叫作“陪音”。由于陪音的数量、频率和振幅的不同，以及它们和基音在频率、振幅等方面配比关系的不同，就形成了千变万化的声波形式，从而产生千差万别的音质。

从音质的产生来看，音质的不同取决于三方面的因素：

一是发音体不同。小提琴发音体是琴弦，风琴的发音体是簧片，它们之间的音质就不同。同理，不同人的声带不一样，有的细，有的粗，有的长，有的短，发出的声音自然不一样；同一人在发音时有时用声带振动发音，有时不用，音质也不相同。

二是发音方法不同。不同的乐器发音方法不同自不必说，即便是同一种乐器，发音方法不同，其音质也不同。如小提琴，拉弦和拨弦发出的音质就不一样。语音的发音方法不同，也可以导致音质不同。如北京话的[k‘]和[x]，前者与后者是由于受阻方式不同而产生了差别。

三是共鸣器或共鸣状态不同。小提琴的共鸣器是琴腹，手风琴的共鸣器是风箱，所以音质会有所不同。人在说话时，是用口腔共鸣还是鼻腔共鸣，口腔共鸣时呈不同形状都会发出不同的音质。如北京话的i和a两个音，口腔的大小不一样，音质也就不一样。

三、语音的生理性质

语音是由人的发音器官发出来的，人的发音器官及其运动是语音的生理基础，决定着语音的生理性质。人们分析语音，常常要从语音产生的角度进行，所以，要有效地分析语音，首先应弄清发音器官的构造。

人的发音器官由发音的动力部分、发音体部分、共鸣体部分三部分组成。

（一）动力部分

乐器发音都必须要有动力，否则不能发音。比如脚踏风琴、手风琴都有一个能拉开、能合上的风箱。拉动风箱，从而产生气流，气流冲击簧片，簧片发出声音。气流就是发音的动力。人体内的动力部分很像风琴的动力部分。人的肺和气管相当于风琴的风箱。透过X光，可以看到人的肺叶左右各一片，像两个风袋。肺的外围是胸廓，下面一层叫横膈膜，当横膈膜下降，肺部膨胀，就吸入空气，犹如风箱拉开了；当横膈膜上升，肺部收缩，就排出气流，犹如风箱合上了。肺部排出的气流冲击声带，声带发出微弱的喉原音，经过咽管、口腔、鼻腔等共鸣腔体的放大，就是我们听到的声音。因此，肺部是人发音的动力部分。这里稍有不同的是，风琴拉合风箱时都能发声，而人说话发音大多数是呼气音，吸气音只在非洲少数地区有。

发音器官图如下：

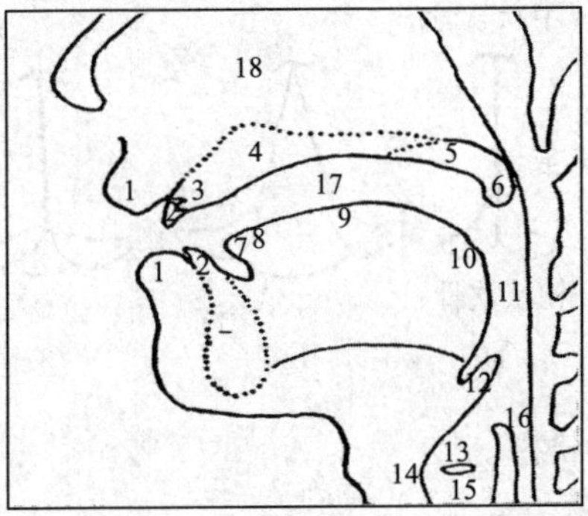

1. 上下唇 2. 上下齿 3. 齿龈 4. 硬腭 5. 软腭 6. 小舌 7. 舌尖 8. 舌叶 9. 舌面 10. 舌根 11. 咽腔 12. 会厌软骨 13. 声带 14. 喉头 15. 气管 16. 食道 17. 口腔 18. 鼻腔

(二)发音体部分

风琴的发音体是簧片，风箱开合时产生的气流振动簧片颤动发音；小提琴的发音体是琴弦，靠琴弓摩擦颤动发音；笛子的发音体是薄膜，靠人吹入的气流使其颤动而发音。人的发音体是喉头里的声带。声带就像风琴里的簧片，靠肺里产生并通过气管传来的气流发生振动。声带固定在喉头上的三块软骨上，它们分别叫作甲状软骨、环状软骨、杓状软骨。这三块软骨组成一个桶形。请看三视图：从俯视图上可以看到，声带一端连在甲状软骨上，另一端连在杓状软骨上，两片声带之间的空隙叫声门，声门又可分为音门和气门两部分。由于肌肉的动作，杓状软骨可以开合回转，声带也可以放松或拉紧，声门可打开和关闭。声门不同程度的开合状态有四个位置(见后页图)：

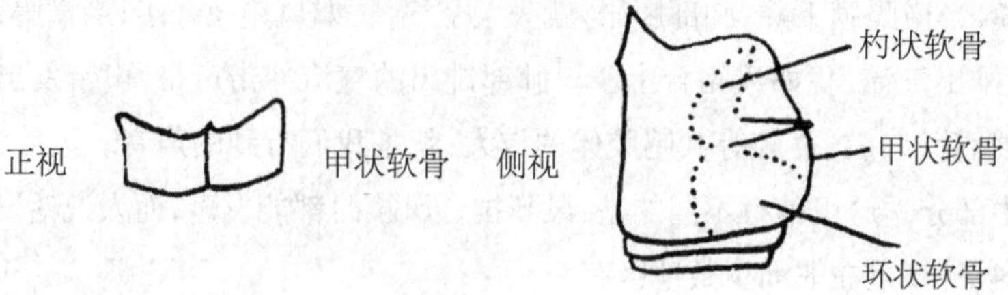

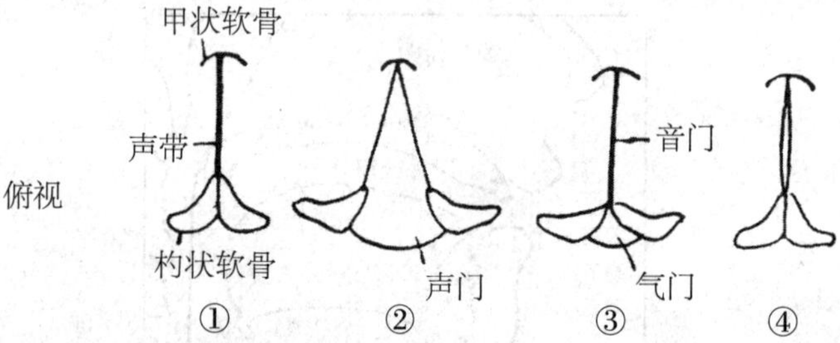

①声门紧闭,如咳嗽前的状态。

②声门大开,平常呼吸时的状态。

③声门关闭,气门敞开,耳语时的状态。

④声门关闭,气流从声带挤出,使声带颤动而发声,如发乐音时的状态。

(三)共鸣体部分

发音体在动力部分输出或输入的气流中振动发出声音,但是这种声音非常微弱,共鸣体的作用就是放大或者美化这种声音。风琴的风箱里有一个空体部分,这就是起放大音量作用的共鸣器部分。人的共鸣器部分是“三腔”,即口腔、鼻腔、咽腔。

“三腔”里最重要的是口腔。口腔称得上是各种语音音素的“制造工厂”。要将声带发出的声音放大,并调配成各种各样的载义的语音,主要依靠“三腔”,尤其是口腔内各器官的劳动来完成。

唇(上、下唇)。双唇音、唇齿音p、m、f都是由它参与完成的。

齿(上、下齿)。一些唇齿音f、v、pf、pf‘齿间音θ、ð等就是牙齿参与完成的。

齿龈。t、t‘、n、l等音素就是由齿龈与舌头形成阻碍发出的。

上腭。在口腔的上方,分硬腭、软腭两部分,硬腭参与可以发k、k‘、x等音;软腭可以控制气流通道,从而发出口音或鼻音。

舌头。舌头是发音的主力军。日常生活中形容一个人能说会道,说他“巧舌如簧”“三寸不烂之舌”,《三国演义》里就有“诸葛亮舌战群儒”的例子。在一些语言中,表示

"舌头"义的词兼有表"语言"之义。如英语的"tongue",俄语的"язык",法语的"langue"。舌头可以分为舌尖、舌叶、舌面、舌根几部分,它们参与便可分别发出舌尖前音ts、ts‘、s,舌尖中音t、t‘、n、l,舌尖后音tʂ、tʂ‘、ʂ、ʐ,舌叶音ʃ、ʒ,舌面音tɕ、tɕ‘、ɕ,舌根音k、k‘、x等。

鼻腔主要是鼻音的共鸣腔。发鼻音时,软腭下降,气流从鼻腔流出。鼻腔是产生上部共鸣的必由之路。咽腔是少数咽喉音的共鸣腔。

人说话主要靠三腔进行共鸣,但在声乐艺术、语言艺术发声时还可以有胸腔、头腔共鸣等。

四、语音的社会性质

语音不同于其他声音,还在于它能表达一定意义。如果就其构成来看,语音是一种物理现象的话,那么就其功能来看,它应该是一种社会现象。

语音的社会性质主要表现在两个方面。第一,什么样的声音表示什么样的意义,是由使用该语言的社会全体成员约定俗成的。语言是人们用来交流思想、传递信息的交际工具,语音是这个工具的物质载体,任何语音都表达一定的意义,同一定的意义保持着相对稳定的联系。但什么音与什么义结合,构成语言符号来代表一个对象,这种功能是社会赋予的,是社会的交际需要使人发出的声音成为意义的载体,也是社会习惯使特定的音同特定的意义相结合。比如汉语普通话用[ai]表示"爱""哎""碍"等意义,英语却用近似的音表示"我"的意义。

第二,具有相同自然属性的音素,在不同的语言或不同的方言里,可能有着不同的作用。而这些不同的作用,也是不同的语言社会赋予的。如果研究某一种语言,我们就会发现,人们在言语中发出来的音多种多样,这多种多样的音就其功能而言,或者说在言语中的作用来讲,有的区别是重要的、是要辨别意义的,有的区别则是不重要的、不辨别意义的。一定的语言社会能够把必须辨别意义的声音都辨别出来,不管它多么细微;而对那些不区别意义的声音忽略不计。从最小的语音单位——音素来看,它在不同的语言里有不同的功能。比如说,[PA^{51}](爸)与[P‘A^{51}](怕)的区别在于双唇塞辅音的送气不送气,这在汉语普通话里是要区别词的语音形式进而区别意义的,但它在其他的语言里就不一定了。比如英语sport中的/p/念成送气不送气关系都不大,至少不会影响对意义的理解。英语有的元音的长短能区别意义,部分辅音的清浊能区别意义,而在汉语普通话里则一般没有这样的作用。之所以会出现这些现象,还是应该从语音的社会属性上加以解释,语音的这种功能和作用也是社会赋予的。

第二节　音素

一、音素和音标

音素是从音质的角度划分出来的最小的语音单位。音素是由语音学家分析比较了各种语音之后概括出来的。过去一直认为一个汉字就是一个音，实际上，一个音节之下还可以再分析。如“中文系”三个音节，“中”[ʈʂuŋ]是三个音素ʈʂ—u—ŋ，“文”[uən]也是三个音素u—ə—n，“系”[ɕi]是两个音素ɕ—i。英语see [si:]两个音素，man [mæn]三个音素。

音标是记录音素的标写符号。音标有两种，一种是属于某种具体语言的，一种就是记录各种语言语音的国际音标。

我国古代没有记音符号，用“反切”记音。反切记音既不科学，又有很大的局限性。1913年制定出39个（后又增加1个，40个）注音字母。但注音字母写起来不方便，尤其是有些字母不能正确标音。后来制定出《现代汉语拼音方案》。《汉语拼音方案》拼写方便，标音也很科学，但它只能标记现代汉语普通话的语音，不能标记古汉语、方言和外语，这是属于记录具体语言的音标。

国际语音学会

国际音标是国际语音学会1888年公布的，之后经过增补和修订，成为国际上通用的音标（International Phonetic Alphabet，简称IPA）。IPA已经被许多国家的语言学家和语言教师所接受，很多语言学著作、辞典和教科书都采用了这套音标，它具有广泛的国际性。

国际音标有自己的特点，方便好用：1.一音一符，一符一音，音素和标写符号一一对应，不会出现混淆或两可的现象。2.形体简单清晰。大部分采用拉丁字母小写的印刷体，不够用时以下述方法解决：(1)两个拉丁字母合在一起成为一个符号（如æ、œ）；(2)用小写字号的大写字母（如ᴇ、ᴀ）；(3)把某些字母倒过来（如ɐ、ə）；(4)用草写体（如χ）；(5)借用希腊字母（如β、θ）；(6)改造字母如（ŋ、ɳ、ɖ、ʂ）；(7)另选新符号（如ʃ、ʒ）。3.比较完备，可以精确地记录世界上各种语言的语音。

国际音标有严式和宽式两种。严式音标严格地记录音素的每一点微小的特征，宽式音标只表示基本音质，不详尽地指出音的细微特征。

二、元音和辅音

音素可以分为元音和辅音两大类。元音是发音时气流不受阻碍的音素，辅音则是发音时气流要受到一定阻碍的音素。区分元音或辅音的标志主要有以下几个方面：

一是看气流受阻还是不受阻。气流在通过声道时不受阻的是元音，受阻的是辅音。前者如ɑ、o、e、i、u、y，发这些音时气流在口腔中不受阻；后者如t、t‘，发这两个音素是由舌尖与齿龈形成阻碍发出的。

二是看发音器官均衡紧张还是部分紧张。发元音时，由于发音器官与气流双方没有什么冲突，因而发音器官相对地说是均衡紧张的；发辅音时，由于要形成阻碍，所以阻碍部分的器官特别紧张，而其余部分则相对松弛。比如发[k‘]时，只有舌根与硬腭部分比较紧张。

三是看声带是否颤动。发元音时，声带颤动，是乐音；发清辅音时，声带不颤动，是纯噪音。发浊辅音时，声带也颤动，是混合音（用手触摸喉头，然后比较[t]、[d]的发音）。

四是看发音的时候呼出的气流的强弱。发元音的时候，呼出的气流畅通无阻，因而气流较弱；发辅音的时候，呼出的气流必须冲破阻碍才能通过，因而气流较强。

（一）元音

口腔是人类发音器官中最主要的共鸣腔，一般元音的不同正是口腔的不同形状造成的。口腔的形状与舌头的活动有密切的关系，根据发音时舌头起作用的部位的不同，可以把元音分为舌面元音、舌尖元音、卷舌元音。

1. 舌面元音。造成舌面元音音质的不同，主要有以下三个因素，这也可以看作舌面元音的分类条件。

第一，舌位的高低。舌位的高低与口腔的开闭是联系在一起的。开口度越小，舌位就越高；开口度越大，舌位就越低。舌位的高低不同，发出的元音也就不同。比如[i]和[a]，[i]的舌位高，[a]的舌位低。在舌位图上，根据舌位的高低依次分为高元音、次高元音、半高元音、中元音、半低元音、次低元音、低元音（见后页舌位图）。

第二，舌位的前后。舌头伸前或者缩后，称为舌位的前后。比如，[i]的舌位靠前，[u]的舌位靠后。根据舌位的前后，可将元音分为前元音、央元音、后元音。

第三，嘴唇的圆展。发元音时圆唇或者不圆唇，音质可以不一样。比如[i]和[y]，发[i]时不圆唇，发[y]时要圆唇。根据嘴唇的圆展，可将舌面元音分为圆唇元音和不圆唇元音。

元音舌位图如下：

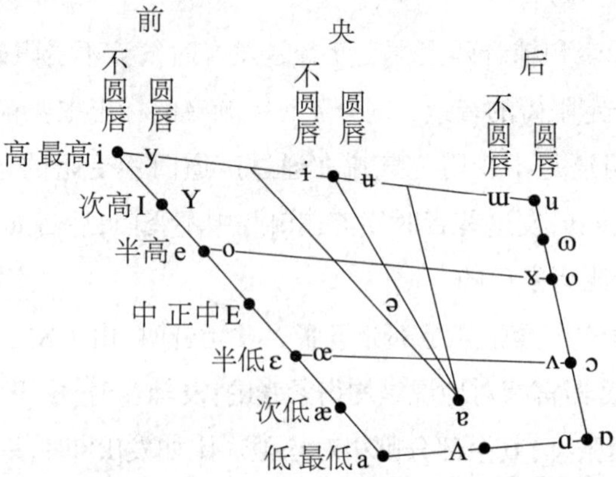

以上舌位图形象地标记了元音的位置。舌位图的左侧是前元音，右侧是后元音，央元音标记在中央。四条横线分别标记高元音、半高元音、半低元音和低元音。中元音标记在半高元音与半低元音之间。同一发音部位，圆唇元音标记在纵线右侧，不圆唇元音标记在左侧。根据以上规则，再记住这个图，就可以对舌面元音的发音进行描写，不用死记硬背。下面是一些常见元音的描写：

[i]前、高、不圆唇元音。如北京话“底”的韵母。

[e]前、半高、不圆唇元音。如red中的元音。

[ɛ]前、半低、不圆唇元音。如重庆话“德”的韵母。

[a]前、低、不圆唇元音。如北京话“爱”的韵腹。

[u]后、高、圆唇元音。如英语foot中的元音。

[o]后、半高、圆唇元音。如重庆话“说”的韵母。

[ɔ]后、半低、圆唇元音。如英语boy中就有这个元音。

[ɑ]后、低、不圆唇元音。如北京话“老”的韵腹。

[y] 元音[i]的圆唇音。如北京话“雨”的韵母。

[ø] 元音[e]的圆唇元音。如苏州话“南”的韵母。

[œ] 元音[ɛ]的圆唇音。如苏州话“满”的韵母。

[æ] 前、次低、不圆唇元音。如英语map中的元音。

[A] 央、低、不圆唇元音。如北京话“啊”的韵母。

[ɣ] 后、半高、不圆唇元音。如北京话“鹅”。

[ʌ] 后、半低、不圆唇元音。如英语but中的元音。

[ə] 央、中、不圆唇元音。如北京话“哥哥”的第二个“哥”的韵母。

2. 舌尖元音。舌尖元音是由舌尖起主要作用发出的元音。舌尖元音有前与后、圆唇与不圆唇的区别。下面是几个舌尖元音的描写：

[ɿ] 舌尖、前、高、不圆唇元音。如重庆话“师”的韵母。

[ʅ] 舌尖、后、高、不圆唇元音。如北京话“师”的韵母。

[ʮ] 舌尖、前、高、圆唇元音。如苏州话“书”的韵母。

[ʯ] 舌尖、后、高、圆唇元音。如湖北麻城话“鱼”的韵母。

3. 卷舌元音。卷舌元音是由舌尖翘起、舌面和舌尖同时起作用发出的元音。卷舌元音可以用舌面元音后加一个倒写的r的方式来标写，如[əɹ]、[aɹ]；单独发音时，可以标写为[ɚ]；在《汉语拼音方案》里，单独发音写作er，儿化韵里，通常在音节后面直接加r，如“花儿”huār，“金鱼儿”jinyúr。

以上所说舌面元音、舌尖元音和卷舌元音都是用口腔作为共鸣腔发出的元音，这种元音叫作“口元音”。如果发元音时软腭和小舌下垂，打开鼻腔通道，呼出的气流不仅从口腔，而且也从鼻腔通过，发出的元音就会带上鼻音色彩，这种利用口腔和鼻腔两个共鸣腔发出的元音叫“鼻化元音”。鼻化元音的标写方法是在元音符号上面加一个表示鼻化的符号“~”，如[ã]、[õ]等。

（二）辅音

辅音是发音时气流要在声道里受到阻挡的音素。不同的辅音是由不同的发音部位和不同的发音方法形成的，因而可以从发音部位和发音方法两个方面来分析辅音音素。

1. 发音部位和发音方法。发音部位是指发辅音时形成阻碍的器官部位。比如用上、下唇形成阻碍的叫“双唇音”，用牙齿和嘴唇形成阻碍的叫“唇齿音”等。发音部位若从嘴唇开始，则依次是双唇、唇齿、齿间、舌尖前、舌尖中、舌尖后、舌叶、舌面前、舌面中、舌面后、小舌、喉等。

发音方法是指发辅音时形成阻碍和除去阻碍的方法。常用的发音方法有：

塞音。这种发音方法的特点是：造成阻碍的两个部分完全闭合，阻塞气流，然后猛然放开，使气流迸裂、爆发而出。如北京话里的[p]、[t]、[k]等。

塞擦音。这种发音方法的特点是造成阻碍的两个部分完全闭合，阻塞气流，然后慢慢打开，形成一条窄缝，让气流从窄缝中挤出来。如北京话里的[tɕ]、[tɕ‘]、[ts]。

鼻音。这种发音方法的特点是口腔通路完全阻塞，软腭下垂，让气流从鼻腔出来。如北京话里的[m]、[n]、[ŋ]。

边音。这种发音方法的特点是用舌头将口腔中央的通路阻塞，让气流从舌的两边流出。如北京话里的[l]。

颤音。又叫滚音。这种发音方法的特点是使发音部位发生颤抖,即气流通道在短暂时间内发生多次急速的开闭,使气流忽通忽塞,迅速交替。比如俄语中的[r]。

闪音。又叫单颤音,当气流通过时,发音器官有弹性的部分只颤动一次,就产生闪音。如英语very中的r,在口语中常被念成了舌尖闪音[ɾ]。

边擦音。这种发音方法的特点是发边音时带有摩擦成分。如广西博白"三"字的声母[ɬ]。

擦音。这种发音方法的特点是造成阻碍的两个部分不完全阻塞,让气流从窄缝中挤出来,形成摩擦音,如北京话里的[f]、[s]、[x]、[ç]就是这样发出来的。

单独发一个完整的辅音,都要经过三个阶段:成阻、持阻和除阻。成阻是有关的发音部位开始动作、形成阻碍的阶段,接着是阻碍的持续,最后发音器官由持阻到回复原状,解除阻碍。例如发塞音[p]时,先把双唇闭拢堵住气流,这是成阻阶段;接着由肺部出来的气流继续受阻,这是持阻阶段,最后把双唇张开让气流冲出,这是除阻阶段。在有的情况下发塞音时可以没有除阻阶段,如还保留入声韵尾的粤方言,三个入声韵的塞尾[-p]、[-t]、[-k],一般没有除阻的阶段。

2.发音特点:清和浊。清辅音是指发音时声带不振动发出的辅音,如[p]、[t]、[k]。浊辅音是指发音时声带要振动发出的辅音,如[b]、[d]、[g]。北京话以及好多方言都没有清浊辅音的对立。

送气和不送气。在发音时有一股强气流冲出的音叫送气音;发音时没有强气流冲出的音叫不送气音。在国际音标中,标注送气音的方法是在不送气辅音后面加上"h"或加"ʻ"。比如[p]、[t]、[k]的送气音写为[pʻ][tʻ][kʻ]或[pʰ][tʰ][kʰ]。在汉语中,送气与不送气是区别意义的。

鼻音和口音。发出的辅音是鼻音还是口音,主要是软腭在起作用。软腭下垂,堵住口腔的通道,让气流从鼻腔出来,这时发出的音即鼻音;软腭上升,堵住鼻腔的通道,让气流从口腔出来,这时发出的音即口音。如[m]、[n]、[ŋ]是鼻音,[p]、[t]、[k]是口音。

3.常见辅音音素的发音。

双唇音。上、下唇接触形成阻碍发出的辅音。如[p]、[pʻ]、[b]、[bʻ]、[m]。

唇齿音。上齿和下唇形成阻碍发出的辅音。如[pf]、[pfʻ]、[bv]、[bvʻ]、[f]、[v]。

齿间音。舌头平伸,舌尖伸出夹在上、下齿之间形成阻碍发出的辅音。如[θ]、[ð]。

舌尖前音。舌头平伸,舌尖与齿背形成阻碍发出的辅音。如[ts]、[tsʻ]、[dz]、[dzʻ]、[s]、[z]。

舌尖中音。舌尖与上齿龈接触形成阻碍发出的辅音。如[t]、[tʻ]、[d]、[dʻ]、[n]、[l]、[r]。

舌尖后音。舌尖向上翘起，与硬腭前部接触形成阻碍发出的辅音。如[tʂ]、[tʂʻ]、[ʂ]、[ʐ]。

舌叶音。舌面边缘跟上臼齿相接，舌面前部向上齿龈和前硬腭靠拢，嘴唇向前突出发出的辅音。如[tʃ]、[tʃʻ]、[ʤ]、[ʤʻ]、[ʃ]、[ʒ]。

舌面前音。舌面前部上举，与硬腭前部接触形成阻碍发出的辅音。如[tɕ]、[tɕʻ]、[ʥ]、[ʥʻ]、[ɕ]、[ȵ]、[ʑ]。

舌面中音。舌位较舌面前音稍后一点，舌面中部与硬腭接触形成阻碍发出的辅音。如[ɲ]、[ç]。

舌根音。舌面后部与软腭接触形成阻碍发出的辅音。如[k]、[kʻ]、[g]、[gʻ]、[ŋ]、[x]。

小舌音。舌根和小舌形成阻碍发出的辅音。如[R]、[χ]。

喉音。声带紧缩，把气流闭塞住，在喉部声门处形成阻碍发出的辅音。如[ʔ]、[h]。

辅音表如下：

发音方法			双唇	唇齿	齿间	舌尖前	舌尖中	舌尖后	舌叶	舌面前	舌面中	舌面后	小舌	喉
塞音	清	不送气	p				t					k		ʔ
		送气	pʻ				tʻ					kʻ		ʔʻ
	浊	不送气	b				d					g		
		送气	bʻ				dʻ					gʻ		
塞擦音	清	不送气		pf	tθ	ts		tʂ	tʃ	tɕ				
		送气		pfʻ	tθʻ	tsʻ		tʂʻ	tʃʻ	tɕʻ				
	浊	不送气		bv	dð	dz		dʐ	dʒ	dʑ				
		送气		bvʻ	dðʻ	dzʻ		dʐʻ	dʒʻ	dʑʻ				
鼻音	浊		m				n			ȵ	ɲ	ŋ		
颤音	浊						r						R	
闪音	浊						ɾ							
边音	浊						l							
擦音	清		ɸ	f	θ	s		ʂ	ʃ	ɕ	ç	x	χ	h
	浊		β	v	ð	z		ʐ	ʒ	ʑ	j			ɦ
半元音	浊		w	ʋ					ɹ			(w)		

第三节　音位

前面所讲的音素，都是从语音的自然属性的角度来进行分析的，包括它的生理属性和物理属性。语音的自然属性说明了由生理器官产生的物理音响只不过是语言用来表达某种意义的物质材料。这些物质材料并不是对所有的语言都有同等的作用的，换句话说，有的材料对这种语言有用，有的材料对另一种语言有用；一种材料在这种语言中发挥这样的作用，在那种语言中发挥那样的作用。因此，具体的语言或方言要使用哪些材料，如何使用，都有自己的规则。如前所述，这就是语音的社会性质，也是音位学要研究的内容。

一、什么是音位

音位学

音位是指特定的语言或方言中有区别意义作用的最小的语音单位。这个定义包括三方面的含义：

1. 音位是能够区别意义的语音单位。从语音的角度看，语言中“词”是由一个个音节构成的，而音节又是由一个个音素构成的。就自然属性而言，音素与音素之间的差别都是音质差别；但是从社会功能上看，这些音素差别却具有两种不同的性质。它们有些与意义的差别相联系，可以区分不同的意义；有些则与意义的差别无关，没有区分意义的功能。凡彼此的差别能起区别意义作用的音素，就属于不同的音位。也可以说，属于同一音位的音素彼此没有区别意义的作用，属于不同音位的音素之间彼此就有区别意义的作用。如汉语普通话“排、大、剪、刀、把儿”五个音节：

pái	dà	jiǎn	dāo	bàr	（汉语拼音）
排	大	剪	刀	把儿	
pʻai	tA	tɕiæn	tɑu	pɐɹ	（国际音标）

从汉语拼音的情况可见，每个音节里都有一个“ɑ”，但如果用国际音标来注音，就会发现，这其实是几个不同的“ɑ”，它们在发音时舌位高低、前后方面都有一些差别。虽然有差别，这些差别却不足以影响意义的理解。比如把[a]发成[A]，或者把[A]发成[ɑ]，虽然听起来不自然、不太规范，但不会使人产生意义上的误解，因此，就把它们归纳成一个音位。再如汉语普通话的“爸”[PA^{51}]和“怕”[Pʻ A^{51}]两个音节，元音相同，声调相同，其不同的意义靠两个辅音的不同来区别，因此把这两个辅音立为两个不同的音位：/p/

和/P‘/。

上述定义说音位的“区别意义”，这只是一种普遍的、便于理解的说法。严格说来，从语音层面上讲，音位首先区别的是语素和词的语音形式，只是由于语素和词已经是音义结合体，是语音形式和语言意义结合在一起的语言单位，因此区别了语素和词的语音形式，间接地也就区别了它们的意义。

2. 音位是就具体的语言或方言而言的，换句话说，音位是属于特定的语言或方言的。每一种语言都有自己的音位和音位系统，不同的语言有不同的音位和音位系统。某一个音素在一种语言或方言里是能够区别意义的语音单位，是音位；但在另一种语言或方言里则不一定。送气、不送气在汉语普通话里区别意义，但在英语中则不区别意义。比如在英语中，sky 应该读作[skai]，但如果读作[sk‘ai]，那问题也不是太大，顶多会被认为“发音不够准确”，但对英美人来说，不会引起意义上的误解；而在汉语普通话里，如果把[kai^{55}]“该”读成[$k‘ai^{55}$]“开”，那就要发生误会了。因此，在汉语普通话中，[p]、[p‘]、[t]、[t‘]、[k]、[k‘]是6个不同的音位：/p/、/p‘/、/t/、/t‘/、/k/、/k‘/；但在英语中，则将其归纳为3个音位：/p/、/t/、/k/。

3. 音位是辨别意义的最小的语音单位。在语言中能够区别意义的不只是音位，还有音节，但音节不是最小的、不能再分割的语音单位，音节还可以分解为更小的单位。音素也是最小的语音单位，但音素不是从辨义功能的角度划分出来的语音单位。在这里，要注意音位与音素的区别。

第一，音素是从语音的生理、物理属性方面来说明其特点的，依据音节的发音动作来分析，一个发音动作就可以得到一个音素，由于发音动作特点的不同，构成了语音中的不同音素。譬如[a]是一个音素，[ni]是两个音素，[tʂuɑŋ]是四个音素；而音位则是从语音的社会属性的角度归纳出来的语音单位，一种语言里的音素有很多，但可以归纳为数量不是太多的一个音位系统。一个音位可以概括两个以上的音素。

第二，音位有辨义的作用，而音素则不一定。

第三，音位是就具体的语言或方言而言的，而音素是就所有语言而言的。

二、音位归纳的原则

（一）对立原则

所谓对立，就是彼此独立而不是彼此融为一体，即具体的语言或方言中音素之间有区别意义作用的关系，互相能区别意义。人们一般采用对比的方法来确定不同的音素之间是否具有对立关系。运用对比法就是将对比的单位分别出现在相同的语音环境中,再来替换对比单位。如果每替换一次对比单位就使原来的语音形式乃至语义发生了改变,这就说明被替换的语音形式有区别意义的作用,替换单位之间是一种对立的关系,就可以分别给它们确立音位。如:

汉语:[-iɑu⁵⁵]	英语:[-il]
[p-] 标	[p]—pill 药丸
[p'-] 飘	[b]—bill 账单
[t-] 刁	[t]—till 抽屉
[t'-] 挑	[d]—dill 莳萝
[tɕ-] 交	[k]—kill 杀
[tɕ'-] 敲	[g]—gill 鱼鳃
[ɕ-] 消	

上述汉语普通话中的例词是由[p]、[p']、[t]、[t']、[tɕ]、[tɕ']、[ɕ]来区别语义的,把它们放在相同的语音环境[-iɑu⁵⁵]里,它们之间相互对立,因而可以给它们分别确立音位/p/、/p'/、/t/、/t'/、/tɕ/、/tɕ'/、/ɕ/。英语的例词是由[p]、[b]、[t]、[d]、[k]、[g]来区别语义的,把它们放在相同的语音环境[-il]里,它们之间相互对立,因而可以给它们分别确立音位/p/、/b/、/t/、/d/、/k/、/g/。

(二)互补相似原则

在特定的语言或方言中,某些语音上相似或相近的音素,各有自己出现的语音环境,它们永远不会出现在相同的语音环境之中,那么这些音素就作为同一音位的变体而归并在一起。

一般说来,两个或两个以上的音素出现的语音环境是互相补充的,那么它们就可能属于同一音位。比如英语塞辅音[p]、[t]、[k]的送气与不送气,其出现的环境也是互补的,一般来说,词头或者元音之后只出现送气的,不出现不送气的;而在"s"后面则只出现不送气的,而不出现送气的,环境是互补的:port[p']—sport[p],top[t']—stop[t],kill[k']—skill[k]。这样,送气、不送气的6个音素,就可以归纳为3个音位:/p/、/t/、/k/。上述汉语普通话"排、大、剪、刀、把儿"中的[A]、[a]、[ɑ]、[æ]、[ɐ],其出现的语音环境也是互补的,可以将它们归纳为一个音位:/a/,在《汉语拼音方案》中用一个字母"ɑ"代表它们。

但是只有环境互补的条件还不够,还要考虑发音的相似和相近。前述英语的/p/、/t/、/k/送气、不送气的变体在发音上是相似的(在说英语的人看来);汉语普通话的

[A]、[a]、[ɑ]、[æ]、[ɐ]在发音上也大体相似。如果只有语音环境的互补,没有发音上的相似,则一般不将它们归纳为一个音位。如汉语普通话的[t]和[ŋ],它们永远不会出现在相同的语音环境中,[t]只出现在音节的开头,[ŋ]只出现在音节的末尾,环境互补。但是二者在发音上的差距较大,所以不能合为一个音位。

(三)系统原则

系统原则是指音位的归纳要受一定语言或方言的音位系统的制约。前面讲过,音位是属于特定的语言或方言的,每一种语言都有自己的音位和音位系统,不同的语言有不同的音位和音位系统。在归纳音位的时候,既不能跨语言、跨方言来讨论某个音素是音位或不是音位,也不能空泛、笼统地讨论某个音素是音位或不是音位,而要将其放到具体的语言或者方言的音位系统中去讨论。

三、音位变体

音位变体是指特定语言或方言中属于同一音位的不同音素,也叫作同一音位的不同变异形式。音位变体一般分为两种:自由变体和条件变体。

自由变体指在特定的语言或方言中,出现在相同的语音环境中可以自由替换而不起区别意义作用的不同音素。比如四川、重庆人声母的[n]、[l]不分:脑[n-]—老[l-],难[n-]—兰[l-],泥[n-]—犁[l-],年[n-]—连[l-]等。以上四组词的声母,重庆人发成[n]或[l]都可以,不会因自由替换而引起意义上的误解。[n]、[l]的这种替换自由,没有条件的限制,在整个长江流域都不同程度地存在。属于一个音位的自由变体,是不同的音素,这些音素的音质是不同的,但说这种语言或方言的人感觉不到它们是不同的音,或者觉得它们的差别并不重要,所以把它们当作同一个语音单位来使用。

条件变体指在特定的语言或方言中,各有一定的语音环境而属于同一音位的两个或两个以上的音素。前面讲过的汉语普通话中/a/的几个变体[a]、[A]、[ɑ]、[æ]、[ɐ]除了发音相似外,它们各有自己出现的场合,环境互补。[a]出现在舌位或发音部位靠前的[i]、[n]之前;[A]一般出现在无韵尾的时候;[ɑ]出现在舌位或发音部位比较靠后的语音环境中,如[u]、[ŋ]之前;[æ]一般出现在[i]和[n]之间;[ɐ]主要出现在儿化的环境里等等。因此,在汉语普通话中,[a]、[A]、[ɑ]、[æ]、[ɐ]是/a/的几个条件变体。如前所述,英语的[p]和[p‘]各有自己出现的场合,它们出现条件受环境的制约,因而也是/p/的条件变体。

关于音位和音位变体的关系,可以理解为功能类别和个体成员的关系。音位是从具体音素中抽象概括出来的功能类别,音位变体则是这个功能类别之下的个体成员。

音位是用来概括反映一组音素的辨义作用的功能单位，音位变体则是音位在各种语音环境里的实际发音。如汉语普通话的/a/就是一个功能单位，[a]、[A]、[ɑ]、[æ]、[ɐ]就是这个功能单位的具体表现、实际发音。音位是由音位变体组成的，通过音位变体表现出来；音位变体则是音位的存在形式。在日常生活的言语实践中，我们大量接触到的是一个一个的音位变体，而不是那种在音质上十分标准、十分典型的音位。因此，研究具体的音位变体是考察一种语言或方言的音位乃至音位系统的发端。

四、音质音位和非音质音位

音质音位指以音素为材料，通过音质的不同来区别意义的音位。如前面在分析元音辅音音位时主要根据音质特征所构成的功能差别，这种单从音质辨义的角度归纳出来的音位称为音质音位。

非音质音位指有区别词的语音形式作用的音长、音高、音重等单位。任何一个音素都是一定的音质、音高、音强、音长的结合体，其中每一方面的特征都可能构成功能差别。这样，就可以将在具体语言中具有功能差别的音高、音强、音长等要素离析出来，归纳成功能差别单位。音高、音强、音长总是附着在音质上，它们不能脱离音质而存在，因此将根据音高、音强、音长的特征归纳出来的功能差别单位称为非音质音位。非音质音位可分为调位、重位、时位。

（一）调位

调位是一种由具有区别意义作用的音高变化模式构成的非音质音位。调位是汉藏语系诸语言的重要特征之一。在这些语言中，调位是词的语音结构的一个组成部分。同一个音节，只要声调不同，语音形式和意义就不同。比如汉语，其声调同元音、辅音一样占有重要地位：

mA^{55}　mA^{35}　mA^{214}　mA^{51}
妈　麻　马　骂

不同的语言或方言里，调位数量的多少不一样，音高变化的模式也不一样。汉语普通话有阴、阳、上、去四个调位，其他方言里三个、五个、九个、十个不等。

调位的区别性音高差别是相对的。不同的人说话没有一个绝对一致的音高，即使是同一个人，也不是一天24小时都保持在一个绝对的音高上。重要的是，要保持一个相对音高的对比模式，即在同一调位体系中将某一个调位同其他的调位区别开来。

（二）重位

重位，也称势位，是由具有区别意义作用的音重单位构成的超音质音位。重位在英语、俄语等语言里是一种重要的辨义手段。

如英语：	content ['kɔntent]	内容
	content [kən'tent]	满意
	conduct [kən'dʌkt]	引导、带领
	conduct ['kəndʌkt]	行为、举动
	instinct [ins'tinkt]	活跃的
	instinct ['instinkt]	本能

构成重位的音强变化也是相对的，通常情况下重读音节总是比非重读音节读得重些，只要能造成轻重差别也就可以了。汉语普通话里没有像英语那样的重读音节，但有轻声，相对于非轻声的音节来说，也是一种音重的变化。在某些特定情况下，轻声与一般音节的对比差别具有辨义作用，试比较：

①这事让我大意了。
②这篇文章的大意。

①他们兄弟都是父亲的好帮手。
②兄弟，咱俩谁跟谁呀？

汉语轻声是一种弱化音节，读起来轻而短，失去原来重读音节的音高，声调幅度几乎压缩到零，以至于音节中的元辅音也常常发生相应的变化。轻声与非轻声之间的功能差别不单是由音强造成的，它与音长、音高、音质均有一定关系，是一种比较复杂的语音现象。

（三）时位

时位是由具有区别意义作用的音长构成的超音质音位。一般通过元音发音时的长短来辨义。比如：

广州话：	[ka:i^{55}]街	[kai^{55}]鸡
	[la:m^{11}]蓝	[lam^{11}]林
	[mɑ:ŋ^{21}]盲	[mɑŋ^{21}]盟
英语：	[bi:t] beat打	[bit] bit一些
	[si:t] seat座位	[sit] sit坐
	[fi:l] feel感觉	[fil] fill装满

日语:おじさん 伯父、叔父　　おじいさん　　祖父、外祖父

　　おばさん 伯母、叔母　　おばあさん　　祖母、外祖母

汉语普通话词语中的音长变化一般不构成对立关系,没有区别意义的作用。

第四节　音位的聚合

一、区别特征

区别特征指在特定的音位系统中能将一个音位同别的音位区别开来的语音特征。区别特征是进一步对音位做微观分析所得出的最小单位,也是具体语言音位系统中最小的最基本的区别性单位。

每个音位都可以分析出若干个区别特征。比如普通话的/p'/音位,至少可以分析出这几项特征:双唇、闭塞、送气。它以“双唇”特征区别于/t/、/k/;以闭塞特征区别于/m/;以送气特征区别于/p/。弄清音位的区别特征,可以比较清楚地了解一种语言音位的特点。

区别特征与语音特征密切相关,区别特征依据于语音特征,没有语音特征就谈不上区别特征;区别特征又不等同于语音特征,它是对语音特征的进一步选择和概括。区别特征制约于具体语言的系统性,音位的区别特征属于具体的语言或具体的方言。语言里的音位利用哪些特征和其他音位对立,这要由它在音位系统中所处的地位而定。不同语言里音位的区别特征有不同的情况,谈音位的区别特征是就具体的语言而言的。

分析区别特征的依据可以从以下几个方面来考虑:

第一,根据语音的生理特征。从发音生理方面确定区别特征比较容易理解,因为一般人都比较熟悉发音原理,每个元音都有自己的舌位和唇形,每个辅音都有自己的发音方法和发音部位,这些都可以作为确定区别特征的根据。

第二,根据语音的声学特征来确定。这主要依靠仪器在语音实验中进行,根据声谱的图形特点来确定。语音的声学特征是进一步分析区别特征的基础。

第三,区别特征取决于音位在音位系统中的地位。音位的每个区别特征总是跟其他音位互相关联而处在一个对立统一的整体之中的。所以,在分析某种特定语音的音位区别特征时,不能孤立地看某个特征的区别作用,而要从该语言的整个音位体系出

发,全面考虑。这样分析得出的区别特征才能全面、清楚地反映出音位体系的对立情况。比如英语里有清浊的对立,汉语普通话里没有;汉语普通话里有送气、不送气对立的区别特征,英语里却没有。

二、聚合群与音位系统

(一)什么是聚合群

聚合群是指某种语言或方言里有共同特征聚合成群的一组音位(或音位组、音位系列)。如汉语普通话里的/t/是舌尖中音,与之具有相同发音部位的还有/t‘/、/n/、/l/,由共同的“舌尖中”的特征而聚合成群,这就是一个聚合群。

在一种语言中,大多数音位往往不只处在一个聚合群中,而是处在双向的聚合群中。如上述汉语普通话的/p/,就其发音部位而言,它与/p‘/、/m/聚合成群,就其发音方法而言,它又与/t/、/k/聚合成群,如下图所示:

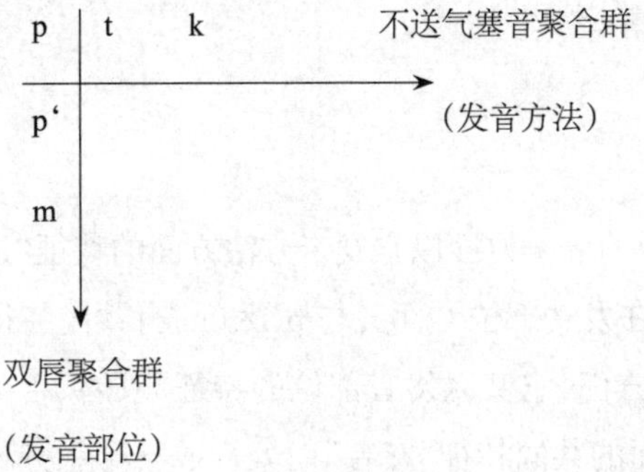

所以,聚合群又可分为双向聚合群和单向聚合群。在某种语言或方言中,一个音位同时处于两种聚合关系中的叫双向聚合群,一个音位只处于一个聚合群的叫单向聚合群。双向聚合群是音位系统的主流,比如:

(汉)

ts	ts‘	s	
tʂ	tʂ‘	ʂ	ʐ
tɕ	tɕ‘	ɕ	

上表中竖线以内的各音素都处于双向聚合群中,横向是发音部位的聚合群,纵向是发音方法的聚合群。只有/ʐ/在发音方法上没有与它同系列的音位,形单影只,只有单向的聚合。

（二）音位系统

音位系统指一种语言或方言的音位以一定的方式互相对立而又互相联系所构成的音位体系。音位系统的内容应该包括：这种语言或方言有多少音位，包括哪些音位；各个音位的变体及其出现的条件；音位之间的对立关系（分析区别性特征）；各音位在聚合关系和组合关系中所表现出来的规律。

（三）分析聚合群对于研究音位系统的意义

首先，聚合群之间平行对称的系列是音位系统性的具体表现。在一种语言的音位系统中，每个音位不但以自己的区别特征同其他的音位相对立，而且以自己的区别特征同其他有共同特征的音位相联系，聚合成许多平行对称的系列。如：

（汉）	p	t	k		ts	tsʻ	s	
	pʻ	tʻ	kʻ		tʂ	tʂʻ	ʂ	ʐ
	m	n	ŋ		tɕ	tɕʻ	ɕ	
（英）	p	t	k					
	b	d	g					
	m	n	ŋ					

上述汉语普通话中的/p/一方面以它发音方法方面的特征“送气/不送气”和“塞音/鼻音”区别于/pʻ/、/m/，而在发音部位方面又与/pʻ/和/m/有共同特征（双唇音），因而聚成一个系列/p、pʻ、m/；另一方面，它又以发音部位的特征“双唇、舌尖中、舌根”区别于/t、k/，同时由于发音方法方面的共同特征“塞音”而聚合成一个系列/p、t、k/。同样的道理，/t、k/一定有它们的同部位的送气塞音和鼻音与之对应，/p、m/也一定有它们同方法的塞音和鼻音与之对应。

这种平行对称的聚合系列充分体现出音位的系统性，是音位体系的重要特征。只要知道聚合系列中某一个音位的特点，就可以根据平行对称的原则大致推断出其他音位的特点。比如在汉语普通话中，塞音和塞擦音都有送气和不送气的平行对称的聚合系列。那么从/p、t、k/就可以推断出还有/pʻ、tʻ、kʻ/，从/ts、tʂ、tɕ/就可推断出还有/tsʻ、tʂʻ、tɕʻ/。

通过对不同语言的这种平行对称的聚合系列的比较，可以了解各种语言的音位体系的特点。比如在汉语普通话中，送气和不送气的对立在聚合系列中具有普遍性，表示这一对区别特征在汉语中很重要；俄语的塞音和塞擦音都有清浊的对立，并在俄语的音位聚合系列中具有普遍性，形成平行对称的聚合，这说明清浊这一对区别特征在俄语中很重要。

其次，音位的系统性和音位体系的平行对称性同样也表现在音位的组合关系中。凡同一聚合系列中的音位，一般说，应该有相同的组合关系。比如，汉语普通话的/tɕ/只与齐、撮二呼组合，而不与开、合二呼组合，与/tɕ/同一聚合系列的/tɕʻ、ɕ/也只与齐、撮二呼组合，不与开、合二呼组合。同时，同一音位的不同变体，其组合关系也有整齐对应的规律。如汉语普通话中，/i/有三个变体[i]、[ɿ]、[ʅ]，其中/tɕ、tɕʻ、ɕ/，/ts、tsʻ、s/，/tʂ、tʂʻ、ʂ、ʐ/几组声母在与之组合时就存在着整齐的互补关系。

但是，无论是在聚合关系还是组合关系中，音位体系的平行对称都不是绝对的，有例外。聚合关系有如上述/ʐ/，只有单向聚合。再如组合关系：

（汉语普通话）

（V：元音、C：辅音）

	m	n	ŋ
VC	－	＋	＋
CV	＋	＋	－

在上表中，/m/不能作韵尾，/ŋ/不能作声母，组合关系不整齐。再如英语的辅音音位的清浊对立是比较整齐的：

/p/—/b/、/t/—/d/、/k/—/g/、/f/—/v/、/θ/—/ð/、/s/—/z/、/ʃ/—/ʒ/、/ts/—/dz/等，但另有一些浊音/ l、r、j / 却没有相对应的清音，所以也不整齐。

再次，分析聚合群有助于考察语音的历史演变。语音的演变是系统的，一般说来，处于双向聚合中的音位往往发生同样的历史演变。比如/tɕ、tɕʻ、ɕ/这一组音在古汉语里是念/k、kʻ、x/的，在今天的北京话里发生了变化，变化的条件是：在今细音前变为/tɕ、tɕʻ、ɕ/，而在今洪音前则念/k、kʻ、x/。这种演变是系统的，/k/在/i/、/y/前变为/tɕ/，则与/k/同一聚合的/kʻ/、/x/在同样的条件下也会产生同样的变化，变为/tɕʻ、ɕ/。而单向聚合则不一定，如汉语普通话的/ʐ/就没有影响其他的音位。上述/m、n、ŋ/的组合关系在今天现代汉语普通话里变得不整齐了，但在古汉语里却是十分整齐的，都是“+”，既可以作声母，也可以作韵尾，这在今天的一些方言里能找到证据。

第五节　音位的组合

一、音节

（一）什么是音节

音节是说话的时候，发音器官的紧张度、听感上的响度的每一次增减所形成的语音段落。在语言交际中，音节是人们在听感上凭直觉最容易划分出来的语音片段，比如wǒmen xuéxí yǔyánxué这串声音，不需要专门的语言学知识就可以把它们划分成七个语音片段。因此，音节也是听觉上最自然、最容易分辨的最小语音单位。一个音节可以由一个音位单独构成，如汉语普通话的“一”[i]，更多的音节则是由两个或两个以上的音位组合而成的，如汉语普通话的“装”[tʂuɑŋ]，由四个音位构成；英语的spring[spriŋ]，由五个音位构成。

说话的时候，每发一个音节，喉部肌肉就出现一次紧张。每一次肌肉紧张包括三个阶段：渐强、强峰、渐弱，强峰处叫作音峰，渐弱的最低点叫作音谷。发音时每一次肌肉紧张从渐强到强峰到音谷的这一过程就形成一个音节，简单地说，肌肉紧张一次，就形成一个音节，紧张两次就形成两个音节。如汉语普通话[uai]这串声音，如果发音时肌肉紧张一次，就形成一个音节[uai^{51}]（外）；如果发音时肌肉紧张两次，就可以形成两个音节[u^{214} ai^{51}]（五爱）；如果发音时肌肉紧张三次，就可以形成三个音节[u^{214} a^{55} i^{35}]（五阿姨）。

音峰是音节的强峰，音峰大多数落在元音上。但音峰也可落在少数辅音上，如people，第二个音节从发音上来看是辅音，但也可以形成一个音峰。

根据音节末尾音位性质的不同，可以把音节分为开音节和闭音节。以元音收尾的音节叫作开音节，以辅音收尾的音节叫作闭音节。

（二）复元音

复元音是指同一个音节里两个或两个以上元音的组合。汉语普通话里很多，如ɑi、ei、ɑo、ou、uɑi、uei……从发音的角度来说，复元音虽然是几个元音的组合，但它们属于一个音节，发音时只有一次肌肉紧张。如果在发音时有几次肌肉紧张，那就要分属于几个不同的单元音了。因此，复元音与几个相连的单元音的区别，可以根据肌肉紧张度和发音的响度来进行分析。

复元音发音时是从一个元音滑向另一个元音，在滑动的过程中，舌位的高低、前后，唇形的圆展都要发生变化。如果把滑动的速度放慢，就可以听到中间有许多过渡音。而几个相连的单元音是彼此独立的个体，发音时发音器官的运动是跳跃式的，元音的音质是突变的，中间没有过渡音。复元音可以分为二合元音和三合元音。由两个元音组合而成的复元音叫二合元音，由三个元音组合而成的复元音叫三合元音。在二合元音中，前一个元音听起来比较响的叫前响二合元音，如汉语普通话里的复元音[ai，ei，ɑu，ou]，英语里的复元音[ei，ai，ɔi，ɑu，əu，ɛə]等都是前响二合元音。后一个元音听起来比较响的叫“后响二合元音”，如汉语普通话里的复元音[iA，iɛ，uA，uo，yɛ]都是后响二合元音。三合元音一般都是中间响两头弱，形成由弱到强，再由强到弱的紧张度、响度变化曲线，因而三合元音又被称作“中响复元音”。比如汉语普通话里的复元音[iɑu，iou，uei，uai]都是三合元音。

不同的语言有无复元音的情况有所不同。比如汉语普通话有丰富的复元音，俄语、法语、瑞典语等语言就没有复元音，在这些语言里，一个音节只能有一个元音。

（三）复辅音

复辅音指同一音节里处在同一紧张度增强或减弱阶段上的两个或两个以上的辅音的组合。印欧语系的语言里复辅音比较常见，如英语 Smith[smiθ]，spring[spriŋ]里的[sm]、[spr]等都是复辅音。

复辅音的几个辅音必须同时处在紧张度的渐强阶段或渐弱阶段，不在同一阶段的几个相连的辅音分属于不同的音节，不能称为复辅音。比如英语 extend[ikstend]（延伸、延续）里的[k]和[s]处在同一个渐弱的阶段上，属于同一音节，是复辅音。但[t]却处在另一音节的渐强的阶段上，因而它不与[ks]构成一个复辅音。

复辅音里的几个辅音的发音不像复元音那样是滑动的过程，其音质变化是突变式的，彼此之间没有过渡音来联结，中间有明确的界限。因此，复辅音又称为“辅音丛”或“辅音群”。

有的语言有复辅音，如印欧语系的很多语言；有的语言没有复辅音，如现代汉语普通话、藏语、哈尼语、土家语等。有些语言虽有复辅音，但数量不多，而且构成方式简单而有规律。汉藏语系和南亚语系中有复辅音的语言很多是这种情况。有些语言中的复辅音不仅数量多，而且构成方式非常自由，缺乏明显的规律性，印欧语系中有复辅音的语言很多是这种情况。

(四)成音节辅音

成音节辅音是指有的语言或方言中少数自成音节的辅音。构成成音节辅音的条件是,至少有一个是浊辅音,音峰落在浊辅音上。如吴方言“五”[ŋ],汉语普通话“嗯”[ŋ],等等。

不同的语言各有音节上的不同特点。就汉语音节的特点而言,至少有这样一些:汉语音节分声、韵、调三部分,声、韵由音质音位构成,调由非音质音位构成;韵母分头、腹、尾三部分,韵腹不可少,韵头、韵尾可以没有;根据韵头开口度的大小,将其分为开、齐、合、撮四呼;没有复辅音;能够形成的音节数目比较少。一般来说,音节数量越多,则单音节词就多;音节少,则多音节词的数量就多。

如果将汉语普通话与英语的音节进行比较,其不同之处有:汉语普通话开音节占大多数,闭音节只有两种,而英语闭音节占绝大多数;汉语没有复辅音,英语有;汉语辅音一般不能构成音节(只有极少数),英语的浊辅音一般能构成音节;汉语有声调,英语没有声调;音节的轻重方式不同,汉语有轻声,英语有重读音节。

二、语流音变

重庆方言语流音变现象

人们说话时的语音不是一个音节一个音节孤立地往外“跳”,而是连续地发出一串语流。在形成语流的过程中,邻近的音为了互相适应而相互影响,从而使得其中的某些音发生变化。在音位组合时,语流中某个音由于相邻音位的影响,或者说话的高低、快慢、强弱因素的影响而在发音上产生的某种变化称为语流音变。语流音变的主要形式包括同化、异化、弱化、脱落、增音。

同化。同化指语流中两个相邻不同音位的音,其中一个因受到另一个的影响而变得跟它相同或相似。同化是为了追求发音的顺口。例如汉语普通话音节末尾的[n]在快读时常常受到它后面音节声母发音部位的影响而发生变化:“全面”[tɕʻyan miæn]→[tɕʻyammiæn],“难免”[nan miæn]→[nammiæn],“辛苦”[ɕin kʻu]→[ɕiŋkʻu]等。

按照同化音与被同化音位置的前后,可以分为顺同化和逆同化。同化音在前,被同化音在后的,叫作顺同化,如广州话“今日”[kam jat],实际读音为[kam mat],共中j受前面的同化音的影响而变为[m]。英语的bills(账单)、legs(腿)中的s本是清音[s],由于受前面l、g的影响而变为浊音[z]。同化音在后,被同化音在前的,叫作逆同化,如前面所举的“全面”“难免”“辛苦”。

异化。语流中两个本来相同或相近的音,其中一个受另一个的影响而变得不同或不相近了。一般说来,异化是为了避免发音上的拗口而产生的。其中,不起变化的音叫作异化音,发生变化的音叫作被异化音。辅音、元音、声调都可能发生异化。比如英语question [kuɛstʃən],[-tion]在一般情况都读[-ʃən],但在这个单词里,由于[ʃ]前面接着一个[s],两个擦音连在一起,读起来拗口,所以将[ʃ]异化为[ʧ]。异化现象在汉语普通话的声调里表现得比较多,如两个上声连在一起,前面一个上声就会发生变化,这也是避免拗口的结果。

弱化。语流中一个较强的音由于所处的地位或受邻音的影响而变成一个较弱的音,叫作弱化。弱化有元音的弱化和辅音的弱化。比如汉语的轻声,是一种弱化音节。"来吧"lɑ́i bɑ弱化为[lai bə],英语里有很多弱化现象,如冠词a→[ə],an→[ən],在英语里,非重读元音、助动词、代词等一般都要弱化。辅音的弱化表现为发音阻力的减弱。就发音的阻力来说,清辅音强于浊辅音,塞音强于擦音,因而清音变为浊音、塞音变为擦音、送气音变为不送气音都是辅音弱化的表现。如汉语"琵琶"[pʻi pʻA]→[pʻi bə]、"糊涂"[xu tʻu]→[xudu],弱化为不送气。英语非重读音节里的弱式发音一般都是元音的弱化,如of [əv],but [bət],and[ənd]。

脱落。脱落指语流中有些较弱或不重要的音在发音时丢失了,或者为了发音的方便而省去某些音。脱落往往是弱化的进一步发展。如北京人口语中的"不知道"发成[puʅ tɑu],"电视台"发成[tiæʅ tʻai]。北京话"俩""仨""甭"都是由于脱落而合并成一个音节的。重庆话"做啥子"发成[tsuAtsʅ],"解放碑"发成[tɕiɛmpɚ],"沙坪坝"发成[sam pA],也是脱落的结果。

增音。语流中为了发音的方便或者为了自然流畅而增加了原来没有的音。典型的例子如汉语普通话"啊"的音变。"啊"在"说"后面要变成[iA],在"走"后面要变成[uA],在"唱"后面要变成[ŋA],在"吃"后面要变成[ʐA],等等。

思考练习

一、填空题

1. 语音四要素包括________、________、________和________。

2. 决定一个舌面元音音色的条件包括________、________和________。

3. 汉语普通话当中的浊辅音包括________、________、________、________和________。

4. 音位变体包括________变体和________变体两种。

5. 语流音变包括________、________、________、________和________几种情况。

思考练习

二、选择题

1.从自然属性划分出来的最小语音单位是(　　)。

A.音节　　B.音素　　C.音位　　D.语流

2.“语言学概论”五个字一共包括(　　)个音素。

A.12　　B.13　　C.14　　D.15

3.《汉语拼音方案》当中的/i/具有三个不同变体,这三个变体是(　　)。

A.自由变体　　B.随意变体　　C.条件变体　　D.制约变体

4.下列元音属于舌面前元音的是(　　)。

A.[œ]　　B.[u]　　C.[ɯ]　　D.[o]

5.具有区别意义作用的音长构成的非音质音位叫作(　　)。

A.时位　　B.重位　　C.调位　　D.音质音位

三、名词解释题

语音　音位　国际音标　音节　音位变体　复辅音

四、简答题

1.元音和辅音的区别主要包括哪几个方面?

2.音位归纳的原则有哪些?请举例说明。

3.举例说明什么是区别特征。

4.辅音的发音方法包括哪些?请举例说明。

五、分析题

下列情况分别属于语流音变的哪一类别?请指出并分析音变的原因。

重庆方言:

重庆 [ts^{h}uŋ tɕ^{h}in]→[ts^{h}uŋ tɕin]

沙坪坝 [sA p^{h}in pA]→[sam pA]

答应 [tA in]→[tai in]

菱角 [lin ko]→[liŋ ko]

六、论述题

什么是音位聚合群?分析音位聚合群有何意义?

拓展延伸

[1]林焘,王理嘉,王韫佳.语音学教程[M].北京:北京大学出版社,2013.

[2]王理嘉.音系学基础[M].北京:语文出版社,1991.

[3]朱晓农.语音学[M].北京:商务印书馆,2010.

[4]吴宗济.赵元任先生在汉语声调研究上的贡献[J].清华大学学报,1996(3).

[5]麦耘.语音体系与国际音标及其对应[J].民族语文,2012(5).

[6]史艳锋.继承与发展——《汉语拼音方案》及其使用再认识[J].西南交通大学学报,2018(6).

第四章

语 法

【章目要览】

语法是客观潜存于人们头脑里用词造句的规则。语法学是研究语法规则总和的一门学科,根据不同的观察角度、理论方法和研究目的,可以有不同的分类。语法单位从小到大有语素、词、词组、句子。语素组合成词、词组合成词组、词和词组构成句子,都要按照严格的规则进行。语法意义与语法形式相互依存。句法分析的方法主要有句子成分分析法和直接成分分析法两种。常见的语法范畴有性、数、格、时、体、态、人称、级。根据语法结构的不同,世界上的语言可以划分为四大类型:孤立语、屈折语、黏着语、复式综合语。

【相关知识】

现代汉语的语法体系、性质、语法单位和句法成分、词类、短语的类别等;现代汉语的语法体系、语法单位的划分、词类的划分、语序等相关知识。

【情景案例】

一位外国人在中国学习汉语,接触了之后,颇感汉语博大精深,一句话就算颠倒乾坤意思还是那么明确。一次,学习"万事开头难"这个句子时,老师说汉语不要求像英语那样句子的语序是固定的,它还可以这么说:万事难开头、万事头难开、万事头开难。老师要求大家举一个像这样的例子。一小伙子路过教室:"你奶奶个熊!这么简单还要教?"这位外国人灵感一发举手说道:"老师,'你奶奶个熊'这句就可以。例如:奶奶你个熊,你个熊奶奶,熊你奶奶个,你个奶奶熊!……"

这位外国人的说法正确吗?汉语语序随意变换之后是否一定可以表达正确的意思?以上例子说明,语法规则具有民族性,不同的语言对待语序的态度不同。汉语里,语序是最重要的语法手段之一,可以有规则地变换,但变换之后在语义上要求正确。

【重点提示】

语法单位;形态;词类;语法范畴;语法结构类型。

第一节　语法和语法学

一、语法及语法规则

(一)什么是语法

人们每天都在说话,但并不自觉地意识到语法的存在。从语言学习的角度来看,一般也不是从语法开始的,尤其是母语的学习。学习母语开始不注意语法,但这并不意味着不遵循语法规则,只不过这种遵循是通过模仿、养成习惯、生成等方式来进行的。

语言中的词汇好比建筑材料,没有材料便不能建造房子,没有词语就不能组成句子。但是词汇本身还不等于语言,只有当词汇接受了语法的支配,也就是只有把一定数量的词语按一定的语法规则组织成句子时,才能表达一定的思想,起到交际的作用。因此,语言是有规则的,这就是用词造句的规则。这种规则实际上潜存在每个人的脑子里,通过说话表现出来。

语法是客观上潜存在人们头脑里用词造句的规则。

语法规则是人们说话时必须遵守的习惯,表现在人们说出来的话语中。语法规则的得来是语言学家整理、归纳、概括、描述的结果。由于语法现象的复杂性和人们对现实现象的反映只能相对接近规律本身的特性,语法学家在对客观上潜存在人们头脑里用词造句规则进行整理、归纳和描述时,会有方法、视野和角度的不同。因此,对同一语法现象,不同的语法学家可能有不同的解释。

(二)语法规则

1.传统语法。按照传统的语法学,语法规则主要归纳为两大类:一是词的变化和构造规则,二是组词成句的规则。把语法规则分为词法和句法两大部分,词的构成规则和变化规则属于词法。而句子是由词组成的,任何语言组词成句的方式都不是任意的,而是有一定规则的,组词成句的规则称为句法。比如用A、B、C三个符号任意组合,就其组合的可能性而言,可以排出ABC、ACB、BCA、BAC、CBA、CAB等六种不同的序列。但是用汉语“我”“读”“书”三个词,我们只能列出一个常用的合乎语法的序列,即“我读书”,还有一个很少单独用的序列:“书我读”(例如“书我读,电视不看”)。这是因为汉语语法的基本语序是主语—谓语—宾语。在这三个词中,只有“读”能出现在谓语的位置上。“书”与“我”也不能颠倒位置，因为位置一颠倒，“书”便成了主动者，“我”成了受动者，意义变为“书读我”，便是不可理解的了。这种组词成句的规则是说汉语的人共同理解、共同接受、共同遵守的规则。

2. 结构主义语法。19世纪末，瑞士语言学家索绪尔创建了结构主义语言学理论。发展到20世纪40年代，美国语言学家布龙菲尔德等人把结构主义的理论和方法运用到形态学和造句法方面，专门研究语言的各种结构，形成了结构主义语法。

结构主义语言学认为，语言是分层次的符号系统，语言结构是由若干要素按照一定的层次由小到大逐级构成的。语言符号序列是线性的，符号的组合关系是有一定规则的。人们说话时，语言的各个成分不是同时出现，而是一个接一个地排在言语的链条上，结合成线性组合关系。在组合的链条上，每个位置上替换一个新的成分就能产生一个新的句子。但所替换的成分不能是任意的，它与被替换的成分之间应有某种共同性才能替换。能在同一个位置上出现的成分之间构成了聚合关系，它潜藏于人们的联想中，可以根据需要提取。组合关系和聚合关系把各种成分连接在一起构成语法系统。因此，语法规则包括语法的组合规则和聚合规则。如下图：

- 语法规则
  - 组合规则
    - 语素组合成词的规则 （构词法）
    - 词组合成句的规则 （句法）
  - 聚合规则
    - 语法单位的分类规则 （词类）
    - 语法单位的变化规则
      - 形态学 （构形法）
      - 语法范畴

3. 转换生成语法。转换生成语法是20世纪50年代由美国语言学家乔姆斯基创始而在60年代兴起的一种语言学说。转换生成语法研究的对象是人的内在性语言（指人脑对语法结构的认识，以心理形式体现），研究人的语言知识或语言能力，而不是一般语言学家所研究的外表化语言（言语行为、话语、音义结合的词、句子等）。它以描写和解释语言能力为目标，认为应该假设一套规则来描写语言能力。在方法上，它使用一套类似数学的符号和公式来规定概念、表达规则，例如用N表示名词，用V表示动词，用S表示句子，用NP表示名词短语，用VP表示动词短语，若将短语结构形式化，则是S→NP+VP。这种以研究语言能力为目标，精确的、形式化的语法称为生成语法。有些句子同义异形，例如“他吃了这个苹果”“他把这个苹果吃了”“这个苹果他吃了”这三个句子虽然表现形式不同，但彼此间有内在联系，为此要建立转换规则。转换规则也用形式化的符号来表达，例如用X—V→NP→NP—X—V表示名词短语NP在句中变换了位置。用转换规则的语法叫转换语法，既生成又转换的语法叫转换生成语法，又叫生成语法。转换生成语言学认为:语法就是“产生所分析句子的某种装置”,也就是说,是一种产生语言符号序列的信息装置,语言则是由这种信息装置生成的所有句子的集合。

转换生成语法包括三部分规则系统:句法、语义和语音。句法的规则系统包括基本的重写规则和转换规则两大部分。语音规则对表层结构做出语音解释,语义规则对底层结构做出语义解释。每个句子都有它的表层结构和底层结构,句子的意义主要通过语义规则从底层结构上得出,而句子的语音则通过音位规则从表层结构上得到。

转换生成语法理论在发展过程中因不断出现新的矛盾而不断修改。到20世纪80年代,由于其规则系统越来越复杂,结果是有利于描写,而不利于解释语言能力。乔姆斯基认为,要想反映哪些句子合格,哪些句子不合格,不一定靠假设具体的规则来生成一切合格的句子,也可以靠假设更概括的原则来排除那些不合格的句子。掌握语法主要是掌握一些抽象的原则。原则的作用是限制句子结构,限制语义解释等。这一套原则系统通常被称作“管辖与约束理论”。

(三)语法规则的性质

1.抽象性。语言中不论是词的某一种变化,某一种组合能力或是句子的某种结构关系、结构类型等,都是从一系列具体的词、具体的句子中抽象、概括出来的,都是反映许多具体的词、句子的共同的、一般的东西。语言中词语和句子无限多,不可能每个词语和每个句子都去建立一条规则,这时就需要把各种现象加以归类。语法规则实际上就是对人们说的话中的单位、结构和关系的某种类的概括。比如苹果、酸奶、篮球、歌等词语,虽然意思不同,但根据某种共同特点,比如大都能受数量词修饰,就可以建立“名词”这个类,这就是从词的用法对语法单位类别的抽象。如果再加上动词,组合成吃苹果、喝酸奶、打篮球、唱歌等语言片段,虽然它们的具体意义也不同,但结构形式都是“动词+名词”,而且两个词语之间的关系都是动作行为涉及某个事物,就都可以归为“动宾结构”,这是从结构形式对语法关系类别的抽象。

语法规则具有抽象性,它反映的不是个别的词和句子。任何一条语法规则都是为一系列的具体事实所共同适用的。语法的抽象性不同于词汇的抽象性。词汇的抽象性是对一系列具体的客观对象来说的,语法的抽象性是对一系列具体的词和句子来说的。因此,语法的抽象是更高一级的抽象。

2.递归性。所谓“递归”指的是相同的规则可以在一个结构里重复使用。任何语言所包含的词组和句子的数量都是无限的,而句法结构的规则却是有限的。运用为数不多的结构规则生成无限多的词组和句子,正是不断重复使用具体结构规则的结果。语言中任何一个较为复杂的词组或句子，在其生成过程中都可能重复使用过一条或几条结构规则。比如下面例子中，各个句子长度不同（理论上甚至可以无限延长），但只需应用一条规则就可以说明了，因为它们各自都始终是相同的“主语十谓语”和“动词 + 宾语”结构的套叠。例如：

（1）李明打篮球了。（句子1=主语十谓语，谓语=动词 + 宾语）

（2）小张看见李明打篮球了。（句子2=主语 + 谓语，谓语=动词 + 宾语〖句子1〗）

（3）小李认为小张看见李明打篮球了。（句子3=主语十谓语，谓语=动词 + 宾语〖句子2〗）

（4）我觉得小李认为小张看见李明打篮球了。（句子4=主语 + 谓语，谓语=动词+宾语〖句子3〗）

这种结构的套叠叫作语法规则的递归性。正因为结构规则的递归性，人们才能用有限的规则和一定数量的词语去造出数量上无限多、长度上（从理论上说）不受限制的句子。人们能够理解或说出从来没有听到过的句子，除了语法规则具有抽象性、可以类推之外，还由于规则具有递归性，可以重复使用。也正因为这种抽象性和递归性，人们才能够从无限多的语句中抽象概括出几类基本的句法结构。

3. 稳定性。相对于语音、语汇等语言要素而言，语法规则从古至今变化不大，变化过程也十分缓慢。比如拉丁语的语音和词汇从古代到现代已有很大变化，甚至今天的人已经不会说也看不懂了（这与它们的词语要随着读音的变化而发生拼写的变化有关），但拉丁语名词有性、数、格，动词有时、体、态，造句有一定的格式，等等，在现代印欧语中却并没有什么太大改变。汉语语法规则的发展也是这样，我们现在读先秦时期的文献，其句子的格式与现代汉语没有太大的区别，理解也没有太大的问题（词义演变的因素除外）。从语法变化的过程看，一些语法现象的演变，都经历了一个漫长的历史时期。据考证，汉语的“把”字句式从最初出现到现在成为最常用的句式前后差不多经过了一千多年，而且现在这种变化还在缓慢进行中。

二、语法学

语法学是研究语法规则总和的一门学科。

从理想的角度来看，语法学应该是对语言语法系统的科学而充分的反映和正确的解释，但如前所述，由于语言是一个十分复杂的体系，实际上语法学只能是对语法的一种逐步完善和日益充分的认识。任何一种语法学，不论它的体系如何完善和严谨，也只能相对准确地反映语言的语法构造。由于观察角度不同、理论方法不同、研究目的不同,语法学有下列一些分类。

(一)实证语法和唯理语法

这是从研究方法上所做的分类。实证语法开始于古希腊,着重语法现象的分类;唯理语法开始于17世纪的法国,着重语法现象的解释。实证语法说:“名词是人或事物的名称”,“形容词表示事物的特征”。唯理语法认为:“代表事物本质的词(如天、地、水、木等)称为名词,代表事物附质的词(如圆、红、硬等)称为形容词。”前者从词所反映的客观事物出发,后者从词所代表的逻辑概念出发。几个世纪以来,实证语法和唯理语法都已经大大发展。早期实证语法往往只凭常识分类,现代实证语法力求用客观标准(例如用专门机构的语料库作依据)对语法现象进行分类。早期唯理语法是一般性的逻辑解释,现代唯理语法从一种理论出发(例如乔姆斯基的转换生成理论),试图解释整个语言行为。实证语法的任务是分类概括纷繁的语法现象,如朱德熙的《语法讲义》;唯理语法的目的在于显示某一语法理论的解释力量,如乔姆斯基的《句法结构》。唯理语法在许多方面(例如判断什么是不合法的句子时)还要依赖于实证语法的标准,没有实证语法作基础,唯理语法将会无从着手。

朱德熙

(二)历时语法和共时语法

这是从研究对象的时限所做的分类。历时语法即历史语法,例如丹麦语言学家叶斯泊森的《近代英语语法》。此书上溯古英语和中古英语,概述英语语法自15世纪至20世纪初共500年来的历史演变,材料引自1200种文史著作,共七大卷。共时语法的代表作如英国R.夸克等人合著的《综合英语语法》(1985),此书以“英语用法调查”和四家英语语料库为根据,记录和描写了当代英语的语法实况。历时语法与共时语法之间既有区别又有联系,语法的历史研究要从语法的具体的相对静止的状态出发,语法的共时研究也要用动态的观点,注意语法的微观演变才能描写得全面细致。

叶斯泊森

(三)规定性语法和描写性语法

这是按照语法的社会目的所做的分类。规定性语法以语法学家的主观判断为准,当一种语言处在语法形式杂乱无序时期,它可以起到匡谬正俗的作用。描写性语法以客观的实际用法为准。描写性语法比规定性语法要宽容些,例如英语的“双重否定”(如

1 don’t know nothing.)规定性语法认为不合语法，描写性语法则认为在某些场合中不算错，在朋友闲谈时，受过高等教育的人也有用这个形式的。有些语法开始是描写性的，当它取得威信后，随着时间的推移，便成为规定性的了，例如藏文的《三十颂》《性入法》文法（相传为7世纪图弥三菩扎所著，但据研究，它的产生时间可能要晚4个多世纪）历千年而不衰，一直是藏文写作书面语法规范的蓝本。

（四）研究性语法和教学用语法

这是从语法的实用目的所做的分类。研究性语法把语言作为一种规则体系来研究，目的是了解通则，即明理；教学用语法是把语言作为一种工具来学习，目的是学会运用语言的技能，即致用。前者如朱德熙的《语法讲义》，后者如刘月华的《实用现代汉语语法》。现比较两者对汉语名词所下的定义。《语法讲义》说，名词的语法特点是：A.可以受数量词修饰，例如一支笔、三本书、几件事、一种风气；B.不受副词修饰，例如不能说“很勇气”“早战争”，但可说“很勇敢”“早打仗”。《实用现代汉语语法》说：名词表示人或事物的名称。一部分名词在构词上有独特的标志，如前缀“阿、老、小”等，后缀“子、儿、头”等。名词可以受数量词、代词、形容词、动词的修饰，一般不能受副词的修饰。两者的区别是：前者只用一个标准，即词的语法功能来区分词类；后者用三个标准，即意义、构词标志、句法特征（功能）。前者在分类上的概括性要强些，要严密些，后者在理论上的统一性弱一些，但增加了形象性和实用性。这正是教学用语法所必需的。

（五）普通语法和具体语言语法

这是从研究语言的范围所做的分类。普通语法指适用于各种语言的普遍性原则，具体语言语法指一种语言特有的语法规则系统。常见的语法著作大多是具体语言语法，如赵元任的《汉语口语语法》（1979）、王力的《汉语语法纲要》（1982）等。普通语法的研究方法有统计调查和理论推演两种。统计调查的方法一般以几十种分属不同语系的语言为对象，比较各种语言的句法结构，然后归纳大多数语言共有的句法特征（例如词序）。这类研究以美国的格林伯格为代表。用推理方法研究普通语法的学者可以乔姆斯基为代表，他认为句子是从潜存于大脑的深层结构通过语音和语义的处理而呈现为表层结构的，并认为这一理论适用于一切人类语言。有一派普通语法论者，认为了解某些普遍性较大的语法现象，有助于我们对个别语言的宏观观察。例如“词可以聚合成词类，组合成句子；凡是语言都有词类（不管如何分类）和句法（不管包括什么规则）”，这一条对各语言就有普遍意义。

赵元任

第二节　语法单位及组合规则

一、语法单位

语法单位是能在组合的某一个位置上被替换下来的、音义结合的片段。在“她在十字路口徘徊”这句话里,“她”“在”“十字”“路口”“徘徊”都是语法单位,而“徘”或者“徊”则不是语法单位。

语法单位有大有小,从小到大依次为语素、词、词组、句子。

(一)语素

语素是语言中音义结合的最小单位。按照语素所表示的意义性质的不同以及在词结构内部所起作用的不同,可将其分为词根语素、词缀语素、词尾语素三类。

词根语素是能够体现词的词汇意义的语素。词根语素是词的核心部分,词的意义主要由它体现出来,如老师、老虎、石头、木头中的“师”“虎”“石”“木”。词根语素可以单独成词,也可以彼此组合成词。例如汉语“葡萄”“糖”“冬”“天”等语素,既可以单独成词,也可以组成“葡萄糖”“冬天”等合成词。

词缀语素是黏附在词根上构成新词的语素。词缀按其在词内的相对位置可分为前缀、后缀和中缀。前缀是位于词根之前的词缀,后缀是位于词根后的词缀,中缀是插在词根中的词缀。前缀如现代汉语的“第一”“老张”中的“第”“老”;英语的“in-,im-,un-,under-,super-”等。中缀如英语handiwork中的“i”,statesman中的“s”等。后缀如英语“-er,-or,-less,-ship”等。

词尾语素是加在词干后面,改变词的形式而不构成新词的语素。英语book加s构成复数,s是词尾语素。

就词根、词缀、词干、词尾的关系来说,词缀相对于词根而言,词尾相对于词干而言。根据语素在词中的不同作用,词根语素和词缀语素叫作构词语素,词尾语素叫作构形语素。词根语素和词缀语素是构词语素,它们能够产生新词;词尾语素是构形语素,不能产生新词,改变的是词的语法形式,增加的是词的语法意义。它们的关系如下图:

（英语）

词干			词尾
词缀	词根	词缀	
	ground		
	ground	er	
under	ground	er	s

关于语素，有两点要注意：其一，在有的语言里，有的语素既可作构词语素，又可作构形语素，叫“两用语素”。如英语“s”在news和takes中的作用是不同的。在news中，它是构词语素，在takes中，它是构形语素。其二，语素是有变体的。在不同的环境中，有不同的变体。比如“s”在英语语音上有[s]、[z]、[iz]几种变体；-ed有[t]、[d]、[id]的变体。

汉语里绝大多数语素是词根语素，词缀很少，所以有人把汉语叫作“词根语”。

（二）词

词是造句时能够独立运用的最小的音义结合的单位。词是最重要的、最基本的语法单位，在语法中有枢纽作用。这个定义包括两层主要的意思：最小的，区别于词组，中间不能插入别的成分，如“合作社”“共和国”；在语句中能够自由变换位置，这叫作“独立运用”。

要注意区分语素和词。区分的主要标准是“独立运用”。语素是不能独立运用的最小的音义结合的单位，而词是能够独立运用的音义结合的最小语法单位。如何理解“独立运用”？能够单独成句，能够单独回答问题，可以被看作独立运用。有些语言单位，虽不能单独成句或单独回答问题，但它们在句子中并不是别的词的一部分，这也属于独立运用，比如虚词。例如：“你连这个都不会吗？”这句话中，“你”“这”“个”“不”“会”都是可以单独成句或单独回答问题的词，“连”“都”“吗”虽然不能单独成句或单独回答问题，但在句中并不是别的词的一部分，因此也算独立运用，也是词。

（三）词组

词组指词的组合，在句子里的作用相当于词、本身又是由词组成的大于词的单位。词组的语法功能与词相当，也是用来造句的材料单位。

词组大体上可以划分为自由词组和固定词组两类。自由词组是根据需要，按照语法规则，临时做出的词的组合，如“当前任务”“经济信息”等。固定词组是组合固定、不能随便替换的词组,如“当务之急”。成语属于特殊的固定词组。

固定词组有两个显著的特点。

1.结构的定型性

其一,固定词组的结构成分的次序不能随意颠倒,即便是并列结构的成分也是这样。比如“南征北战”一般不能说成“北战南征”。

其二,各个构成成分也不能随意用别的成分去替换,即便是同义的或近义的也不行。例如“半斤八两”不能说成“半斤五两”,“喝西北风”不能说成“喝东南风”,“去伪存真”不能说成“去假存真”。

其三,不能随意增减构成成分。比如“胸无点墨”不能说成“胸中无一点墨”,“秣马厉兵”也不能说成“秣马又厉兵”,等等。

2.意义的完整性。某一个固定词组的意义,一般不是它的各个构成成分意义机械相加的总和,而是把固定词组作为一个整体来表示一定的意义,不管它的各个构成成分单独存在时所表示的意义。因此,有时候我们即使知道某个固定词组各个构成成分的意义,也知道它们之间的语法关系,但是仍有可能不理解整个固定词组的意义。如英语的“kiss the hare's foot”(姗姗来迟),既不能说成“kiss the rabbit's foot”,也不是“吻兔子的脚”的意思。

(四)句子

句子是运用一定的语法规则组织起来的,表达相对完整思想和某种感情的,具有一定语调的基本交际单位。句子的定义包含了三层含义:依照一定的语法规则组织起来的,不是某些单位孤立的互不联系的拼凑;表达相对完整的思想;具有一定的语调和情态,表明说话者与现实的关系和态度。

依照句子的结构特征可以将句子分为主谓句和非主谓句。

依据句子的表述功能可以将句子分为陈述句、疑问句、祈使句、感叹句等不同的类型,简称句型。

二、语素组合成词的规则

按照词的内部结构,可把词分为单纯词与合成词。

单纯词指词干由一个词根语素构成的词。如汉语里“沙发”“蜘蛛”“玻璃”“葡萄”等;英语read,book,ask,desk等都是单纯词。

合成词指词干由两个或两个以上的构词语素组成的词。合成词依其构词方式又可分为两种：复合词和派生词。

复合词指由词根语素和词根语素按照一定规则组合起来构成的合成词。如现代汉语里“群众”“工业”“冬至”“葡萄糖”“国家”“铁路”等；英语里earthquake（地震），snow-white（雪白）等。复合词构词法在汉语中占有重要的地位。

派生词指由词根语素和词缀语素组合起来构成的词。构成派生词的规则叫作“派生构词法”或“附加法”，这种构词法在英语、俄语等语言中十分常用。如英语：词根head加前缀可构成ahead，behead，forhead，subhead；加后缀可构成headed，header，headless，headship等。

派生词的组成方式主要有词根加前缀：汉语“老张、老虎、第一、阿哥”，英语unkind，inactive（不活动的），unhappy（不快乐）；词根加后缀：汉语“学者、专业化、典型性”等，英语active，reader，friendship等。词根加前缀和后缀：英语unkindly，unhappily等。

语素组合成词，是语法单位的第一次量的飞跃。据估算，我们日常生活中常用的工具书《现代汉语词典》里字和词的比例约为1∶6，这个数字大致也是语素和词的比例。按照这个比例来看，现代汉语从语素到词扩大了五倍。这种扩大，主要是通过语素的掌握和复合构词的有效方法来实现的。形态变化丰富的语言中，存在大量的派生词，因而掌握相当数量的词根、附加成分以及如何派生构词显得特别重要。从这个意义上讲，掌握构词的方法，是以简驭繁、有效地扩大词汇量的一个重要途径。

三、词组合的基本类型

词进一步组合，可以构成不同的结构类型，最常见最基本的结构类型可以归纳为主谓、述宾、述补、偏正、联合五种，这五种基本类型是就所有语言而言的。

1. 主谓结构。反映陈述对象和陈述内容的关系。组成句法结构的两个成分，一个是被陈述的成分（主语），另一个是陈述的成分（谓语）。例如：

世界杯/结束了。

风景/真美。

It / rains.

2. 述宾结构（支配结构、动宾结构）。是动词性词组中两个成分之间支配与被支配、关涉与被关涉的关系。其中起支配、关涉作用的动作、行为部分叫述语，动作、行为所支配、关涉的部分叫宾语。宾语通常表示受动作支配的事物，因此只有表示动作意义的及物动词才能带宾语。例如：

踢/足球。

吃/苹果。

Open /the door.

Help /me.

3.述补结构（补充结构、后补结构）。反映动作行为与补充成分的关系。动作成分叫述语，表示述语的程度、结果、趋向等的成分叫补语。例如：

漂亮/极了。

洗/不干净。

跑得/很快。

4.偏正结构。反映词组中修饰成分和被修饰成分之间的关系。起修饰、限定作用的部分叫修饰语，被修饰、被限定的部分叫中心语。例如：

伟大的/祖国。

鲜艳的/色彩。

interesting/stories.

汉语中体现修饰关系的偏正结构，一般是修饰语在前，中心语在后，如"清新的/空气""坚定的/步伐"。这种关系在各种不同的英语词组中，有不同的表现：在名词性词组中，可以是形容词修饰名词，如 interesting stories；在动词性词组中可以是副词修饰动词，如 speak politely，go home ；在形容词性词组中，可以是副词修饰形容词，如 very interesting，remarkaly warm，等等，其修饰语与被修饰语的前后位置也各有不同。

5.联合结构（并列结构）。这是句子或词组中两个或两个以上在语法上处于平等地位的成分之间的关系。并列结构（联合结构）的功能与所有构成成分相同，每个部分都是结构的并列项。并列部分可以有不止两个并列项。例如：

坚定而沉着。

讨论并通过。

boys and girls

coffee，tea and milk

以上五种结构是语言里最基本的结构格式。除联合结构外，其他几种结构都由两项组成，规定着两项之间的关系。西方传统语法又把"述宾""述补""偏正"关系称为"主从关系"，"主谓"关系有时归到"主从"，有时又归到"联合"。

四、语法意义和语法形式

(一)什么是语法意义和语法形式

1.语法意义。语法意义是具体语言中的语法成分及各种语法结构所反映的关系意义。英语 desks, books 中的 s,就是一个语法成分,它所表示的“名词复数”就是语法意义,汉语“我的车”“他的笔”中的“的”也是一个语法成分,它表示领属的关系意义;“祖国伟大”这个结构中存在陈述和被陈述的关系;“伟大祖国”这个结构中存在修饰和被修饰的关系;“吃苹果”这个语法结构中存在支配与被支配的关系;等等,这些关系意义也都是语法意义。

2.语法形式。语法形式是指表达语法意义(或语法结构意义)的形式。语法意义是观念性的东西,观念性的东西总是要通过一定的形式表达出来。语法意义在语言中的外部表现就是语法形式,语法形式是语法意义的体现者。语言结构的语法形式是各种各样的,如上述例子中表示领属关系意义是用虚词,表示主谓关系意义、偏正关系意义、支配关系意义是用语序。这些虚词和语序就是表达上述语法意义的语法形式。

语法形式与语法意义是一个问题的两个方面,相互依存,不可分割。如前所述,语法意义通过语法形式表现出来,语法形式是语法意义的体现者。但二者的关系又表现为比较复杂的情况。不同的语言会用不同的语法形式表达一定的语法意义,比如同样表现动作曾经发生的语法意义,英语用动词加词尾“-ed”的词形变化形式,汉语则用动词后面加虚词“过”的形式。一种语言中的语法形式和语法意义也并非简单对应,相互有复杂的关系。从数量上讲,语法形式要少于语法意义;从两者的关系来讲,一个语法形式可以表示多个语法意义,一个语法意义也可以用不同的语法形式来表示。如英语“He asks.”这个句子中,asks 是英语动词 ask 的语法形式之一,这里,它表示第三人称、单数、现在时、直陈语气等语法意义。同时,一个语法意义也可以用不同的语法形式来表示。如英语动词一般将来时的语法意义可以用 shall,也可以用 will 加动词原形来构成,如英语 I shall write, I will write。

各种基本语法结构的意义都必须通过一定的语法形式才能表现出来,那么,提供语法形式的手段有哪些呢?主要通过选词、语序、虚词、词形变化、语调等几方面。

(二)常见的表达语法结构意义的语法手段

1.选词。指组成基本结构的词,不但要在词义上相配,而且要在语法上相配。譬如,复合结构都必须在实词里进行选择,这一点各种语言都如此。虚词不能充当任何结构的项。选词主要是在词类聚合中进行选择,不同类的聚合为组成不同类型的结构准备了"物质材料",进而提供不同的语法形式。词类选择从词的结构要求上说是看什么类的词能进入某个位置:汉语"江、河、太阳、月亮"等名词能进入主谓结构的主语位置,但很少能进入谓语位置。"从、把、和、的、吗、因为"等虚词不能进入任何基本结构位置,这都是由词类选择中语法上是否相配所决定的。各种语言的句法结构形式有相同的,如汉语"写了封信"是动宾结构,英语"to write a letter"也是动宾结构,汉语"他已经走了"是主谓结构,英语"He has gone."也是主谓结构。但不同语言也有不同的情况:包括对同种词类却要求不同位置的,像英语的副词可以出现在动词后面,而汉语的副词就只能出现在动词前面,例如"He grew up gradually.(他渐渐长大了)";也包括同样位置却要求不同词类的,像英语只能是名词或部分有特定形式的动词和动名词才能作主宾语,而汉语的动词和形容词就可以直接作主宾语,例如"I enjoyed swimming.(我喜欢游泳)"。此外,不同的语言词类的聚合也有所不同,如英语有冠词,汉语没有;汉语里有量词,英语则没有。

2. 词序。指语言单位的排列次序。词在句子中都有一定的位置,这些位置能够进行有规则的变换。语序通常指各个层面的语言单位和成分的排列次序,如语素序、词序、词组序、句子序;构词成分(词根、词缀)序、句子(主语、谓语、述语、宾语、补语、状语、定语、中心语)序、分句序等。

在不同的语言中,语序所起的作用在程度上有所不同,这与该语言是否把形态作为主要语法手段有很大关系。如果句中词与词的关系主要靠形态变化表示,语序所起的作用就小;相反,如果缺少形态变化,语序的语法作用就大。汉语和大部分汉藏语言属于后一种情况。汉语中的语素序、词序、句子成分序等都相对固定,语序是区别语义关系和句法关系的重要手段之一。例如,"他们学习"——"学习他们"、"妈妈爱女儿"——"女儿爱妈妈",结构关系不同,表达的意思也不同,只是因为词序不同。汉语某个词在词组或句子中充当什么成分,跟别的成分发生什么样的关系,主要是根据词在词组、句子中的相对位置来确定的,排列顺序不同,关系也不一样,而词本身并没有形态变化。

语序的使用在英语中也是表达语法意义的主要手段之一,例如:

The mother loves the daughter.

主语　　　谓动　宾语

The daughter loves the mother.

主语　　　　谓动　宾语

词的相对位置改变了,相互间的结构关系也改变了。一般地说,形态变化丰富的语言(如拉丁语、俄语),由于构形词尾发达,词在句子中的排列顺序相对比较自由,词的形态足以说明词在句中的句法作用。如俄语"我读书"按照汉语的语序是я(我)читаю(读)книгу(书),但说成я книгу читаю,книгу я читаю,книгу читаю я,читаю я книгу,читаю книгу я等不同的语序都可以,不影响理解。

3.虚词。虚词是语言中专门用来构成语法形式的词。虚词是一种普遍使用的语法手段。世界上不乏没有形态变化或者缺乏形态变化的语言,但很少有没有虚词的语言。即使是形态丰富的语言如印欧语,也使用虚词,以虚词作为补充的语法手段。对于缺少形态变化的语言如大多数汉藏语来说,虚词更是一种重要的语法手段,是语法系统的结构标记、功能符号和关联纽带。

虚词作为语法手段具有下列特征:在形式上具有一定的依附性,比如常常轻读,或没有独立的音节,好像实词的黏着成分;在功能上起连接结构作用,不能独立成句和回答问题;在结构上可使用于词、词组和句子等语言结构单位的各个层面;在语义上只承载结构或关系的意义,具有极强的选择性。

各种语言的虚词的数量和类别都不会完全相同。虽然虚词的名称有很多不同,但从作用来看,关系到句法的,大致可以分为以下四类:

(1)结构性虚词。这一类虚词主要起组织句法结构的作用。如汉语的介词和结构助词都属于这一类。汉语的介词与实词组成词组并标志这个词组与句子中的谓语或中心语发生结构关系,成为谓语的状语、补语或中心语的修饰语。结构助词"的""地""得"是连接修饰语与中心语或连接补语与述语的虚词,"的"是定语的标志,"地"是状语的标志,"得"是补语的标志。藏缅语的结构助词(有的叫格助词)、突厥语的后置词、印欧语的前置词都属于结构性虚词,只不过位置不同而已,介词、前置词位于词或词组之前,结构助词、格助词、后置词位于词或词组之后。汉藏语大多有一种名物化助词,它具有将语言单位组合起来并改变其属性的整合功能,例如汉语"我不要你穿过的"中"的"统摄主谓词组"你穿过",并使它变为名词性词组。

(2)关联性虚词。主要是连词,有的连接词或词组,有的连接分句,如汉语的"和""并且""又""因为……所以""不但……而且"等。

(3)表示语气的虚词。一般叫语气词或语气助词。如汉语的"吗""吧""啊"等,配合语调,表示句子的语气意义。

(4)辅助性虚词。它用于动词的前面或后面,表示时、体、人称、情态、趋向等范畴。它来源于动词(判断词、存在动词或过程动词),一般抽象化程度较低,半虚半实,大多与同形的实词并存并现,这种虚词一般叫辅助动词,有的叫动助词或助动词。如英语的

be, have, shall, should, will, would等。汉语的"将、会、可能"等也被看成助动词。这类虚词所起的作用,如同词形变化手段一样,可以单独或与别的语法成分一起承担特定的语法意义。

4. 词形变化。词形变化就是指通过词的形态变化产生一定语法意义的形式。世界上很多语言,尤其是印欧语,都采用这种语法形式。词形变化反映词在短语或句子中的相互制约关系,也明确了词在句子中的角色。词形态变化丰富的典型代表是俄语,一个词往往要经过变格或变位后才能投入使用。动词按照主语的人称和数变位后才可充任谓语,名词按照动词的要求变格后才可充任宾语,偏正结构中的修饰语如果是形容词,它必须在性、数、格方面和中心语一致。如:

Сейчас	Я	рабомаю
	ты	рабомаешь
	он, она	рабомает
	мы	рабомаем
	вы	рабомаете
	они	рабомают

词形变化包括附加、内部屈折、重音移动、重叠、异根等几种情况(详见本章第三节"形态")。

5. 语调。语调指说话时语音的变化所构成的旋律模式,由语音的高低、升降、轻重、长短、快慢、停连等要素综合构成。它是表达层面上表达语法意义的一种手段。语调与句子层次及其结构有着密切的关系,不同的语法意义往往可以由不同的语调来表示,如汉语的陈述句、祈使句、感叹句多用降调,疑问句、未完的句子多用升调。表示踌躇、迟疑或夸张、强调的时候往往用曲折调。不同的语调可以将结构完全相同的句子区分为不同的类型。例如:"小张去了。""小张去了?""小张去了!"

英语用不同的语调配合其他手段表示不同的语气,如几种不同的疑问句有不同的语调:一般问句用升调;特指疑问句用降调;反意问句是前降后升调(提问者对所提情况把握不大)或前降后降调(提问者对所提情况把握较大);选择问句是or(连词)前用升调,or后用降调。

语调还能生动地表达出说话人对所说内容的各种态度和情感:肯定、疑问、祈使、惊叹以及喜爱、兴奋、厌恶、惊恐等。

五、句法分析的方法

句法分析是对句法结构(词组、句子)所进行的分析。句法分析的方法主要有两种，即句子成分分析法和直接成分分析法。

(一)句子成分分析法

句子成分分析法又叫中心词分析法。句子成分分析法是传统语法中通用的分析方法。这种方法最初由古希腊学者提出，迄今已经有两千多年的历史了。句子成分分析法以词为分析的基本单位，根据句子、词组中词和词之间的关系，逐个确定句子中的各种成分，然后再根据句中包含的成分确定句子的结构类型(句型)。通常是先把一个句子分成主语部分和谓语部分两大块，然后找出各自的中心词，即主语和谓语(主要成分)，再确定中心词的附加成分——从属于主要成分的次要成分，即宾语、定语、状语、补语等。例如：

汉语：(山城)人民[努力]建设<好>(举世瞩目的)(三峡)库区。

这种分析方法有一些专门的符号，分别用“___”“___”“~~~”表示“主语”“谓语”“宾语”，用“(　)”“[ ]”“< >”分别表示“定语”“状语”“补语”。

句子成分分析法的优点在于：其一，使句子各个词之间的关系主次分明，各词的作用和功能比较清楚；其二，能够突出起主要作用的词，便于归纳句子的结构类型；其三，分析模式简单，易于操作。

这种方法也有局限：首先，把句子成分都放在同一个平面上分析，不能很好地反映和揭示句子的结构层次；其次，对有些歧义结构无能为力，如对“咬死猎人的狗”，就无从下手；再次，这种方法总是从词出发，以词定成分，这在有的情况下行不通，有时在句子中作为一个成分起作用的不是单个词，而是词组，例如：“他喜欢的正是你不喜欢的。”(找不出主语的中心词)。

(二)直接成分分析法

直接成分分析法也叫层次分析法，是20世纪30年代以来美国描写语言学派进行语法分析的一种方法，简称IC分析法(Immediate Constituent Analysis)。结构主义语言学注重语法结构上的层次性，认为语言片段绝不是一个个孤立要素的简单相加，而是按照一定的结构层次逐层组织起来的。所谓直接成分，指的是一个语言片段中处于同一层次上的两个(通常情况下都是两个)直接连在一起的成分，即两个直接构成某一结构的构成成分。直接成分分析法就是按照语言组合的次序分析语言结构的内部层次，逐层找出直接成分的方法。在句法分析里，结构被一步一步地分析成越来越小的成分，分到不能再分为止(句法分析的终端成分是词)。比如：

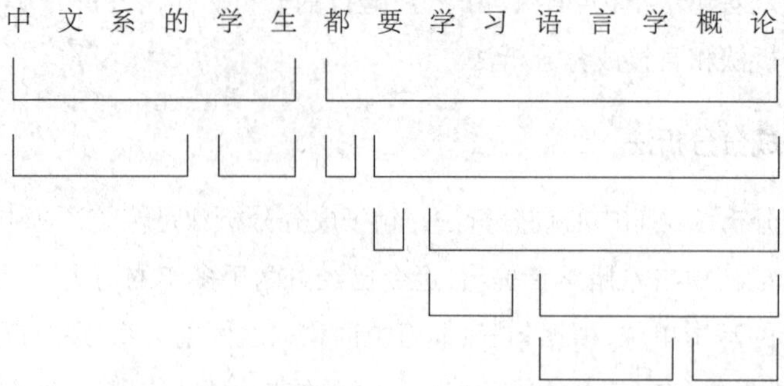

直接成分分析法的优点在于：第一，可以清晰地揭示句子的不同层次。直接成分分析法帮助我们透过词组、句子表面的链式排列，科学地揭示句法结构的内在层次。每做一次直接成分的切分就揭示了句法结构的一个层次，句子分析终了，句法结构的层次关系也就清楚了。第二，有时可以说明隐性结构中的歧义现象，并能使其区别开来。如一个常引的例子是“old men and women”，可以解释为“old men”的扩展，也可解释为“men and women”的扩展。这样，就有了两种不同的IC分析。如：

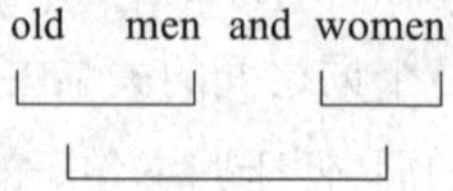

A

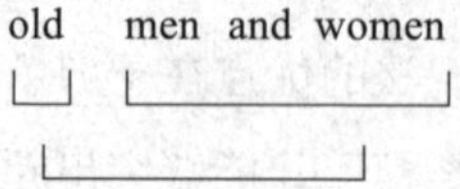

B

再如：

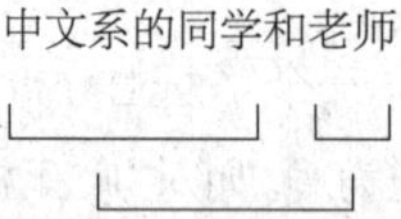

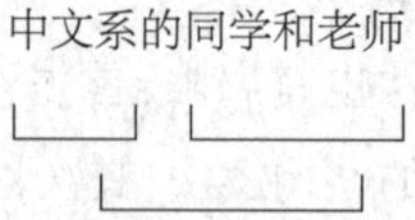

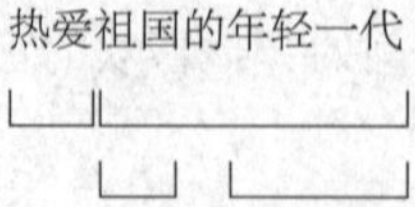

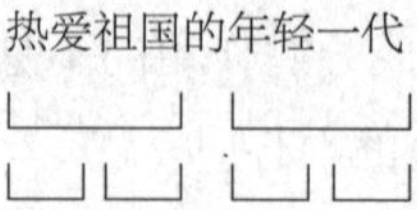

但层次分析法也有局限：对于有些隐性结构的歧义依然无能为力。如歧义句“鸡不吃了”，可能是“鸡不吃食了”，也可能是人“不想吃鸡了”的意思，但用层次分析法，即只能有一种划分：

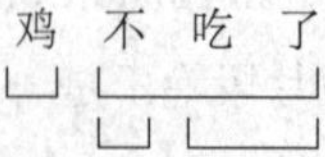

英语 the shooting of the hunters(猎人的射击)，用直接成分分析法也无法做出理想的说明。

第三节　聚合规则

一、词类

词类是依据词的聚合关系和组合关系划分出来的词的语法类别。词类是语法规则的"集合点",它反映着语法体系的特征。各民族的语言的语法体系的差异,往往可以从词类中窥见。因此,研究语法者在说明语法规则的时候,往往从词类入手。

(一)划分词类的标准

词类是词的语法类别,那么,根据什么标准来划分词类呢?常见的划分词类的标准有以下三种:

1.句法标准。按照词在句子中的功能,与别的词的组合能力进行划分。词在句子中能否充当句法成分、可以充当哪些句法成分;词的组合能力指词能否与其他词组合,可以与哪些词组合。比如在一种语言里,凡是能够在同样的组合位置中出现的词,它们的句法功能相同,就可以归为一类。先看这样一些例句:

①这儿有三个……

②小学生……球

③弟弟比哥哥……

④打了他一……

要求在后面填上适当的词,这样:

①题可填:学生、歌星、人、小猫、苹果……

②题可填:看、打、踢、玩、买、喜欢……

③题可填:高、矮、胖、瘦、开朗、内向……

④题可填:下、顿、拳、枪……

上述每组中的各个词虽然各自表示具体的意义,但是它们有共性:处在同一位置,具有相同的功能,同邻近词的组合所发生的关系是相同的。这种共性,使得一类词区别于其他几类词。这就是根据词在句子中的功能和组合能力所做的分类。

2.形态标准。根据词的形态特征(词形变化)进行分类。在形态变化丰富的语言中,一般说来,具有相同词形变化的一些词都具有相同的句法特点,于是将这些词归为一类。对于词形态变化比较丰富的一些语种,这种标准是不可少的,如英语的名词,一般说来，凡有单、复数变化的都是名词（但反命题不成立，即名词不一定都有单、复数的变化）；凡有时、体、态变化的都是动词；to be还有人称的变化。俄语的名词还有性、格的变化。这些类都是依据词的形态特征划分出来的。

3.意义标准。根据词的意义来确定词类。词的意义有两种，一种是词汇概念意义，一种是语法意义。最早的词类概念，即古希腊、古罗马语法的几大词类，基本上就是根据词的概念意义建立的。这里是指根据语法的意义来建立的词类。比如说，名词就是表示人或事物的词，动词就是表示动作行为的词，形容词就是表示性质状态的词等。意义标准是指比较抽象、概括的语法范畴意义，往往是跟一定的语法特征相联系的。

上述划分词类的任一标准，并不能够解决所有语言的词类划分的问题，甚至某一标准也不能解决某一语言词类划分的全部问题。从表面上看，似乎形态标准和语法意义标准比较适用于印欧语，句法标准比较适用于汉语。但事实上并不只是汉语这样缺乏形态变化的语言必须靠分布来确定词类，即使是可以用形态和意义标准确定的语言的词类，归根到底也都必须符合词类的分布要求，或者说正是因为某类词有共同的分布，才可能有共同的词形变化和共同的语法意义。例如英语的名词除了词形变化，也肯定有诸如作主宾语、受数词修饰、受形容词修饰和不受副词修饰等分布限制。更不用说形态丰富的语言中的虚词，如介词、连词等，也没有形态变化，仍得靠分布标准。词的语法特点取决于两种关系的交互作用：一种是组合关系，词在组合关系中确定自己的功能；一种是聚合关系，任何一个出现在组合关系中的词，都有一系列同类词聚合为功能类别。每一个词都处在组合关系和聚合关系的交点上，都要受这两种关系所制约。近些年来，关于词类划分的标准比较一致的意见是：结合具体语言，以某项为主，其他项为辅。如印欧语以形态标准为主，其他为辅；汉语以句法标准为主，其他为辅。

（二）词类的特点

1.词类的共同性与特殊性。各种语言都有一些共同的词类，也都有一些某一语言自身特有的词类。已知的人类语言中大致都有名词、动词、副词、形容词、代词、数词、连接词等，这就是各种语言共同具有的一些词类。都有这些共同性词类，是因为这些词类与它们所反映的现实现象的某些基本属性有密切关系：比如任何语言都得表示人或事物，所以都要有名词；都得表示动作行为，所以都有动词；都得表示性质和状态，所以都有形容词和副词。此外要计数就要有数词，要指代就要有代词等。但是不同的语言也往往有一些特有的词类。比如汉语的量词、助词等就是其他语言很少或没有的词类；而如德语、英语名词前面的冠词、动词前面的辅助词，日语主语、宾语名词后面的标志助词等在汉语中就没有;也有的词类几种语言都有,但范围不同,如汉语的语气词主要用于句末表句式类型,而俄语的语气词还包括表动作方式的词,这些就是某些语言的特殊词类。

2. 词类系统的层级性。一般语言中的词类都首先可以分成两大类,即实词和虚词。实词表示事物的特征、概念等,同时带有该类词所具有的语法意义。实词包含的语素可以是简单的,也可以是复杂的(包含两个以上的语素)。虚词表示语法意义,表示实词之间的关系。虚词一般划不出另外的语素数量,是有限的,比实词少得多,是封闭性的。实词的共同点是可以充当主语、谓语、状语、定语等句法成分,都有实在的词汇意义,位置不固定,数量开放等。虚词的共同点则相反,一般不充当句法成分,没有实在的词汇意义,位置固定等。实词和虚词都可以再往下分成次一级的大类,实词又可分为名词、代词、动词、形容词、数词、量词、副词等。虚词又可分为介词(前置词、后置词、格助词)、连词、冠词、语气词等。感叹词能独立成句,是一种特殊的词类。名词下面又可分为有生命名词、无生命名词、方位词、时间词等;动词下面又可分为及物动词、不及物动词、趋向动词、系词(判断词)、存在动词、助动词等;代词下面可分为人称代词、指示代词、疑问代词、性状代词等。但到这一级其实还不是最终的结果。比如动词在各种语言中都是内部最复杂的词类,往往还需要一层层往下细分。例如英语的动词:

- 动词
  - 及物动词
    - ①只要求带一个宾语
      - *a.* 受事宾语转主语时不必变为被动句
      - *b.* 受事宾语转主语时必须变为被动句
    - ②要求宾语外再带一个名词
      - *a.* 所带的名词可用代词代替
      - *b.* 所带的名词不能用代词代替
        - 甲 所带名词所表示的事物是暂时性的
        - 乙 所带名词所表示的事物是永久性的
  - 不及物动词

3. 词类的单纯归属性与跨类或兼类性。各种语言中都有一些词是典型的某类词,也有一些词则可能是边缘的或跨类的词。英语 people, table 是典型名词, to get, to take 是典型动词。但 fire 可以是名词(火),也可以是动词(点火); work 既可作名词,又可作动词; before 可以作介词、副词和助词,这些词就是跨类的词。汉语的实词缺少形态变化,同一个词的句法功能往往有比较大的灵活性,因而跨类的现象就更多。如“机械、科学”等,一般看作名词,但偶尔也可作形容词。而“学习、批评、调查”等,也作动词和名词,它们应该是兼类的词。

二、形态

(一)什么是形态

形态也叫词形变化,指词与词组合时发生的词形变化所形成的聚合。

在英语和俄语这样的语言中,很多词如名词、动词要进入句子必须以变化的形态才能参加组合,如英语的句子“I am going to watch TV tonight.”,其中的am,going, watch等都是变化了的,变化后才可进入组合。词的形态变化,是词与词组合时发生的词形变化的聚合,因此总是与组合发生关系的,是词与词组合关系所要求的。词形变化丰富的语言,词不发生变化就不能进入组合。

(二)构形法

词既然有形态变化,就有使之变化的一些方法,这就是构形法。常见的构形法有以下几种。

构形法

1. 附加法。附加法指在词干后附加词尾的方法。附加词尾之后只改变词的语法意义,不改变词汇意义。例如英语表示名词的复数形式、所有格形式、动词第三人称单数现在时陈述式的形式、动词过去式的形式等都是通过添加附加词尾的方式构成的:books,girl’s,plays,played。汉语普通话中比较典型的有附加在动词后面表示动词“体”的语法意义的“着、了、过”,如“说——说着/说了/说过”。附加法是许多语言用以表达某种语法意义的有效方式,尤其在印欧语中应用得很广泛。俄语及某些斯拉夫语中名词、动词、形容词、代词多用附加法表达语法意义。现代印地语和伊朗语也使用这种方法。

内部屈折

2. 内部屈折法,又叫音位交替。内部屈折法指的是词干或词根内部语音的交替变化。内部屈折法是通过词干或词根内部语音的交替变化造成同一个词不同的语法形式的方法。内部屈折法在日耳曼语、俄语和印地语中是表达各种语法意义的一种有效方式,如英语,可以交替在元音上,如foot—feet,tooth—teeth,sing—sung,man—men;也可以交替在辅音上,如build—built,send—sent。

3. 重音移动。指利用词中重音移动的方式,以表达一定的语法意义。如英语在部分词中用重音的不同来区别词类,如re’cord(动词),’record(名词)。俄语,如“手”ру’ки(单数二格),’руки(复数一格)。

4.重叠。利用词根的重叠(部分的或全体的)以表达一定的语法意义。重叠是汉藏语言普遍使用的构形手段。现代汉语中单音节的动词和形容词大部分可以重叠,双音节的也有一部分可以重叠。动词的重叠形式表示反复动作或者尝试,例如:“说——说说”,“做——做做”,“看——看看”;“讨论——讨论讨论”,“商量——商量商量”。这是整个词的重叠,局部的重叠如“做操——做做操”,“打球——打打球”。形容词的重叠表示强调语气或表示程度,如:“漂亮——漂漂亮亮”,“干净——干干净净”,“舒服——舒舒服服”,“亮堂——亮亮堂堂”;“大(的)——大大(的)”,“高——高高(的)”,“鲜红——鲜红鲜红”。

5.异根。用不同的词根表达同一个词的不同语法意义。如:英语一部分人称代词用不同的词来表示主格和宾格,如I—me,she—her,we—us。也常常表现在形容词的比较级上,如good—better—best。英语表示“是、在”意义的动词有be、am、is、are、was、were等形式。

三、语法范畴

(一)什么是语法范畴

语法范畴指语法形式表达出来的语法意义的类,即通过语法手段所表达出来的同一性质的语法意义进一步综合和概括所形成的意义类别。如果说形态是词的变化形式方面的聚合,那么语法范畴就是由词的变化形式所表示的语法意义方面的聚合。比如俄语名词里有阴性、阳性、中性之分,进一步概括,就有了“性”的语法范畴;动词有完成体、未完成体之分,进一步概括,就有了“体”的范畴;等等。

(二)常见的语法范畴

1.性。性是某些语言里名词及形容词用词尾标志或词形变化表现出来的语法上的性别观念。各种语言对“性”的表示并不一样。有的语言通过词汇的手段表达,比如汉语。词汇手段表示的“性”实际上是生物学意义上的性,自然性别的“性”,要受客观事物的制约,如汉语的“男、女、雌、雄、公、母”等。

在有性范畴的语言里,语法上的性和自然的性大多一致。性范畴的产生最初可能跟客观事物的自然性别有关,后来经过长期的演变才逐渐成为纯语法范畴。一些语言中某些名词的性别类属用现代人的眼光来看是不可理解的,但用历史的眼光来看,则是可以理解的,恩格斯曾经指出:“……在幼里披底斯的诗中,把妻叫做‘奥伊库来马’(Oikurema)，即做家务的一种物件的意思（此词为一中性名词），而在雅典人看来，妻除生育子女以外，不过是一个婢女的头领而已。……”[①]这可以帮助我们去理解为什么把表示“妻子”的名词归入中性词的做法。演变为纯语法范畴后，语法范畴所表示的“性”不一定是生物学意义上的“性”，不一定受客观事物的制约。甚至表示人或动物的名词的性往往同它们的自然性别不吻合。如印欧语和某些非洲语言里，非人称的名词竟有阳性与阴性的区别。比如太阳在法语中是阳性，在德语中是阴性，在俄语中是中性。俄语名词有阳、阴、中性之分。如：

карандащ（铅笔） кника（书） перо（钢笔）

（阳性） （阴性） （中性）

在德语中，“妇女”das weib，“少女”das Mädchen等在语法上是中性名词。

2.数。数的概念在语言中可以有两种表达法：词汇的表达和语法的表达。数词是词汇的表达，“数”的语法范畴则是语法的表达。在语言中运用词形变化表明某类词（主要是名词）的数目的含义，即“数”的范畴。

数的语法范畴，有两数系统和三数系统：前者分单数和复数，后者分单数、双数和复数。如英语有单数、复数的变化，desk—desks，book—books，box—boxes。数的范畴可以涉及名词、代词、动词、形容词等词类。汉语没有严格意义上数的语法范畴。

3.格。格是表示名词或代词在句法结构中同其他词（成分）之间语法关系的一种语法范畴。如英语：Where is Li Ming’s office?其中Li Ming’s是所有格。They all like him very much.其中him则是宾格。现代英语的名词除了用加“-’s”的形式表示所有格，另外代词还有主格、宾格、所有格等区别，如I，me，my；he，him，his;you，your，you；we，our，us;they，their，them。除此之外，格的形式已经相当弱化了，甚至疑问代词虽然还保留了格形式但也很少用了，例如“Who（=whom）did you see yesterday（你昨天见到了谁）？”正因为如此，现代英语的语序才变得越来越重要，即必须通过名词的位置来确认格的意义。

世界上具有格的语法范畴的语言不少，可是格的数目并不相同。譬如，英语名词有2个格，阿拉伯语名词有3个格，德语名词有4个格，俄语名语有6个格，拉丁语名词有7个格，芬兰语名词有16个格，格鲁吉亚语名词有23个格，匈牙利语名词有25个格。相应地，不同语言中格的内容也不可能完全相同。

汉藏语系中很多语言的名词、代词在词组或句子中跟其他词的关系主要靠词序和虚词来表达，没有格的语法范畴。

---

① 恩格斯：《家庭、私有制和国家的起源》，人民出版社，1954年，第61页。

4.时。动词中表示动作发生的时间的语法范畴。这些时间以说话的时间为准。现在时表示行为动作的时间与说话的时刻一致,过去时表示行为动作发生时间在说话的时刻之前,将来时表示行为动作的时间在说话的时刻之后。如英语动词分现在时、过去时、将来时。如:I am asking him now.(我现在问他);I asked him yesterday.(我昨天问他);I shall ask him tomorrow.(我明天问他)。现代汉语没有时的范畴。

5.体。表示行为动作进行的方式或状态的语法范畴。不同的语言表示体的范畴各不一样。常见的有进行体、完成体和未完成体等,个别语言还有表示瞬间的动作、一次或多次发生的动作、断续的动作等的体范畴。比如俄语有完成体和未完成体,英语则有普通体、进行体和完成体。比如英语:I write(普通体);I am writing(进行体);I have written(完成体)。有的语言中,时和体的范畴之间的差别并不十分清晰,如英语中所说的“现在进行时”实际上包括时和体两个方面:现在时,进行体;“过去完成时”则是:过去时,完成体。现代汉语附加在动词后面的“着、了、过、起来、下去”,可以认为是表示“体”的语法意义的词尾,用来表示相应的动作方式或状态的语法意义。“-了”表示完成,“-着”表示持续,“-过”表示经历,“-起来”表示动作开始,“-下去”表示动作继续。

6.态。态是动词中表示动作和主体关系的语法范畴或表示施受关系的语法范畴。一般分为主动态和被动态两种。主动态又称为施动态,表明动作是由主体发出的(施事),被动态又叫受动态,表明主体是行为动作的承受者(受事)。如英语:We must envelop the enemy.(我们必须包围敌人);The enemy has been enveloped.(敌人已被包围)。英语动词主动态由动词原形表示,被动态由助动词 to be 加动词过去分词构成。如:I love(主动态)—I am loved(被动态)。汉语动词与主体的关系主要依靠词序和表示被动的介词(被、叫、让、给等)来表示。

7.人称。以动词的语法形式表示行为由谁发出的,动词的语法形式随主语的人称变化而变化。俄语在这方面比较典型,动词在单数和复数的三种人称后要发生六种变化。如:

я читаю(我读)　　мы читаем(我们读)

ты читаешъ(你读)　　вы читаете(你们读)

он читает(他读)　　они читают(他们读)

英语里只有一个“be”随人称的变化而变为 am,is,are,其他行为动词剩下一些残余,如第三人称单数:he writes,she reads。汉语动词没有人称的范畴。

任何语言的人称代词都有第一人称、第二人称、第三人称的区别,但这只是词汇上的区别,不是语法中的人称范畴,人称作为动词的语法范畴之一,指的是动词随着施动者的不同而构成的形态变化所表现出来的语法意义的类别。因此,不要把人称代词中的“人称”与动词的人称范畴的“人称”混淆起来了。

8.级。级是形容词、副词的语法范畴。它表示同类的性质状态的程度差别,一般分为原级、比较级和最高级。原级表明一般的性质状态,不带比较的意思。比较级表示比某个点较高或较低的性质状态。最高级表示某种性质状态的最高或最低的程度。如英语:young(年轻,原级)—younger(比较级)—youngest(最高级);long(长,原级)—longer(比较级)—longest(最高级)。这种典型的形式只限于单音节和少数双音节的形容词、副词,多数形容词、副词的比较级、最高级的形式,是借助虚词(more,most;less,lest)来构成的,例如:beautiful(美丽,原级)—more beautiful(比较级)—most beautiful(最高级)。

(三)语法范畴的特点

1.有共同的意义领域。语法范畴的归纳正是根据词形变化所表现出来的共同的意义领域,把有关的项归在一个共同的意义类别里的(一个语法范畴里)。同一语法范畴中的各个变化形式所表示的是共同意义领域中的不同意义。单数、复数都归在“数”的意义领域;现在时、过去时、将来时,都归在“时”的意义领域。

2.同一语法范畴中的各个变化形式是互相对立、排斥的。选择一个就排斥另外一个。在“I have a book.”中,“book”就选择了单数,排斥了复数;在“I have some books.”中,“books”则选择了复数,排斥了单数。

3.同一语法范畴中的各个项所表达的意义不仅取决于它本身,而且也取决于它和其他项之间的相互制约的关系,即系统中的各个要素是互相制约、互相影响、互相牵制的。某个项的意义发生了变化,其他项的意义也会发生相应的改变。典型的例子如俄语名词单、双、复数的演变。现代俄语名词分单数和复数,古俄语名词分单数、双数和复数。双数的消失改变了复数的意义,现代俄语名词的复数是多于一,而古代俄语名词的复数是多于二的。

4.语法范畴具有民族性特点。各种语言所具有的语法范畴是不同的。在不同的语言中性质相同的范畴其内容并不相等,而且表达形式也可能不同,对于具体语言的语法范畴必须做具体的分析、研究。

第四节 语言的形态分类

一、语言的语法结构类型

分析语言的类型有个标准问题，这里从语法结构的角度进行划分。这是一种共时分类法。这种分类偏重于词法结构、形态类型。根据19世纪20年代德国语言学家所做的分类，可将世界上的语言划分为四大类型：孤立语、屈折语、黏着语、复式综合语。

1. 孤立语。孤立语是传统语言学的叫法，现代语言学叫作“分析语”“词根语”等。孤立语有两大特点：(1)词本身没有具体的表示语法意义的语法形式，缺乏词形变化。比如在汉语中，词形一般是没有变化的，词后面没有“尾巴”。“工作”一词，在“我工作”“你工作”“他工作”“我们工作”“你们工作”“他们工作”中，形态都一样，没有变化。(2)词与词之间的关系以及其他语法作用主要靠词序和虚词来表示。比如现代汉语“我读书”这句话，在这个陈述本身意义不变的情况下，不能有其他的语序。而在形态变化丰富的语言中就不是这样，如俄语的“我读书”，用 Я читаю книгу 可以，用 книгу я читаю 也可以，用 книгу читаю я 还可以，不影响理解。虚词在孤立语中占有重要的地位。古代汉语中的“之、乎、者、也”历来是写文章的人所精心推敲的对象。欧阳修的《醉翁亭记》，不到400字，却用了20多个“也”，不仅为句法结构本身所必需，而且使文章朗朗上口，荡气回肠。

孤立语主要分布在亚洲的东南部，特别是汉藏语系中的许多语言，如汉语、彝语、壮语、苗语、越南语、缅甸语、马来语等。

2. 黏着语，又叫黏结语。这类语言往往将具有一定语法意义的附加成分接在词干上来构成形态变化。但表示词汇意义的词干和表示语法意义的附加成分结合不紧，附加成分就好像是黏附在词干上似的，所以称为“黏着语”。黏着语的特点：(1)没有内部屈折的语法手段；(2)附加成分黏附在词干上，界限分明；(3)每个语法形式(附加成分)只表示一种语法意义。如哈萨克语：

bir—le—s—tir—il—di—k‘（我们被互相连在一起了）

数词 动词 相互态 强制态 被动态 过去时 第一人称复数

(根)(缀)(尾)(尾)(尾)(尾)

再如土耳其语: sev—dir—ler—mis（他们过去爱）

爱 第三人称 复数 过去时

阿尔泰语系的语言以及日语、朝鲜语等属于这一类。

3. 屈折语。屈折语指语法关系主要是用屈折变化表示的一类语言。这类语言通常以内部屈折、外部屈折为主要手段来构成词的语法形式。屈折语的主要特点有:(1)有丰富的词形变化,特别是使用内部屈折为主的词形变化手段来表达各种语法意义;(2)一个语法形式可以表达几个语法意义。如(英)helps——表示动词第三人称、单数、现在时等;(3)词尾与词干结合紧密。如俄语的词根一般不能孤立存在。

黏着语与屈折语都有形态变化,但二者有区别:(1)黏着语没有内部屈折,而屈折语则是主要的语法手段;(2)黏着语每一个附加成分只表示一种语法意义,而屈折语则表示两个以上;(3)黏着语附加成分与词根结合不紧,屈折语则结合紧密。

印欧语系和闪含语系的大多数语言都属于屈折语,印度、伊朗、阿拉伯语都是这种语言。

4. 复式综合语。这类语言的动词含有各种复杂的成分,包括这些成分的动词的作用相当于其他语言的一个句子。其特点是:(1)用各种词缀连接于动词谓语之上,一个动词相当于其他语言的一个句子;(2)语素与语素互相编织在一起,不能独立运用。如北美洲契努克语的inialudam这个词相当于汉语的一个句子"我来是为了把这个交给她",它共包含8个成分。i-n-a-l-u-d-am,其中-d-是词根(给),第一个i-表示过去时,-n-表示第一人称单数,第二个-i相当于代词宾语(这个),-a-相当于另一个代词宾语(她),-l-表示前面的代词宾语-a是间接宾语,-u-表示动作离开说话的人,-am表示动作(来)是有目的的。

属于这种类型的语言主要是美洲印第安语言和古亚细亚语系中的某些语言。

二、语法结构能否分优劣

语法结构的分类是19世纪的语言学家提出的,但这一步走得太远,到后来就有某种语言先进、某种语言落后的说法。比较流行的说法是屈折语比黏着语进步,黏着语比孤立语进步。这样一来,汉语就属于最落后的语言。看到一些屈折语——比如英语在发展演变的过程中逐渐减少屈折变化,有向孤立语发展的趋势,又说孤立语是最经济、合理的语言。现在多数语言学家都认为这是一种偏见。

对于语法结构能否分优劣的问题,可以从以下几方面来认识。

第一,人们在考虑这个问题的时候,往往会带上一定的感情因素,但感情因素不能代替对语言语法结构的科学判断。从感情上讲,可能每个人都觉得自己民族的语言最美。俗话说:“美不美,家乡水;亲不亲,故乡音。”俄国学者罗蒙诺索夫说:“罗马皇帝卡尔五世说过,西班牙语适合与神交谈,法语适合与朋友交谈,德语适合与敌人交谈,意大利语适合与女性交谈。但是假如他精通俄语,那一定要说它适合同上面讲的所有这些人交谈,因为在俄语里能发现西班牙语的壮丽宏伟,法语的生动活泼,德语的坚强刚毅,意大利语的温柔幽雅,除此之外,还有希腊语和拉丁语的丰富和极其简洁的表现力。”法国人又觉得他们的语言最美。法国启蒙思想家狄德罗说过:“……在各种语言中,法语是无与伦比的……法语适用于科学,而希腊语、拉丁语、意大利语和英语更适合于文学……我们的语言是真理的语言,而希腊语、拉丁语和其他语言是谎话的语言……”在16世纪,拉丁语被认为是权威语言,那时的科学著作、法律条文都必须用拉丁语写。当时的西班牙语和法语被认为是衰败的语言,英语被描写为“下贱的”“野蛮的”“粗鲁的”语言。感情的喜恶是一回事,对一种事实进行科学的分析则是另一回事。

第二,任何语言的语法都是经济和简易这两个特点的某种结合,对某种语言感觉上的“难”或者“易”,只是习惯与否的问题。如果以经济和简易这两个特点来衡量,汉语是没有烦琐的词形变化的,看起来比较经济,但是否简易,就很难说了。中国人从小习得汉语,自然没有觉得困难,但外国人却感到十分困难。他们觉得汉语的语法规则太“活”,不好捉摸。在中国人看来,俄语有烦琐的词形变化,并不“经济”,那么多的变格、变位,结构复杂,难以掌握,不如汉语那么干净利索,但俄罗斯人并不感到困难。其实,这都是个人习惯问题。人们自小学习本民族的语言,熟悉本民族语言的结构类型。在已经熟悉了本民族语言的基础上再去学习其他类型的语言时,自然会感到不习惯。从语言作为交际工具的角度说,最易于进行交际、能够满足交际需要的语言就是好的语言。因此,从原则上讲,语法结构本身并没有高低、优劣之分。

第三,从语言的分类来看,是就其主要特点、基本面貌而言的,并不是彻底的分离。这种语言类型中可能包括另一种结构类型的成分,另一种语言类型中又可能包括这种语言类型的成分。如汉语属于孤立型(分析型),但也有黏着成分(了、着、过)和内部屈折成分,如多音词。英语属于屈折语,其实它什么样的成分都有:如黏着、分析特点等。如act—actor(男演员),actress(女演员),actresses(女演员们),这后面的部分都是黏着成分。既然不是彻底的分离,类型之间有交叉,就没有必要分出个优劣、高低来。

思考练习

一、填空题

1.语言系统中，最大的语法单位是________，最小的语法单位是________。

2.语法单位中，________、________、________是静态单位，________是动态单位。

3.现代汉语中的介词都是从________虚化而来的。

4.从语法角度划分词类，可以有多方面的依据，一般主要是根据________确定词类。

5.疑问句、陈述句等是从句子的________角度划分的，单句和复句是从句子的________划分的。

6.“买东西”是________词组。

二、选择题

1.从语法结构来讲，现代汉语“春天百花争妍”里的“百花争妍”是(　　)。

A.偏正结构　　B.述宾结构　　C.主谓结构　　D.述补结构

2.根据语言结构的类型，汉语属于(　　)。

A.复综语　　B.屈折语　　C.黏着语　　D.孤立语

3.复合词的构成方式(　　)。

A.属于聚合关系　　B.属于组合关系

C.既不属于组合关系，又不属于聚合关系

D.既属于组合关系，又属于聚合关系

4.语法规则的递归性是指(　　)。

A.对语言成分和结构进行类的概括

B.相同的规则可以在一个结构里重复使用

C.语法规则可以相互推导和解释

D.语法规则的变化过程十分缓慢

5.英语tooth→teeth采用的语法手段是(　　)。

A.加词尾　　B.加词缀

C.变换重音的位置　　D.词根内部音素的变化

6.现代汉语的“月”和“朋”(　　)。

A.前者是词，后者不是词　　B.后者是词，前者不是词

C.两者都是词　　D.两者都不是词

7.一种语言中的词汇和语法(　　)。

A.前者是有限的,后者是无限的　　B.前者是无限的,后者是有限的

C.都是无限的　　D.都是有限的

8.根据语言结构的类型,维吾尔语、土耳其语、芬兰语(　　)。

A.属于不同类型　　B.同属于黏着语

C.同属于孤立语　　D.同属于屈折语

三、名词解释题

语法　语法学　复合词　语法范畴　孤立语

四、简答题

1.根据你对语言现象的观察和理解,谈谈什么是语法。

2.什么是语素?请用一个英语和汉语的例子加以说明。

3.从词汇系统看,汉语的合成词与英语的合成词有什么不同?

4.举例说明什么是语法意义和语法形式,语法形式的手段主要有哪些?

5.“语法范畴就是语法意义的归类”这句话对不对?为什么?

五、论述题

结合已学过的相关知识,谈谈你如何看待汉语划分词类的依据。

【拓展延伸】

[1]安托尼·阿尔诺,克洛德·朗斯诺.普遍唯理语法[M].张学斌,译.长沙:湖南教育出版社,2001.

[2]马建忠.马氏文通[M].北京:商务印书馆,2010.

[3]吕叔湘.汉语语法分析问题[M].北京:商务印书馆,1979.

[4]朱德熙.语法问答[M].北京:商务印书馆,1985.

[5]叶蜚声,徐通锵.语言学纲要[M].北京:北京大学出版社,1997.

[6]郭锐.汉语语法单位及其相互关系[J].汉语学习,1996(1).

[7]刘国辉.语法范畴的动态整合及其对语言系统的影响[J].外语与外语教学,2016(1).

[8]胡明扬.语义语法范畴[J].汉语学习,1994(1).

第五章

词　汇

【章目要览】

词汇是一种语言当中词和语的总汇。其中的语主要指固定词组,包括成语、惯用语、谚语、歇后语、缩略词语和专有名称。从词汇的类聚来看,可以分为基本词汇和一般词汇、常用词汇和非常用词汇、通用词汇和专用词汇。词典是汇集词目、建立词条、科学编排、提供信息、供人们学习查阅的工具书,可以分为知识词典和语言词典两个大类。词典的编纂分为选词、注释和编排三个步骤。

【相关知识】

本章与词汇学的词汇分类部分、词典学的词典编纂部分以及训诂学的词义训释方式部分密切相关。

【情景案例】

大明来到重庆念大学有一段时间了,和重庆本地同学交流有个问题一直难以解决,那就是重庆地区的方言词实在是太多了。比如一次大扫除,刚开始干活同学叫作“架墨”,同学递过来的簸箕叫作“簸簸儿”,需要清理的角落叫作“咔咔角角”,打扫过程中衣服脏了叫作“灰巴拢耸”,打扫结束叫作“杀阁”,有时理解偏误还会闹些笑话。老师告诉大明可以去查查词典,了解一下。

大明说:“词典一般都是知识性的,比如百科词典、专科词典等等,哪里会有关于方言词汇的词典?”老师向大明解释道:“除了知识词典之外,常见的词典还有语言词典,比如成语词典、外来词词典、新词语词典等等,你现在需要的是重庆方言有关的词典,可以查询《重庆方言词解》这类语言词典。”

大明在这里遇到的是词汇方面的问题,方言词汇在词汇系统中属于一般词汇,可以通过查阅词典等方式进行了解。

【重点提示】

基本词汇的特点;一般词汇的构成;词典的编纂。

第一节　词汇的性质

一、什么是词汇

人们说话要遵守各种规则：遵守语音规则，知道如何发音；遵守语法规则，知道如何说出符合规则的句子。同时，还要遵守表达的语用规则，知道如何使用材料说话，使用哪些材料说话。如果把言语作品比作高楼大厦，那么词语就是构筑这些高楼大厦的建筑材料。建筑材料里砖、瓦、泥、石、钢筋、木材等多种多样，词语的种类也多种多样。在说话的过程中，有时使用的是"词"，有时使用的是"语"。比如汉语"走、说、看、树、花"、英语"see、look、take、the、and"是词，汉语"殚精竭虑""情人眼里出西施"，英语"to beat around the bush"(拐弯抹角)，"to carry the house"(三脚猫)等是语。因此可以说，词汇是一种语言里所有的词和语的总和。

词汇是语言中所有词和语的总汇，这个总汇不是众多成员之间彼此孤立的简单堆积，而是一个相互对立、相互联系、相互制约的体系。同时，作为交流思想所凭借的材料，词汇又是许许多多词汇成分的聚合体，是个集体概念。词汇的"汇"是"汇集""汇聚"，不是指单个的词或词语。在言语生活中，例如"你这个词汇用得不恰当""文章中有几个词汇太口语化了"中的"词汇"实际上指的是单个的词或者词语。一般说来，词汇有两种指称范围，一是指某一个范围或者某一个类别的词语的汇集，比如一篇文章里所有的词语，一本著作里所有的词语，一个人所掌握的词语，我们平常所说的"医学词汇、科技词汇、工业词汇、农业词汇"等等；二是指一种语言里所有词和语的汇集，本章讨论的内容指的是后者。

一种语言的词汇中到底有多少词语，很难有一个准确的统计。词典收的词语也只是对一定历史时期的词语进行搜集描写，与语言中实际存在词语的数量不可能完全吻合。《现代汉语词典》1994年修订以后收词6万余条，《汉语大词典》以常用词语为主，收录的词条达到37万多条，也不是对汉语词语的穷尽的收集。一般来说，一种语言的历史越悠久，该语言的词汇所包含的词语数量肯定就越多；而一种语言的词汇中词语数量越多，也就表明这种语言越发达。从这个角度说，汉语当之无愧是世界上词汇最丰富的语言之一。

二、词汇的成分

如前所述，词汇包括“词”和“语”两大部分。词和语都是最基本的语言单位，而且都具有形式固定、意义凝固的特点。

（一）词

词是能够独立使用的最小的音义结合的语言单位。词实际上既是词汇单位，又是语法单位。从语法学的角度，根据词的语法功能，可以将词分成名词、动词、形容词、副词、代词等；而从词汇学的角度，根据词的构造形式、语音形式及其地位和用途等，又可以将词分为单音节词、双音节词、多音节词；单纯词、合成词；同音词、同形词；基本词、新造词、古语词、方言词、外来词；等等。当然，这些分类有时又相互交叉、相互重合。比如“山”和“山门”，从词汇学的角度，“山”在语音形式上是单音节词，在构造形式上是单纯词，在地位作用上是基本词和常用词；而“山门”则是双音节词、合成词、一般词和非常用词。

（二）语

语是结构形式和表义容量上大于词，意义比较凝固，经常作为一个整体单位使用的语言片段。语也可称为熟语或固定词组，各种语言中都有一定数量、各具特点的语。语大致可分为成语、惯用语、谚语、歇后语等几种。

1. 成语。成语是一种具有固定的结构形式和完整意义的固定词组，是汉语特有的而且大量使用的熟语形式。例如水落石出、望梅止渴、胸有成竹、刻舟求剑、顺水推舟、朝三暮四、打草惊蛇、初出茅庐、呆若木鸡、弄巧成拙等。汉语成语大多有出处，或者来自古代寓言，如愚公移山、黔驴之技、揠苗助长、守株待兔、刻舟求剑等；或者来自神话传说，如夸父逐日、精卫填海、开天辟地等；或者来源于历史故事，如草木皆兵、完璧归赵、四面楚歌、卧薪尝胆、望梅止渴等；或者来源于某些作品，如妄自菲薄、实事求是、土崩瓦解、见异思迁等；或者来自流行用语，如七手八脚、欢天喜地、过河拆桥、自力更生、舍己救人、百花齐放等。外语有类似于汉语成语的固定词组，通常用汉语的成语将其翻译过来，如“to kill two birds with one stone”译成“一箭双雕”，“love me，love my dog”译成“爱屋及乌”，“an apple of one’s eye”译成“掌上明珠”。成语是久经使用和反复锤炼而成的，具有很强的稳定性和继承性。其特点是形式简练，内容丰富、生动形象，表现力和感染力远非一般的语词所能及。

2. 惯用语。惯用语指常以口语色彩较浓的固定词组表达一个完整的意思，多用其比喻意义。汉语的惯用语多以三音阶的格式为主,如敲竹杠、拖后腿、戴高帽、穿小鞋、背黑锅、栽跟头、磨洋工、炒冷饭、翻老账、马后炮、抬轿子、绕圈子、泼凉水、跑龙套、下马威等。也有一些惯用语是由四个或四个以上的音节组成,如一板一眼、三三两两、风风火火、拼死拼活、狼吞虎咽、捅马蜂窝、唱对台戏、吃哑巴亏、钻牛角尖、杀回马枪、走下坡路、快刀斩乱麻、皮笑肉不笑、穿新鞋走老路、好心当作驴肝肺、你一言我一语、一把鼻涕一把眼泪等。外语中类似惯用语的固定词组又称"习语"或"俚语",例如英语"to dance on a tight rope"(走钢丝),"to kiss the hare's foot"(姗姗来迟),"to beat around the bush"(拐弯抹角)等。

惯用语也是一种定型的固定结构,但是和成语相比,有些惯用语定型的程度要弱一些。比如汉语的"拖后腿"也可以说成"拉后腿""扯后腿";"捅马蜂窝"可以说成"捅了马蜂窝"。人们往往根据表达的需要,或者自己运用语言的习惯,来改变惯用语的词序或添加某些结构成分。惯用语的意义抽象概括,比喻性强,富有生活气息,因此,在语言运用中,显得生动形象而风趣,具有鲜明的修辞效果。又因惯用语多来源于人民生活的日常用语,比较通俗易懂,所以它的使用范围非常广泛。

3.谚语。谚语指在民间流传的具有特定意义和固定结构形式的通俗语句。在结构形式方面,谚语有的是单句的形式,如汉语"千金难买寸光阴""强拧的瓜不甜""身正不怕影子斜";有的是复句的形式,如"岁寒知松柏,患难见人心""山中无老虎,猴子称大王""知树知皮不知根,知人知面不知心""恼一恼,老一老;笑一笑,少一少"等。有的谚语是反映生产和生活经验,有深刻寓意的语句,如"瑞雪兆丰年""浪子回头金不换""百闻不如一见""众人拾柴火焰高""春送千担粪,秋收万斤粮""一着不慎满盘皆输""只要功夫深,铁杵磨成针"等。还有的是反映某种客观现象的语句,这一类谚语又叫作"俗语",如"清官难断家务事""背靠大树好乘凉""三天打鱼,两天晒网""眉头一皱,计上心来""情人眼里出西施""天下乌鸦一般黑"等。外语中谚语和俗语也很多,例如英语"no pains, no gains"(相当于汉语的"种瓜得瓜,种豆得豆"),"a friend in need is a friend indeed"(相当于汉语"患难见人心")等。

谚语在运用中,既可以充当句中的一个成分,也可以独立成句,或者充当复句中的分句。谚语通过句子的形式,或者表达一个判断和推理,或者在具体形象描写的基础上,通过引申和比喻,告诉人们一个道理和规律,所以谚语的内容一般都比较丰富深刻,富有哲理的意味。

4.歇后语。歇后语是汉语的一种短小风趣、生动形象的特殊熟语形式。从结构上看,歇后语由两部分组成,如"哑巴吃黄连——有苦难言""鲁智深倒拔垂杨柳——好大的力气”“千里送鹅毛——礼轻情义重”“电线杆上绑鸡毛——好大的胆(掸)子”“打破砂锅——问(纹)到底”等。从意义方面看,歇后语的前一部分是对意义的引申和比喻,后一部分才是被引申比喻的真正意义所在。前后两部分通过引申比喻和被引申比喻的关系联系在一起,形成一个整体。利用谐音或比喻双关来表达某种意义,这种意义有的比较明显,有的则有点像猜谜语。例如“黄鼠狼给鸡拜年”,意思是“没安好心”;“外甥打灯笼”,表示谐音双关义“照舅(照旧)”。歇后语在具体运用中,有时前后两部分同时出现,如上述例;有时也可以只出现前一部分,如“癞蛤蟆想吃天鹅肉”“黄鼠狼给鸡拜年”等,后面的部分不说,一般也都能领悟出来。歇后语是具有两个部分的特殊熟语形式,可以充当句子的成分,同时也可以独立成句或者充当复句的分句。

成语、惯用语、谚语、歇后语是语的主要构成成分,此外,语还包括缩略词语和专有名称。缩略词语如英语 TOEFL(托福)由 Test of English as a Foreign Language(作为一门外语的英语考试)缩略而成,还有汉语中的很多缩略词语,如北大(北京大学)、环保(环境保护)、地铁(地下铁路)、高考(全国普通高等学校统一招生考试)、双百(百花齐放百家争鸣)等。专有名称如国名、地名、书名、机构、组织等。

第二节 词汇的类聚

词汇是在长期的历史发展过程中形成的,既有纵向的历史继承,又有横向的借入与创新,构成一个纷繁又严密的体系。按照不同的标准或者从不同的角度观察,词汇成分可以分为若干不同的类聚。按照词在词汇系统中的地位,可将词汇分为基本词汇和一般词汇;按照词的使用频率,可以将词汇分为常用词汇和非常用词汇;从词的使用范围的角度,可以将词汇分为通用词汇和专用词汇;等等。

一、基本词汇和一般词汇

从词在词汇系统中的地位来划分,可将词汇分为基本词汇和一般词汇。

(一)基本词汇

基本词汇是语言中最基础、最核心、最稳定的部分,通常是由具体语言中生存时间比较长、通行范围广而且是全民常用的词语构成的。基本词汇是全民口语中千百年来常用的词汇,它标志着与人们世世代代的日常生活和交际关系密切的事物。如汉语:

(1)表示自然现象:天、地、山、水、太阳、月亮、星、风、雨、雷、火等;

(2)表示动植物:人、马、牛、羊、鱼、鸟、树、草、花等;

(3)表示人体器官:头、眼、嘴、鼻子、耳朵、手、脚等;

(4)表示亲属称谓:父、母、儿、女、兄、弟、姐、妹等;

(5)表示行为动作:看、听、说、吃、笑、坐、走、做等;

(6)表示事物性质:大、小、高、低、好、坏、长、短、白、黑等;

(7)表示基本数目和指代:一、二、三、四、五、我、你、他、这、那等;

(8)表示语法关系:着、了、过、的、吗、呢等。

基本词汇具有全民常用性、历史稳固性和能产性三种特性。

1. 全民常用性。基本词汇的全民常用性指的是任何人都要用,使用的频率高。基本词汇表示的是人类生活中最重要的事物和概念,与每个人的生活密切相关。语言社会中不同的年龄、性别、职业、阶级、阶层的人,不同地域的人都要使用它。同时,基本词汇使用频率高,在不同的交际场合经常使用。比如汉语“白天”“晚上”“吃饭”“睡觉”“上午”“下午”这些词,具有全民常用性。

2. 历史稳固性。基本词汇的历史稳固性指的是基本词汇中的词都具有较长的历史和生命力,在发展的过程中不太容易起变化,能为不同历史时期的人们服务。基本词汇一般产生得早,生存的时间久,如汉语“人”“手”“家”“大”“小”等等,在甲骨文时代就有了,现在还在用。有些词在一段时期内全民常用,但过了那一段时期后就不怎么用了,这不能算基本词汇,如“三面红旗”“总路线”“大跃进”“人民公社”等,还有“文革”中的一些词语。基本词汇表示的是人类生活中最重要的事物和概念,因而在交际的过程中就要不断地运用它们,所以基本词汇生命长久,具有历史稳固性。

基本词汇的历史稳固性是相对的。前面说基本词汇不太容易起变化,但又并非一成不变,只是变化比较缓慢。基本词汇和整个词汇系统一起随着语言的发展而发展,处在缓慢的变化状态中。从整体上看,一方面,新词不断产生,一些词语进入了基本词汇,比如汉语“眼睛”“耳朵”“太阳”等;另一方面,随着语言的发展,也有一些基本词退出基本词汇,如汉语“目”“耳”“日”等,只作为构词语素而存在。

3. 能产性。社会在不断发展,语言系统就会不断地创造新词来满足交际的需要。新词的产生有相当一部分是由基本词汇里的基本词来构成的,基本词汇作为构词材料是丰富词汇系统的主要源泉。基本词汇中的很多词都可以作为构词语素与别的构词语素相结合以构成新词。例如汉语的“山”可以构成“山川、山村、山地、山沟、山洪、山涧、山口、山梁、山林、山岭、山陵、山麓、山峦、山脉、山门、山坡、山墙、山区、山头、山峡、山崖、山羊、山药、山芋、山岳、山寨”等;作为单音节词还可以构成熟语“山高水低、山盟海誓、山南海北、山清水秀、山穷水尽、山珍海味、穷山恶水、山高皇帝远”等等。

强调基本词汇的能产性是就基本词汇的整体而言的,并非基本词汇中的每个词都有很强的构词能力。在共时条件下,现代汉语除代词和虚词外,单音节的基本词都有很强的构词能力,而双音节的基本词,构词能力一般都较弱,有的甚至没有构词能力。如基本词“国家、耳朵、月亮”等构词能力就很弱。

上述三个特点中,全民常用性和历史稳固性是最重要的。

(二)一般词汇

词汇系统中除了基本词汇以外的部分就是一般词汇。一般词汇是与基本词汇相对而言的。同基本词汇相比,一般词汇有以下特点。

1. 不一定是全民常用的,使用的范围和复现的频率不及基本词汇。一般词汇的使用范围往往要受行业、区域以及其他因素的制约,因而不一定是全民常用的。比如“音位、音素、组合、聚合”只在语言学或与之有关的领域使用;“音阶、旋律、节奏、和声、织体”等一般只在音乐领域使用等等。

2. 缺乏历史稳固性,发展变化较快。处于不断变动的状态中是一般词汇显著的特征。为了适应社会的发展、满足人们日益增长的交际需要,新的词语不断产生,使一般词汇不断得到充实,同时也不断有旧词消亡。因此,词汇成分的产生、变化、消亡往往在一般词汇中也表现得最充分,例如汉语的“红卫兵、大串连、黑线、黑帮、黑修养、拔白旗、再教育、非典”等在一定时期内具有全民性,但在一段时间之后就很少用了。

3. 数量庞大,成分庞杂。一般词汇要表达人们交际各方面的概念、事物、现象、思想等,因此它的数量庞大,成分庞杂。在一种语言的词汇系统中,词汇量的大小不是体现在基本词汇中,更多的是体现在一般词汇中。在发达的语言中,一般词汇成员的数量总要比基本词汇成员的数量多得多。一般词汇的内部组成成分也很庞杂,它包含新词语、古词语、方言词语以及外来词等。

新词语。新词语是随着社会的发展而新造出来的词语,是一般词汇的重要来源。如前所述,新事物、新现象、新思维的大量涌现,都需要语言系统用新词语把它们表现出来。20世纪80年代以后,现代汉语涌现了大量的新词语。如“因特网、链接、点击、疲软、打拼、比拼、打造、作秀、炒作、走穴、帅呆了、酷毙了、发烧友、追星族、随身听”等等都是新近出现的词语。新词语的“新”与“旧”是相对而言的,在不同的历史时期,有不同的新词语。

古词语。古词语是古代流传下来而现代已不常用的词语。这些词语一般都具有古雅的色彩,在书面语和文学创作中还偶尔使用。古词语都有较长的历史,具有较强的稳固性,但不是全民口语中常用的,因此只是一般词汇的成员。古词语又可以分为两小类:一类叫作“文言词语”。如“抵牾、倘若、海涵”,以及部分成语“毛遂自荐、完璧归赵、卧薪尝胆、指鹿为马、脱颖而出、唇亡齿寒”等等。有些文言词语虽已有白话词语来替代,但现实生活中有时也不可缺少,比如表示“看”的白话词语只有“看、瞧、盯、瞅”等几个,而文言的“观、视、望、顾、窥、觑、瞟、盼、睹、览、瞻”等词表示的细微差别却是无法完全被新词取代的。而像“欣闻、惊悉、拜会、晋谒、噩耗、节哀”等词,在某些场合中,也不能用白话词语替代。另一类叫“历史词语”。历史词语是只用于古代某一时期,随着所指事物、对象的消亡或变化,现代已极少使用的词语。如汉语的“皇帝、状元、格格、天子、诸侯、宰相、阁老”等等。历史词语在现实生活中已不再用了,但在文献资料中还可以看到。

方言词语。方言词语又可分为社会方言词语和地域方言词语。

社会方言词语。社会方言词语包括不同阶级阶层、不同社会集团、不同行业的人们经常使用的阶级习惯语、行业词语、隐语等。它是由于社会分化为不同的职业团体和社会集团而产生的语言的支派。社会方言没有自己独立的词汇系统,只是使用社会方言的人为了适应自己的需要和利益而创造出来的一些特殊语词语。

阶级习惯语如汉语的“崩、薨、朕、寡人、寒舍、令尊、贱内、拙荆、犬子”等等。阶级习惯语词汇通用范围狭窄,它的存在决定于使用它的阶级、阶层以及特定的社会历史环境。如果那个阶级、阶层消亡了或历史条件改变了,为那个阶级服务的习惯用语也将随之改变或消失。

行业词语是各行业为了适应自己交际的需要而创造、使用的一些专门词语。经过定义的专门词语也叫术语,科学技术术语也是一种特殊的行业用语。如语言学术语:“音位、音节、形位、词位、词组、句子、主语、宾语”;戏剧行业的“生、旦、净、丑、西皮、二黄、票友、龙套”;体育术语“越位、到位、二传、短平快”;等等。每个行业包括教师、学生、医生、演员、运动员、军人、农民、牧民、猎人、渔民等都有自己的行业词汇。某个人只要从事某种行业,就会掌握这一行业的词汇,这是由行业范围的交际需要所决定的。行业词汇通常只在特定的范围内使用,但是随着某行业或学科与社会之间联系的加强,一些行业词语的使用会逐渐超越本行业本学科的范围,变成全民性词语。比如近年来风沙比以前大了,河海里的鱼虾少了,人口却增加了不少,于是一些专业词语,如“生态、植被、绿化带、优生、噪声、分贝”等也进入了一般人的言语生活。还有如“反馈、信息、网络、程序、情景、软件、机制、指令、同步”等专业词语已被广泛应用于社会发展和经济生活的各个领域，成为一般词汇中的成员。

隐语又叫黑话，也是一种特殊的社会方言词语。隐语指的是某一社会集团为了避免局外人了解其活动的内容而制造使用的一些特殊词语。因而，隐语与其他社会方言的最大差异就是保密性。隐语大多是对全民词语的加工改造或赋予一般词语以特殊意义。例如小说《林海雪原》威虎山上土匪和杨子荣的对话就是黑话。匪：“天王盖地虎！”杨子荣：“宝塔镇河妖！”匪：“脸红什么？”杨子荣：“精神焕发！”匪：“怎么又黄了？”杨子荣：“防冷涂的蜡！”杨子荣用流利的对答打进了威虎山。20世纪70年代美国英语中有一些流行的隐语，如用A-bomb（原子弹）代替“含有海洛因或鸦片等毒品的香烟”，用move out（搬走）代替“偷、盗”，等等。

重庆袍哥会隐语

地域方言词语。地域方言是民族共同语的地域变体，都有自己的词汇系统。那些本来只在方言地区通行，后来进入了共同语，并且被全社会接受和比较广泛使用的词语，都属于一般词汇。比如吴方言中的“尴尬、瘪三、名堂、蹩脚、煞有介事”，粤方言中的“埋单、火爆、生猛、搞定、帅哥、靓妹、炒鱿鱼”等。但是，如果一个词仅在方言地区通行，或者只是偶尔在共同语交际场合或媒体上使用，还没有流行或固定下来，如上海话的“白相、结棍、扎台型”等，广东话的“手袋、拍拖、爆棚、返学、屋企、行街”等，就还不能算作一般词汇的成员。有些较早被全民词汇吸收的方言词，时间久了，它的地方色彩消失之后有可能进入基本词汇，如来自四川方言的“搞”已经成了现代汉语的基本词汇。

外来词也叫借词，即一种语言从外族语言中翻译或借用的词语。汉语从汉代就开始出现外来词，到了近现代吸收外来词更是汉语语汇不断丰富的重要途径。现在常用的“克隆、丁克、乐百氏、比基尼、蒙太奇、海洛因”等就是典型的外来词。外来词也是一般词汇的来源之一（参见第九章第三节）。

（三）基本词汇和一般词汇的关系

一方面，基本词汇和一般词汇在构词材料上密切相关。前面讲过，基本词汇有很强的构词能力，由基本词汇作为构词材料可以产生大量的新词，这些新词绝大多数属于一般词汇。如汉语基本词汇的“网”可以构成“网络、网吧、网页、网虫、网迷、网民、网友、网站、网址、网上、网坛、网龄、网名、网卡、网速、上网、因特网、互联网、宽带网、虚拟网”等，而这些都属于一般词汇。在构词上，往往以基本词汇中的词为核心汇聚同族词语，形成“词族”。如汉语以“水”为核心，可以构成“水彩”，再构成“水彩笔”；构成“水平”，再构成

“水平线”；构成“自来水”，再构成“自来水笔”；构成“水产”，再构成“水产品”；构成“水仙”，再构成“水仙花”；构成“水瓶”，再构成“热水瓶”……不断派生，构成一个以“水”为核心的词族。

基本词汇

另一方面，基本词汇和一般词汇中的一些词语在一定的条件下可以互相转化。在语言的发展过程中，一般词汇中有些词语也可以进入基本词汇，使基本词汇不断得到充实与发展；基本词汇中的某些词语也可能随着时代、社会生活的变迁和事物的变化而转入一般词汇。比如“君、臣、弓、箭、鼎”等在古代汉语属于基本词汇，但到了现代汉语只能算作一般词汇了。而“党、政治、民主、法律、法制”等，大都是近现代才从一般词汇转入基本词汇的。此外，有些词处于中间状态，或者正处于转化的过程中，一时还难以确定是属于基本词汇还是属于一般词汇。

基本词汇与一般词汇是一种理论上的概括，这种概括有助于认识具体语言的面貌与特点，但在具体语言中，有时也很难对二者进行简单的归属，或者做截然分开的划分。

二、常用词汇和非常用词汇

从词的使用频率角度，可以将词汇分为常用词汇和非常用词汇。使用频率高的词就是常用词汇，使用频率低的就是非常用词汇。词的使用频率一般采用统计的方法确定。如《现代汉语频率词典》，收列了高频词语约8000个；《普通话三千常用词表》，收列了现代汉语最常用的词约3000个。一般采用的统计方法是：先确定一批语料，然后按照词语重复出现的高低取其中一定数量的词。如英语，有人统计了复现最高的前3000个词，就把它们叫作常用词，其中排在前面的有“the, of, and, a, to, in, is, you, that, it, for, are, was, he”等。按照这个方法统计，汉语常用词大致也是3000个，排在前面的有“的、了、是、一、不、在、有、我、个、他、就、这、着、上”等。实际上，由于语料的限制、标准的任意性、数量范围的控制等因素，所谓常用词汇和非常用词汇往往也是相对的。

常用词汇和前面讲过的基本词汇是从不同的角度对词汇的划分，但它们在某种意义上也有一定的一致性：如果能够比较科学地进行词频统计，把来自各种综合性语料包括口语语料中出现频率最高的词语叫作常用词汇，那么实际上排在最前面的那些词与基本词汇的范围也就应该是差不多的。换句话说，一个词如果是最常用的词汇，那也就一定有资格成为基本词汇，反之，基本词汇（除非现在只是构词的语素）在某种意义上也就应该是最常用的词汇。当然这两个概念也有区别：基本词汇根据的是词产生的历史、使用的范围和构词的能力，常用词汇只是根据词在一定语料中出现的频率进行的归纳。

三、通用词汇和专用词汇

从词的使用范围的角度,可以将词汇划分为通用词汇与专用词汇。全社会都普遍使用的词语就是通用词汇,而只在某地区、某些领域或一部分人使用的词语就是专用词汇。前面说的基本词汇、常用词汇当然是通用词汇,甚至包括一般词汇中的新造词、古语词和外来词的绝大部分也是通用词汇。专用词汇主要指科技术语、行业用语以及没有进入一般词汇的方言词语。科技术语如"负数、开方、函数、圆周率"等数学术语;"商品、资本、投资、市场、通货膨胀"等经济学术语。行业用语如"贷款、呆账、利息、定期存款"等金融业用语;"记者、稿酬、版权、责任编辑"等新闻出版业用语。方言词语中进入了一般词汇的部分也属于通用词汇,而没有进入一般词汇的方言词语就只能是某一地区的专用词汇。专用词汇与通用词汇之间也不是截然对立的。一方面,所有专业、行业中也都要使用通用词汇;另一方面,有很多科技术语和行业用语也往往有可能转化为通用词汇。例如"充电"原来是科技术语或行业用语,现在又可以表示"补充和更新知识";"洗礼"原来是宗教用语,现在又可以表示"接受锻炼和考验";"瘫痪"原来是医学术语,只指病人的症状,现在则又可以指机构和组织的状况。这些词就既是专用词汇,又成了通用词汇。

第三节 词典

一、词典的类型

词典是汇集词目、建立词条、科学编排、提供信息、供人们学习查阅的工具书。由于信息的纷繁浩瀚,人们学习目的的各不相同,需要查询的问题涉及各个方面,这就需要不同类型的词典来满足各方面的需求,因此有不同类型的词典。词典主要有两大类:一类是知识词典,另一类是语言词典。

(一)知识词典

知识词典阐释的不是词语本身,而是词语所表示的概念以及概念所反映的现实现象,阐明有关的科学知识。知识词典可以涉及科学、技术、生产、政治、文学、艺术、宗教等各种领域。例如生物学词典就收入分析"动物""植物""细胞""胚胎""核糖核酸"等概念的词条。词条阐释这些术语的内涵，分析这些术语所涉及的各种理论和实践的问题，简述研究的历史和现状，以及存在的各种学派和它们的观点。实际上，这类词典就是通过解释术语为学习者提供一定范围的科学知识。

知识词典有百科词典、专科词典、术语词典、专名词典等。

1. 百科词典，也称百科全书。百科词典提供人类全部知识的重要信息，介绍和解释重要概念和事实，不仅总结人类历史上传承下来的全部文化科学知识，而且要概括当代科学的最新成果。如我国编纂并陆续分卷出版的《中国大百科全书》、英国的《英国百科全书》、德国的《布罗克豪斯百科全书》、法国的《大拉鲁斯百科词典》等。

2. 专科词典，按照学科分门别类地提供有关科学知识信息。如我国出版的《经济大辞典》《地理学词典》《宗教词典》，俄罗斯出版的多卷本《军事百科全书》《文学百科全书》《医学百科全书》等。

3. 术语词典是简略解释科学术语的词典。大部分术语词典既提供术语的意义，又提供有关专业知识的信息。单语言的术语词典往往在术语之后给出简要的解释，双语言或多语言的术语词典通常只给术语翻译。如我国商务印书馆出版的《英汉航空词典》、化学工业出版社的《英汉石油化工词典》、人民卫生出版社的英汉《医学名词汇编》等。

4. 专名词典是解释专门名词的词典，如人名词典、地名词典、作品词典等。

（二）语言词典

语言词典除了根据词典任务确定选词原则以外，要解决词的界限、词义界限、词义性质、释义或翻译、读音标注、语义标注和语法标注、例句、词源和构词以及熟语等问题。

语言词典从不同的角度可以做如下分类。

1. 按照收词的范围可分为方言词典、社会习惯语词典、成语词典、外来语词典、古语词典、新词词典、虚词词典、文献词典、缩写词词典等。如《汉语方言词汇》《北京土话词典》《重庆方言词解》，特别是江苏教育出版社的《现代汉语方言大词典》出版了多种分卷本，1977 年法国出版的《法语社会习惯语词典》《俄语外来语词典》，1973 年美国出版的《巴恩哈特新英语词典》，等等。

2. 按照解释的方法可分为详解词典、例解词典、图解词典、翻译词典。详解词典如俄罗斯科学院编的《现代俄语标准语词典》，例解词典如 1973 年日本出版的《现代日中词典》，图解词典如《杜登图解词典》，翻译词典如《汉俄大词典》《新英汉词典》《法汉词典》《日汉词典》《汉英词典》《汉俄词典》《汉德词典》《俄法英德四语对照新词典》《现代高级英汉双解词典》等。

3. 从词典解决的问题重点，分为语音词典、语义词典、语法词典、修辞词典、搭配词典、熟语词典、规范词典等等。语音词典如丹尼尔·琼斯的《大众英语发音词典》，语义词典如《简明英语同义词词典》、法国20世纪30年代出版的《反义词词典》，语法词典如1977年出版的《俄语语法词典》，修辞词典如1993年出版的《汉语修辞词典》，搭配词典如《俄语词语搭配词典》，熟语词典如1996年出版的《新惯用词典》，规范词典如《俄语拼写法词典》等。

4. 按照词典收词的数量、规模，可分为词库、大型词典、中型词典、小词典、词表等。词库如德国编的《拉丁语词库》。一般认为，收词十万以上词目的是大型词典，收词七八万词目的是中型词典，收词三四万词目的是小型词典。词表只收一定限度的词，如《英语最低词汇量》。

二、词典的编纂

词典的编纂是一项复杂、细致的工程，以下所谈只是一些基本的要求。

（一）选词

一部词典不可能把所有的词语都收进去，必须有所取舍。对词语的选取要注意以下几点。

一是要根据词典编纂的目的选入词语。比如一部专科性的知识词典，如果目的在于为专业研究服务，则要注意词典的学术性和专业性；如果目的在于科学普及，则要考虑通俗性和大众性。编纂语言词典，如果是供少数民族初学汉语文用，就只能选常用的、基本的词语，用民族语文加以对译；如果是给本民族作语文工具书，则要考虑收词范围的周全和使用者可接受的全民性。

二是对所选词目单位的确定，标准要统一。比如语言词典的编纂，常常遇到的难题是什么是词、什么不是词；不是词的语素以及固定搭配的词组或“语法词”是否也应收入。例如：动词、形容词后面的附加音节“红通通”“白生生”，有的单独收入；有的和前面的动词、形容词一起作为一个词条；有的则一概不收。收或者不收、收什么、不收什么，要前后统一，一贯到底，使词典保持体系的一致性和完整性。

三是要注意所收词目的相对稳定性。比如语言词典的编纂，随着社会的发展，出现了大量的新词。有的新词有一定的生命力，有的新词昙花一现，自然应该选取相对稳定的、为大众所使用的、在相当范围通行的词语。知识词典的选词，也并非属于该领域的所有信息都应该无条件地纳入,而应发微钩沉,去粗取精,进行一番细致严谨的梳理和推敲。词典的性质决定了它更多作为工具书而存在,不是研讨性的学术专著。因此,有争议的暂缓,不成熟的稍后,收入相对稳定和有普遍意义的词目。

(二)注释

1.语音注释。语音注释是语言词典所要求的。不属于拼音文字的语言词典(如汉语)要为词目注音,表音规律复杂的一些拼音文字的词典也要为词目注音,如英语。注音的方法一般有音标法、直音法、反切法几种。

(1)音标法。一般用来注音的音标有两种,一种是标记具体语言的音标,如标记汉语普通话的《汉语拼音方案》,美国《韦伯斯特新国际词典》中使用的韦氏音标。《汉语拼音方案》可以有效地标注普通话的读音,但不能准确地标注方言和古汉语。另一种是国际音标。国际音标一音一符、一符一音,可以准确地标注世界上各种语言的读音。

(2)直音法。即用同音字注音,如汉语"张,音章"。

(3)反切法。反切是古汉语用两个汉字给一个汉字注音的方法,取第一个字的声母、第二个字的韵母和声调,相切而得到所注词目的读音,如"张,知当切"。

2.语义注释。释义包括注明词类、解释或翻译词义。语言词典一般用以下方法释义。

(1)以词释词。比如:

文法——语法

邮差(旧)——邮递员

棒(口)——(体力或能力)强;(水平)高;(成绩)好

uncle——伯父、叔父、舅父、姑父、姨父

用"语法"释"文法",是以同义词相释。用"邮递员"释"邮差"也是同义相释,但是加上修辞标志,说明是旧词。"强、高、好"三个形容词词义交叉互补解释北京话口语词"棒"的意义,括号里的信息是搭配限制使用范围。在双语词典中,由于语言的民族性,有些词没有完全等值的词去对译,所以用"伯父、叔父、舅父、姑父、姨父"等词罗列的办法来解释英语uncle的"男性旁系上辈亲属"的词义。

(2)描写释义。用描述、解释、说明的方法来揭示词语的意义。如:

阁——风景区或庭院里的一种建筑物,四方形、六角形或八角形,一般两层,周围开窗,多建筑在高处,可以凭高远望。

炼——用加热等办法使物质纯净或坚韧。

(3)从逻辑上对概念下定义,多用于解释科技术语。如:

酞——有机化合物的一类,如一个分子的邻苯二酸酐与两个分子的苯酚缩合而成酚酞。

音位——具体语言或方言中有区别意义作用的最小的语音单位。

3.语法注释。语法注释主要注明词目的词性、词形变化和其他语法意义。注释的方法有提供语法标志和直接注释两种。

(1)语法标志用来注明词的各种语法意义,如[副][阴][完][复][命]等标志分别注明"副词""阴性""完成体""复数""命令式"等语法意义。

(2)直接注释就是列出相应的词形,例如,英语:go[gou],(went)[went],gone[gɔn](去),直接注明go的过去时不规则变化形式went和过去分词gone。

(三)编排

词典的编排必须科学,便于查找。从词条排列的次序看,汉语字典和词典有以拼音字母次序排列的,也有以部首或字的笔画、字的起笔或收笔以及字的四角的笔法依次排列的。外语词典中大部分按字母次序排列,此外,还有倒排词典、词族词典和题材词典。有拼音文字的语言,其词典一般按字母的顺序排列词条。如英、德、法、蒙古、藏、维吾尔、哈萨克、朝鲜、傣、壮、苗等文的词典。

有的词典的词不按字母次序,而是按概念的范畴排列,这类词典可称为题材词典。编写这类词典首先需要把概念分成若干项目,排成次序,同一项目各种概念的词排列在一起。东汉时期刘熙编辑的《释名》中的释天、释地、释山、释水、释丘、释道、释州国、释形体、释姿容、释长幼、释亲属、释言语、释饮食、释采帛、释首饰、释衣服等的排列,即是按概念项目编排起来的。德国多恩赛夫编的《德语词汇的题材组列》(Der deutsche Wortchatz nach Sachgruppen)把概念分成20个基本项目,如:(1)非生物世界、物质;(2)植物、动物、人(生物的);(3)空间、状态、形式;(4)体积、数量、数字、程度;(5)本质、关系、事件;(6)时间;(7)视度、光亮、颜色、声音;(8)位置的移动;(9)愿望、动作;(10)智力概念;(11)感情、兴奋、性格特征;等等。每个项目之下再分组列,每个组列中又包含若干个概念群。如"植物、动物、人(生物的)"这一项目下分出四十八个组列。

汉语的字典和词典实际上可以称为字族词典或词族词典,将同一字起首的若干词收在同一个字条下。阿拉伯语的词典也按根词的字母排列,由根词派生的词都收在同一词条里。十七卷本《现代俄罗斯标准语词典》的前三卷也按词族编排。

倒排词典是按词末尾的字母次序排列的词典,如《俄语倒排词典》从词末尾的a开始，转到-ба，再转到-ва、-га、-да…，如а，…баба，…служба，…изба，…дамба，…直到最后的-яя（безмужняя）。倒排词典对语言教学、语言构词和形态研究有实用价值，它把同一类词尾和后缀的词全都集中在一起，便于观察和分析。

思考练习

一、填空题

1.成语、惯用语、谚语、歇后语是语的主要构成成分，此外，语还包括________和________。

2.基本词汇具有________、________和________三种特性。

3.方言词语可以分为________和________两类。

4.词典的编纂一般包括________、________和________三个步骤。

二、选择题

1.一般说来，新词、古词、方言词、行业词和外来词等（　　）。

A.属于一般词汇　　B.属于基本词汇

C.有的属于基本词汇，有的属于一般词汇

D.有时属于基本词汇，有时属于一般词汇

2.俄罗斯一些小偷把锁称作“麻雀”，把晾在顶楼的衣服称作“鸽子”。引起这种词替换的原因是（　　）。

A.认识的改变　　B.旧词消失　　C.避忌　　D.保密的需要

3.以下不属于一般词汇的特点的是（　　）。

A.不一定是全民常用的　　B.缺乏历史稳固性

C.数量庞大，成分复杂　　D.能产性较强

4.“炼——用加热等方法使物质纯净或坚韧”这样的注释方法属于词典编纂当中的（　　）。

A.语音注释　　B.语义注释　　C.语法注释　　D.学术注释

三、名词解释题

词汇　谚语　黑话　行业语　词典

四、简答题

1.什么是词汇？词汇和词有什么区别？

2.利用谐音或者比喻双关都能够形成歇后语，请以自己家乡方言为例分别进行说明。

3.举例说明一般词汇具有哪几个方面的特点。

4.词典的注释包括哪几个方面,请举例说明。

五、分析题

1.请对下列词语进行分类,并说明分类的依据是什么。

抵牾 格格 诸侯 海涵 底蕴 磅礴 亲王 男爵 如此 倘若

2.下面哪些属于成语,哪些属于惯用语,请分类并说明各自的特点。

见异思迁 一板一眼 望梅止渴 风风火火 狼吞虎咽 精卫填海 唱对台戏 刻舟求剑

六、论述题

基本词汇具有哪几个方面的特点?请举例说明。其中哪个特点最为重要,为什么?请说明原因。

【拓展链接】

[1]符淮青.现代汉语词汇(增订本)[M].北京:北京大学出版社,2004.

[2]张永言.词汇学简论[M].上海:华中工学院出版社,1982.

[3]葛本仪.现代汉语词汇学(第3版)[M].北京:商务印书馆,2014.

[4]王文斌,邵斌.词汇学十讲[M].上海:上海外语教育出版社,2018.

[5]王宁.中学语文教学要注意古今词汇的沟通[J].中国基础教育,2003(1).

[6]葛本仪.词汇、文字与训诂[J].山东教育学院学报,2004(2).

第六章

语 义

【章目要览】

语义包括语素的意义、词的意义、词组的意义、句子的意义。从类型上看，可以分为理性意义和附加意义两个方面；从特点上看，具有概括性、模糊性和民族性三个特性。语义的最小单位叫作义素，义素分析具有比较同义词的异同、说明词义的组合条件等作用。语义的聚合可以分为单义和多义、同义和反义。具有共同语义特征、在词义上处于相互联系、相互制约的关系之中的词语聚合体叫作语义场。语义的组合受到不同条件的制约，语境对语义有重要影响。

【相关知识】

本章内容与语义学的语义类型部分、义素理论的义素分析部分、词汇学的词义部分、语义学的词义发展部分、语用学的语境部分等理论相关。

【情景案例】

小毅最近在看少儿频道"龙"系列动画片，看完之后有些疑惑，为什么动画片里面的"龙"都非常邪恶，最后都被正义的勇士所消灭，而我们又自称为龙的传人呢？小毅请教了当语文老师的姑姑。姑姑告诉小毅，西方所谓的"龙"实际上叫"dragon"，和中国的龙在形象上有着诸多相似之处，但"dragon"和中国的"龙"并不相同。西方的"dragon"要吃人，四处为祸，是邪恶的。而我们中国的"龙"有丰富的内涵：

1. 吉祥如意：双龙戏珠、龙凤呈祥；

2. 封建君主：龙颜、龙袍、龙体、龙辇；

3. 君子：人中龙凤、人中之龙、龙驹（俊才）；

4. 佛教护法：天龙八部、龙天护法。

同一个词，在不同的文化当中，意义大为不同，这涉及词义的民族性问题。

【重点提示】

语义的性质；义素分析；语义的组合。

第一节　语义及其类型

一、语义

语言是音义结合的符号系统，这就是说，音义两方面缺一不可。人们说出的话可以切分成大小不同的语言单位，而每个单位都有形式和内容两个方面。形式是语音，内容是语义。语音和语义密切结合，相互依存。声音是意义得以附着的物质外壳，没有声音，意义就没有依托；意义是人们对客观事物认识的反映，没有它，声音就仅仅是一种物理的声音，是纯粹的自然现象。就这个意义上讲，语义就是语言符号的意义，是语言形式表达的内容。

在语言系统里，所有语言单位都有意义，包括语素的意义、词的意义、词组的意义、句子的意义，它们的意义都是语义。其中句子的意义和词的意义具有重要的地位。人们在用语言来交流思想感情时，要使用一个一个的句子，句子是言语交际的基本单位；要正确理解一个句子的意义，又必须首先了解句中词语的意义。词是语言中能够独立运用的最小的语言单位，用它可以对现实现象进行分类、定名，因此词义是语义的核心，研究语义一般都以词义作为基本单位。

二、语义的类型

语义学

关于语义分类的问题，学术界还有不同的看法。有人主张对语义实行三分甚至多分，三分即在词汇意义和语法意义之间增加构词意义；多分即从词汇意义中分出若干非理性意义，即附加意义，比如感情色彩、风格色彩、形象色彩等。按传统语言学家的一般看法，意义可分为词汇意义和语法意义两大类。词汇意义是语言单位的理性意义，它一方面跟相应的概念有关，另一方面同它在词汇体系中所处的地位（即一个词同其他词的各种联系）有关。语法意义是语言单位的关系意义。

从语言符号的形式和内容二者的关系来说，语法意义没有事物的对应性，主要在语言中起成分之间的组织作用；从学科研究的范畴来说，语法意义主要是语法学的研究对象，所以在语义学成为语言学的一个独立部门之后，人们逐渐倾向于把语法意义从语义研究中排除出去。

语义可以分为语义的理性意义和附加意义。

(一)理性意义

理性意义是人们对客观事物以及人的精神世界的理性认识的概括和反映。这种意义是语义的核心部分。理性意义一方面反映了客观对象的本质特征,另一方面又反映了人们对客观对象的理性认识。它是构成词义的基本成分,也是语言交际中所表达的最基本的意义,没有这种概念意义就无法进行语言交际。比如汉语普通话对“鸟”这个词的解释是:“脊椎动物,卵生,嘴内无齿,全身有羽毛,胸部有龙骨突起,会飞。”这就是“鸟”的理性意义。从词语的角度说,理性意义是与概念相联系的那一部分语义;从句子的角度说,理性意义是与判断和推理相联系的那一部分语义。

(二)附加意义

附加意义是附着在理性意义之上的反映说话人的民族心理和文化背景等特征的意义,可以具体传达说话人的主观情感、态度、语体风格以及形象色彩方面的内容。附加意义是一个历史的范畴,它是语言在长期使用过程中形成的,是语言社团在特定的理性意义上约定俗成的。常见的附加意义有感情意义、语体意义和联想意义等。

感情意义指的是说话的人对于表达对象的主观评价和态度。这种态度包括褒、贬和中性三种。表示褒扬的感情,如喜爱、赞扬、尊敬等;表示贬义的感情,如贬斥、厌恶、憎恨等。比如同一个概念“死”,在汉语中就可以有各种带感情色彩的词义来表示,“逝世、牺牲、捐躯”是褒义的,“见阎王、结伙食账、上西天”是贬义的。

实际上,并不是所有的词义都具有褒贬的附加意义,绝大多数词的意义不含有任何感情色彩,是中性的。

语体意义由语言使用的交际环境所带来的附加意义,通常分为口语语体和书面语语体。人们在使用语言时,由于交际场合、对象、目的、文体等的不同,就要选择一些能适合于具体环境的词语来与之相协调,比方说人们不会在聊天的时候使用大会报告使用的语体,也不会在学术论文中使用菜市场上讨价还价的语体。

在实际的交际过程中,不是所有的词语都可以做这样整齐划一的归类。有些词语既适用于口语语体,也适用于书面语语体,很难把它们归到哪一类中去。例如,汉语“移动电话”、前些年使用的“大哥大”以及近几年流行的“手机”,“移动电话”是明显的书面语词语,“大哥大”是口语词语,而“手机”在目前的口语和书面语中都很流行,具有广泛的通用性。这种广泛通用的,可以称为一般语体。

联想意义是指由词语的理性意义所引发的各种联想而产生的附加意义,包括形象联想、文化联想等类型。

形象联想是指由词内部的组成成分所引起的对事物视觉形象或听觉形象的联想。在语言中，用摹状、拟声方法构造的词语大都具有明显的形象色彩。例如，“咕咕钟、乒乓球”给人以事物听觉形象的联想；“十字路口、斑马线、琴弦竹、鹅卵石、狮子狗”给人以视觉形象的联想；“雪白、血红、橘黄、天蓝”等会引发人们对雪、血、橘子、天空等事物的联想。

文化联想是由于人们的文化背景、社会观念的作用而产生的联想。对汉语的“鸡”，中国人会联想到“妓女”；对英语的cock，以英语为母语的人会联想到男性生殖器。中国人对“狗”这个词大多赋予贬义的附加色彩，而英美人则多半会有褒义的联想。所以，汉语中有“痛打落水狗、走狗、狼心狗肺、狐朋狗友、狗仗人势、狗腿子、丧家之犬、狗嘴里吐不出象牙”等说法，而英语中则有“love me，love my dog（爱屋及乌）、a lucky dog（幸运的人）”等说法。中国人和英美人对“狗”这种动物有不同的感情、态度（这种感情、态度已经成为文化背景的组成部分之一），所以，提到“狗”这个词时就会产生不同的心理反射，引起不同的联想，从而赋予与“狗”有关的词不同的感情色彩。

第二节　语义的性质

一、概括性

语义是客观对象在人们意识中抽象概括的反映。语义并不是直接地、一一对应地反映客观存在的每一个具体的事物，而是经过人们的思维活动，对同类事物的特征加以概括而形成的。客观事物纷繁多样，而语言的词汇量却是有限的，每个人所能记忆的词汇量就更少。以有限对无限，语义就只能是概括的，不可能直接地一一对应地反映每一个具体的事物。如“书”这个词的意义不是指某人家里或办公室书桌上的某一本具体的、个别的书，而是把客观存在的各种语言文字的、不同学科的、不同开本的书的一般特征进行综合的概括，形成了“装订成册的著作”这个词义，在汉语普通话中以[ʂu^{55}]这个语音形式、在英语中以[buk]这个语音形式把它固定下来。这样，词就具有了指称作用，把经过概括的某类事物与其他类的事物区别开来，这就是词义的概括性。

语言中词义的概括性将世间万事万物尤其是个别事物的非本质的差别略去，而将其整类事物的共性以及和其他类别的差别凸显出来。如果词义只表示个别的、具体的事物，那就势必要为每一种具体的事物命名，世界上的具体事物无限多，如果都要用不同的名称去称谓它，语言中的词将无穷无尽。

词义是概括的，由词组成的词组和句子的意义也具有概括性。比如作为一个词组，“新书”的意义尽管比“书”具体一些，但仍然是概括的，只不过是概括的程度低一点、概括的范围小一些而已，因为它反映的是世界不同语言文字的、不同学科的、不同开本的新书的共同特征，而不是具体指哪一本具体的新书。作为一个句子，“他买了一本新书”的意义也是概括的，因为它可以用来陈述任何一个人购买任何一本新书这样一个事实。

语义反映的对象可以是客观世界的，如“天、地、人、山、水、江、说、大、小、长、短”等；也可以是主观世界的，如“思想、天堂、神灵、鬼怪、孙悟空、猪八戒”等。

二、模糊性

语义具有抽象概括性的特点，但有些词概括的范围并没有一个明确的界限。比如“高——矮”“胖——瘦”“美——丑”……我们不能规定一个准确的高度作为“高、矮”之间的分界线；也不能规定一个准确的重量作为“胖、瘦”之间的鉴定量；同时，“美、丑”也没有一个固定的标准。

模糊语言学

实际上，许多概念的中心是明确的，不明确的是它的界限和边缘部分，从而造成词义的模糊性。造成词义的模糊性有两方面的原因。

一是客观因素。客观世界本身存在无数界限不清的现象是造成词义模糊性的本质根源。唯物辩证法认为，人们所考察的任何对象都处在事物普遍联系的网络中，处于不断发展变化的链条中。在网与网之间、链与链之间出现无数的“中介地带”，有的很宽阔，有的很狭窄。考察中介很狭窄的事物，可以把中介略去，着重从两极去研究。但考察有宽阔中介过渡的事物时，那就要通过中介把握两极。从事物横的联系方面看，网与网互相交织，无法穷举中介，只能大概分类；从事物纵的方面看，环与环之间也很难分清，难以一刀切。这都造成事物的模糊性。在人类实践和认识的各个领域，模糊的事例比比皆是。

人文社会科学考察的对象有不少是模糊的。哲学的“质变”和“量变”，文学的“长篇”小说和“中篇”小说，经济的“宏观”与“微观”，史学中的“盛代”与“衰代”……生物科学的各种分类，生理的生死过程，医学中的“高烧、休克”，物理学中“非液非固体”，数学中的“邻域”……总之，客观事物的普遍联系造成了事物的复杂性和模糊性，在一定意义上讲，清晰性是相对的，模糊性是绝对的。

二是主观因素。一方面，客观世界存在着无数界限不清的事物；另一方面，人在概括这些界限不清的事物时又带上某些模糊性，人在认识过程中受种种主观条件的限制，只能近似地复现客观事物。人们在给客观事物分类时，往往在认识的结果上打上主观的烙印，把本身无明显差异的对象归入少数确定的类别。由于条件不同、角度不同，分类必定带有主观成分，结论也必定因人而异。

由于主观与客观根源造成词义的模糊可表现为相对性、社会性、边缘性和比喻、借代性等特点。

相对性。比如"深浅、高低、大小、善恶、美丑"之分是相对的，没有一种绝对的标准和尺度来对这些词的词义进行量化。

社会性。人的一生大致可概括为若干阶段：童年——少年——青年——壮年——中年——老年。这些阶段间的界限也是模糊的，界限到底切在哪里，不同的社会、不同的时代有不同的划分。时代发展、社会变迁等因素会给词义的概括带来模糊性。

边缘性。客观事物本身存在大量模糊不清的边缘部分，人们很难画出一条准确的线。非边缘的核心部分好办，然而对那些相接的边缘部分就很难下定论。比如我们不能说2米高的人是"矮子"，1.2米高的人是"高个儿"；200千克的人是"瘦子"，30千克重的人是"大胖子"；80岁的人是"青少年"，10岁的人是"老头子"……典型的例子是色谱。每两种颜色之间并没有一条清晰的分界线，它们之间是逐渐过渡的。边缘性是一切模糊性的根本特征。

比喻、借代性。客观事物存在界限不清的现象，但人们有时以一些较为清晰、准确的概念来比喻或借代概括。比如"海参"这类生物不易归类，中国人就用"参"来概括，而英语却用"黄爪"(sea-cucumber)概括；"海豹"，中国人用"豹"，而英语则用"狗"(sea-dog)概括。再如成语中，常常用一些准确的数字来言其"多"或者言其概略，如"一干二净、三番五次、四海为家、五湖四海、六亲不认、七上八下、八面玲珑、九牛一毛、百里挑一、千方百计、万水千山……"也是一种模糊义。

语言中有相当一部分词语的意义具有模糊性，大体说来，具有模糊词义的词有：

颜色词，如红、黄、浅蓝、深灰、墨绿、淡绿……

时间词，如黎明、早晨、上午、傍晚、深夜……

方位词，如东北、西南、偏东、偏北、左上方、右下方……

分期性名词，如先秦、隋末、唐初、晚唐……

性质形容词，如高、低、美、丑、善、恶、大、小、长、短……

程度副词，如最、稍、比较、有些、非常、很……

某些动词，如提高、减少、赞赏、遗憾……

某些数量词，如上述成语中的数量词。

但语言中也不是所有的词语意义都具有模糊性。有不少词语的词义所概括的对象的范围是明确的，不同词语所指范围之间的界限是清楚的。科学术语一般是精确的，至少人们要求它们应该是精确的，比如语言学中的“音素、音位、组合、聚合”，科技术语中的“程控电话、集成电路、细胞、基因、染色体”，数词“一、二、三、四、五”，度量单位“米、厘米、毫米、小时、分、秒”，器物名“篮球、二胡、眼镜、梳子”，专名“长江、黄河、成都、重庆”等，应该说都是精确的。

语义有精确的一面，也有模糊的一面，语义的模糊性和精确性对语言来说都是不可缺少的，它们的存在保证了作为交际工具的语言能够很好地满足社会各种不同的交际需要。语义的模糊性是语言中的一种普遍现象，是社会交际活动的需要，在语言交际中起着积极的作用。人们在社会交际活动中，不可能也没有必要时时、处处、事事都像科学实验那样，对谈论的对象做出精确的测定。在这种情况下，如果没有语义的模糊性，而是对所有的语义都做出严格的、精确的规定，那么社会的交际活动将难以进行。

三、民族性

不同民族的语言不会是一个样子，包括语音、词汇、语义、语法系统都会有所不同。从语义部门尤其是从语义对译的角度看，两种不同的语言，语义上完全对应的词语不是很多。这是由于不同的民族对客观事物的认识存在差异，对客观事物的概括和分类也存在着差异，因而不同语言的语义也会有所不同，这就是语义的民族特点。

语义的民族特点比较突出地体现在词义上，在词语的理性意义和附加意义两方面都有体现。在理性意义方面，典型的例子如英语的brother和sister与汉语的哥哥、弟弟和姐姐、妹妹，brother的指称范围与汉语的“哥哥”或“弟弟”不对等，sister的指称范围与汉语的“姐姐”或“妹妹”也不对等，因为英语的brother和sister是不分长幼的。语义的民族特点也体现在词语的附加意义方面。各个民族的社会风俗习惯、历史文化背景、思维方式等具有不同的特点，都会使词义带上明显的民族特点。比如国俗伴随意义（connotation）就是词义民族性的一种表现。“喜鹊”一词，中国很多地方的人认为是“吉祥、喜庆”的象征，而在俄罗斯、中欧等斯拉夫语以及德语、法语中，“喜鹊”却是“小偷”“饶舌妇”的代名词。再如“十三”这个数词，在中国是无所谓褒贬的，北京的“十三陵”是旅游名胜地，“十三妹”是传说中的女侠。但在西方，“十三”是不吉利的词，理由是为了30元银圆出卖耶稣的犹大是耶稣十二个弟子之一，在《最后的晚餐》这幅名画中，他坐在第十三个位置，因而在语言交际中，往往要回避这个词。汉语的“蜡烛”一词，除“蜡制的照明物”这个实体词汇意义外，还有一些国俗语义：(1)忧伤的思念之情，常用“烛泪”。“春蚕到死丝方尽，蜡炬成灰泪始干”，“蜡炬”即“蜡烛”。蜡烛的一腔热泪无尽地流，直到燃尽成灰，其沉痛凄切、幽然神伤之意溢于言表。(2)暮年、垂死的老人，常用“风烛”“残烛”。俗话说“风前之烛瓦上霜”，又说“风烛残年”，均表示迟暮残年。(3)泛指乐于奉献的人，特指教师，常用“红烛”。因为蜡烛有“点燃自己，照亮别人”的品格，所以常用以歌颂教师。(4)结婚、新婚，常用“花烛”，如“洞房花烛夜”。何逊《看伏郎新婚》：“何如花烛夜，轻扇掩红妆。”《今古奇观·钱秀才错占凤凰俦》：“两位新人打扮登堂，照依常规行礼，结了花烛。”这儿“结了花烛”就是“结了婚”之意。(5)不自觉、有傻气的人，常用“蜡烛”或“蜡烛胚”。如“他是蜡烛，不点不亮”。陆文夫《井》：“还主动和我们打招呼，蜡烛！”这儿的“蜡烛”是贬斥性骂语，意思是：“什么东西，那么不自量！”总之，“蜡烛”一词有丰富的国俗语义，修辞上有褒有贬，既表现缠绵之情、欢乐之感，也表现悲凉之意。这种种国俗语义都是在“蜡烛”一词的理性意义“蜡制的照明物”的基础上所增添的民族文化含义。这些意义与蜡烛实体的特点，如点燃、融化、熄灭等有密切关系，通过这些特点的联想而产生，但它们都与特定的文化背景有关。

第三节　义素和义素分析

一、义素

我国传统的语义学主要研究字义。受汉字特点的影响，在传统语义学家看来，字义大体上等于词义。词义是语义系统中现成的单位，是组成言语作品的基本语义材料，因而将词义作为语义研究的中心。现代语义学也非常重视词义的研究，只是将研究的触角延伸到了更加微观的语义单位并对语义单位进行层级划分。

义素

在现代语音理论中，一个音位可以进一步分解为若干个区别特征，受此启发，现代语义学把义位(义项)进一步分析为一束更小的语义特征，将这种语义特征称为义素。比如将“父亲”与“母亲、儿子、女儿”等放在一起对比分析，就可以得出它有[直系亲属]、[长辈]、[男性]等语义特征，也就是“父亲”的义素。

义素是一种不与语音形式相联系的抽象的语义单位，是理论分析的结果。作为符号，语言单位都是音义结合体，语素、词、词组、句子都是音义结合的单位，它们一方面有一定的意义，另一方面又有一定的语音形式。义素不是语言符号，没有与语音形式结合，上面分析到的“直系亲属、长辈、男性”与“父亲”的语音形式是没有什么关系的。因此，义素在语言中是不能直接观察或感知到的，必须以一定的方法和步骤通过分析才能得出。

语义单位大致可以分为义素、义位、义丛、义句等。义素是义位的组成部分，是对义位做进一步分解后得到的。义位是由一束或一组义素（语义特征）构成的，与音位由一束或一组区别特征构成是一个道理。义丛是指语素或词组合的意义，与传统语义学的词组或短语义相对应，义丛可分为固定义丛和自由义丛。义句是句子的意义。

二、义素分析

美国的人类学家最早使用义素分析对不同社会、不同民族的亲属词语进行研究，目的是研究不同文化的伦理观念、宗法制度等。19世纪60年代，义素分析法被借用到语言学界，用于转换生成语法的语义解释。20世纪80年代，现代汉语学科引进义素分析法。义素分析作为一种语义分析方法不仅在语义学中得到普遍的应用，而且在语法学中也发挥着重要的作用。

义素分析是建立在词与词之间语义特征的比较之上的，比较的目的是揭示语义系统内部的各种关系，从微观上理解词义。将一个义位分解为更小的语义特征就得到义素，它们是语义的微观层次。因此，义素不是自然语言的单位，而是理论上分析出来的语义单位。我们可以借用自然语言来描写这些语义特征，但无论在语言体系中还是在言语活动中，它们都是无法直接观察到的。义素的组合才能体现出自然语言的语义，才是现实的语义。义素分析就是把词语的义位进一步分析为若干义素的组合，以便说明词义的结构、词义之间的异同以及词义之间的各种关系。

义素分析通常可以分为三个步骤。

第一步，确定分析对比的范围。一般来说，用来对比的应该是指称同一种类对象的词语，即一组相关的词语。事物的种类是分层级的，大类下面有小类，小类下面还可能有更小的类。义素分析应该先从指称事物最小类别成员的一组词语开始，如有需要，再进一步扩大对比分析的范围。如要分析“男人”的义素，可以将其与“男孩”进行对比，因为他们都属于“雄性”的“人”这个类别，再进一步扩大，可以将他们与“女人、女孩”放在一起对比分析，因为他们都属于“人”这个类别；再如要分析“哥哥”的义素，可以先将“哥哥”与“弟弟、姐姐、妹妹”放在一起对比分析，因为它们同属于“同胞”这个“亲属关系”的最小类别。

第二步，提取共同义素和区别义素。运用对比分析的方法，找出不同词义在语义特征上的共同点和不同点，提取它们的共同义素和区别义素。比如要分析“父亲、母亲、儿子、女儿”的义素，可以先比较这四个词的意义，从中提取出共同义素[直系亲属]，然后将“父亲”与“母亲”比较，提取[男性]的区别义素；将“父亲”与“儿子”比较，提取[长辈]的区别义素；将“父亲”与“儿子、女儿”比较，提取[长辈]、[男性]的区别义素。利用这些共同义素和区别义素，不仅可以使这四个词的意义互相区别开来，而且也可以使它们同其他的词语相区别。

第三步，整理和描写。找出不同词语的共同义素和区别义素之后，还需要以一定的方式加以整理，用二元对立的方法完成比较表述，使已经得到的语义特征建立在非此即彼的对立关系中。用“+”表示有此特征，“-”表示无此特征，目的是用最少量的词语，描写尽可能多的词的语义特征。例如：

(1)对“父亲、母亲、儿子、女儿”的整理描写：

父亲：[+直系亲属、+长辈、+男性]

母亲：[+直系亲属、+长辈、-男性]

儿子：[+直系亲属、-长辈、+男性]

女儿：[+直系亲属、-长辈、-男性]

(2)对“哥哥、弟弟、姐姐、妹妹”的整理描写：

哥哥：[+同胞、+男性、+年长]

弟弟：[+同胞、+男性、-年长]

姐姐：[+同胞、-男性、+年长]

妹妹：[+同胞、-男性、-年长]

(3)对“男人、男孩、女人、女孩”的整理描写：

男人：[+人、+男性、+成年]

男孩：[+人、+男性、-成年]

女人：[+人、-男性、+成年]

女孩：[+人、-男性、-成年]

义素分析的过程中，要尽可能注意：一是选取的分析对象范围适当，尤其不要过宽；二是义素的提取要尽可能准确，分析的结果要能准确反映词语的所指范围，应能包容而且只包容词义所反映的那类对象。

义素分析在语言研究中有着重要的意义，发挥着重要的作用。

首先,义素分析对计算机处理自然语言有重要意义。要让机器识别、理解、处理一种自然语言,前提是让这种语言形式化。义素分析实际上是对词义的形式化描写,它不但使我们人类得以在微观层次上认识词义,更为重要的是它为机器翻译系统、人工智能系统提供了重要的理论基础和方法平台。

其次,义素分析可以清楚、简洁地说明词义的结构,便于比较词义之间的异同,便于揭示近义词、反义词等词义关系,有利于词义的研究、学习和掌握。比如"奔驰"和"奔腾"这组同义词,用义素分析的方式就可以清楚地揭示二者的异同。

奔驰:[+行进、+快速、-跳跃]

奔腾:[+行进、+快速、+跳跃]

再次,有助于说明词语的组合条件。有些词语的组合条件单从语法上难以说明,像汉语的"出嫁""有喜"这样的词所能搭配的施事名词,只从语法上很难说清楚,如果从义素分析的角度则较容易做出解释和描写,即它们必须具有[+人]、[-男性]的义素;又如汉语普通话的"喝"所能搭配的受事名词必须是具有[+液状]的义素,可以说"喝水、喝粥",但不能说"喝饭",因为"饭"没有[+液状]的义素。

义素分析法也有它的局限,就目前而言,还存在一些尚待解决的问题。

一是缺乏客观的分析标准和依据,带有一定程度的主观随意性。义素分析与语音分析或语法分析不同,语音分析以语音的物理属性和生理属性作为客观依据,语法分析以语法形式作为客观依据,义素分析因涉及人对物质世界和精神世界中各种事物的认识,这种认识和反映往往带有很强的主观倾向。对同一个词,不同的人的理解可能会有一些细微的差别,而这种差别反映在义素分析上,就会使语义特征的准确性有出入。

二是语义系统的开放性特点决定了义素分析有很大的难度。义素分析法是仿照音位区别特征理论建立起来的。但语义成分即义素比起音位的区别特征来,不知要复杂多少倍。一种语言的音位区别特征多不过十几对,世界上各种语言的区别特征加起来也没有超过20对。而义素呢?在任何语言中都还无法说出它的大概数目。亲属词的义素难以用在烹饪词上;表四肢运动词的义素不能用在方位词上。另外,有些词比如颜色词,很难运用义素分析法分析。

三是语义具有模糊性的特点使得义素分析法对于意义模糊的词要进行精确的语义特征描写,有相当大的难度。

第四节 语义的聚合

一、单义和多义

单义词和多义词。单义词指只概括反映某一类现实现象的词。比如科学技术中的一些词,“激光”“光纤电缆”“程控”“电视机”等。多义词是指能概括反映相互有联系的几类现实现象的词。语言中的词大多数都是多义词,纯粹的单义词只有科技术语中存在。

从语言发展的角度来看,一个词在产生的时候多为单义的,但在使用的过程中受社会生活的影响、词语有关联意义的相互影响,逐渐变成了多义词。这就有了原来的意义、后来的意义。在后来的意义中,有的是由本义派生出来的,有的本来就有直接关系,于是有了本义、中心意义、派生意义。

语言中的很多词为什么会由单义发展为多义呢?首先,这是语言经济原则的产物。人类要用语言表达的东西实在太多了,而语言中的语音形式总是有限的。随着社会的发展和人的认识的深化,语言要表达的意义不断增加,用数量有限的语音形式去表达数量庞大且不断增加的意义,就必然会出现一个语音形式表达多个意义的多义化现象。这和音位的情况一样,我们在重复和相互结合的模式中反复运用单个的词,就能用非常少量的词来表达我们一生中所要表达的全部意义。事实上,多义词的存在是语言丰富的表现,是好事而不是坏事。如果一个词只有一个意义,词的数量就会极其庞大,人们就得花很多精力去记使用频率很低的单义词。如果一个词不止表示一个事物,而是表示一系列相近的事物,人们就可以经济灵活地使用语言。

其次,客观对象之间的各种联系使得词语多义化成为可能。客观对象之间的联系有相关性和相似性两类。相关性和相似性都可以使事物与事物之间建立起某种联系。由于客观事物间具有这种相关性或相似性,在使用语言的过程中,人们就有可能根据客观对象之间的某种关联,用指称甲类对象的词去指称乙类对象,从而产生出与原来的词义有联系的新的意义。比如在汉语普通话中,“红领巾”是少先队员佩带的标志,但在“那边过来了两个红领巾!”这句话中,“红领巾”就有了“少先队员”的意义,这是由事物相关性带来的词义多义化的现象。

一个词产生时最初的意义是词的本义。词的本义是就词义发展的历史渊源、就语言的“历时性”而言的。如“兵”,最初的意义是“兵器”,这种本义有史可查,是产生这个词的其他意义的基础。

多义词的其他意义都是直接或间接地从本义衍生出来的,从词的本义里通过引申而产生出来的意义叫词的派生意义。比如"短"的本义是指长度不够(《礼·月令》:"度有长短。"),后来引申出"欠缺"、"不足"(《楚辞·卜居》:"夫尺有所短,寸有所长。")、"短命"(《尚书·洪范》:"一曰凶短折",孔颖达疏引郑玄曰:"未冠曰短。")、"缺点"、"过失"(《新唐书·李栖筠传》:"栖筠喜奖善而乐人攻己短。")等等。这后面的意义都是派生义。

多义词的多个意义中,总有一个是某个时期最常用、最主要的意义,这个意义叫"中心意义"。中心意义是就某个时代中多义词各个意义之间的关系和使用频率而言的。再如"兵",本义是"兵器"(短兵相接、兵器工业部保留本义),后来衍生出"拿兵器的人"的意义,"所以进兵者,欲王令楚割东国以与齐也"(《战国策》),再后来衍生出"战争、军事"的意义,"有宠而好兵,公弗禁"(《左传·隐公三年》)。在这些意义中,中心意义则是"兵士"。词的本义和中心意义可能是一致的,也可能是不一致的。比如,"铁"的本义和中心意义都是指一种金属,它们的本义和中心意义是一致的。"汤"的本义是"热水、开水",中心意义却是"烹调后汁儿特别多的副食"。

派生意义产生的途径主要是"引申"。引申一般都是沿着客观对象间的相似性联系或相关性联系这两个方向进行的。相似性联系的引申称为"隐喻",相关性联系的引申称为"换喻"。隐喻建立在两个意义所反映的现实现象的某种相似的基础上。比如"习",本义是"数飞"(《说文解字》),也就是鸟反复地飞的意思,由这个本义比喻派生出了"反复练习、温习、复习"的意思,如"学而时习之"(《论语·学而》)。"复习、温习"是一种反复多次的行为,与鸟反复地飞有相似之处,这就是一种"隐喻"的引申方式。

与隐喻不同,换喻不是现实现象的相似,而是两类现实现象之间存在着某种联系,这种联系的高频率出现在人们的心目中产生了心理定式,人们就用其中一种现象去指称另一种现象。在现实中,整体和部分、物品与使用者、行为与行为发出者、工具与活动、材料与产品、产地与产品等都有着稳定而明显的关联,因而都可以在人们的意识中建立起某种联想关系,从而使词语产生新的意义。前面讲过的"兵"属于换喻。俄语的язык是工具及其活动的关系,英语的glass是材料与产品的关系,等等。

两种现实现象或者相似或者有某种相关联系,但这种"相似"或"相关"在不同的民族、不同的地域,由于风俗习惯、文化背景的不一样,可能会产生不同的效果。汉语的"胆子"是由"胆"——"胆子、胆量"而来,这在别的语言里就不一定这么推论,英语的"胆量"由nerve(神经)一词而来。再如英语的"温室"是greenhouse,green在汉语里是绿色(冷色),无论如何都跟"温暖"联系不起来。不同的方言也有不同的派生意义,普通话

“歪”指“不正”，而重庆、四川方言里“歪”除不正之外，还有“厉害”的意思。

多义词的一个重要特征是以一个语音形式来表示多个意义。但要注意，同音词也具有这样的特征。这就有个如何区别多义词和同音词的问题。鉴别二者的方法主要是看各个词义之间有没有联系。有则多义，无则同音。同样的语音和不同的意义相结合，构成不同的词，即不同的语义由相同的语音来固定，构成同音词。比如现代汉语中的“店”与“殿”、“石油”和“食油”、“形式”和“形势”，英语的right和write，well（井）和well（好），俄语的мир（世界）和мир（和平），等等，都是同音词。这些同音词，有的同音但不同形，有的同音而且同形。汉语的同音词多数是同音不同形的。总之，同音词是不同的词，与词义的聚合无关；而多义词是一个词兼有几个相互联系的意义，是词义的一种聚合方式。二者的区别在于：同音词的意义之间没有联系，而多义词的各个意义之间有内在联系。

二、同义词和反义词

（一）同义词

同义词是指一种语言或方言里声音不同但意义相同或意义基本相同的词。比如“父亲”和“爸爸”。同义词可分为两类：等义词和近义词。意义完全相同的叫等义词，意义基本相同的叫近义词。

等义词是意义完全相同的词。从语言经济原则的角度看，既然两个或两个以上的词意义完全相等，为什么要有两个以上的词存在呢？一般说来，等义词有两个来源：一是借词，二是方言。借词中一些音译的词与本族语中的那个词形成等义词。如“麦克风——扩音器”“英特纳雄耐尔——国际主义”“赛恩斯——科学”“盘尼西林——青霉素”“公尺——米”等等。另外，不同的方言往往用不同的声音去指代同一事物，这种词是大量存在的，如“苞谷——玉米——棒子”“马铃薯——山药蛋——土豆——洋芋”等。

从等义词的发展来看，大多数的等义词不能长期存在，这是因为语言的发展有一个一般性的趋势，即经济和简洁的原则。对那些可有可无、重复臃肿的东西就要慢慢地淘汰掉。比如现在基本上没人再用“德律风”而用“电话”了。

事实上，语言中等义词是很少的，更多的是意义基本相同的词，这种词也叫近义词。近义词是指理性意义相同或基本相同，但又有细微差别的两个或两个以上的词。一般所说的同义词绝大多数属于这种类型。

近义词之间有细微差别，这些差别可以表现在以下方面。

理性意义有所不同。如"看——见——望"都有用眼睛注视对象的意义,"看"主要侧重于动作或行为本身,朝着一定的方向;"见"则主要侧重于"结果";"望"主要侧重于距离,远眺则望。这几个词的理性意义就有一定的差别。

搭配习惯不同。词义所概括反映的侧面、重点有所不同往往影响到词语的搭配习惯有所不同。如汉语的"侵入——侵犯",英语的many,much和few,little,以及beautiful,handsome等即是。

附加意义不同。一是感情意义的不同。如"牺牲——丧命""鼓动——煽动""充满——充斥""鼓励——怂恿""教导——教唆"几组词,每组词的前者褒义,后者贬义。二是语体意义的不同。如"父亲"和"爸爸"、"逝世"和"去世"、"插队"和"加塞儿"等几组词,每组词前者带有书面语色彩,后者带有口语色彩。

同义词在不同的语言中并不是一一对应的。比如现代汉语普通话中的"肥"与"胖",差别在于"胖"指人,而"肥"一般不指人(方言例外);而在英语里,fat则既可指人亦可指肉类,fat man,fat meat。英语的tall和high都指"一定的高度",但概括的语义范围不一样,凡有生长能力的动物或植物,都用tall来表示,不能用high,如tall man,tall tree,而对没有生长能力的东西则只能用high而不用tall,如high mountain;汉语的"高"既可形容人的身长,亦可形容山的高度。

语言中的多义词的各个意义差不多都可以和别的词的意义构成同义关系,这种情况可以称为多向同义聚合。比如汉语"老"可以分别和"死、陈旧、火候大、长久、经常、很"等构成同义关系,是个多向同义关系。

(二)反义词

概念相互对立、意义相反的词叫反义词。所谓"相反",指词义所概括反映的现实现象是矛盾或对立的两个方面,互相排斥,互相对立。

反义词所反映的两个方面必须属于同一个意义领域,即同一类现象。如"老"和"少"是"年龄"这个意义领域上的对立,"好"与"坏"是在事物"性质"这个意义领域上的对立,"黑"与"白"是"颜色"这个意义领域上的对应,"长"与"短"是"长度范围"这个意义领域上的对应。

反义词的词义与现象之间存在两种对立关系。两个反义词处于反对关系之中,肯定一方就必然否定另一方,否定一方则未必肯定另一方,二者之间存在着非此非彼的中间状态,在"对立"中间留下空白,可以插进别的词,比如"左"和"右"可以插进"中","冷"和"热"可以插进"温"和"凉",这类反义词可称为相对反义词。另一种对立是一种"非此即彼”的对立。如“正”和“反”、“男”和“女”、“出席”与“缺勤”等等，中间没有空白，不能插进别的词。两个反义词处于矛盾关系之中，肯定一方就必然否定另一方，否定一方就必然肯定另一方，二者之间没有非此非彼的中间状态存在，这类反义词可以称为绝对反义词。

反义词在不同的语言中也不是一一对应的。如汉语的“长、短”与英语的“long，short”是一对反义词。汉语可用“长”与“短”来表示“优点”与“缺点”，如长处、短处；英语用“shortcoming”表示“缺点”，却没有用与之相对的longcoming来表示“优点”。汉语的“强、弱”与英语的“strong，weak”是一对反义词，英语可用strongpoint和weakpoint来表示“优点”和“缺点”，汉语只有用弱点来表示薄弱之处，而没有与之相对的“强点”。

在语言中，一个词往往可以和几个不同的词互为反义词，这种情况可以称为多向反义聚合。比如汉语的“正”可以分别和“邪、斜、误、反、歪、偏、副、负”等词构成反义关系。

（三）同义词与反义词的关系

客观现实现象中存在着各种不同的关系，有相近的关系，也有对立的关系。词义在反映这些现象时也就存在着同义和反义两种不同的关系。同义中的“同”与反义中的“反”是对立的统一。一方面，反义词是异中有同，以“同”作为前提和基础，如“生”和“死”都与“生命”有关，“生命”是其同；另一方面，同义词又是同中有异。同义词（大多数是近义词）要在基本意义相同的条件下显示出理性意义、附加色彩、搭配习惯上的细微差别，比如“逝世——送命”，这种词义上的细微差别，实际上都是反义因素的具体表现。同中有异，异中有同，是对立的统一。汉语在发展过程中，同义词和反义词的构词作用是相通的，现代汉语的联合（并列）式双音复合词就包含同义词的结合和反义词的结合两种类型，如：“皮革、改革、愤怒、美丽”等是同义词的组合，“死活、买卖、动静”等是反义词的组合，这种构词作用的相通，在某种意义上正好说明了同义和反义之间的某种对立统一关系。

三、语义场

场原是物理学术语，它原指一个范围。在这个范围之中，某些物质相互关联、相互作用，如电场、磁场、引力场等。物理场即相互作用场，是物质存在的基本形态之一，它存在于整个空间。物体之间的相互作用就是依靠有关的“场”来实现的。语义学借用“场”的概念来研究语义和语义系统。

语义场是指具有共同语义特征，在词义上处于相互联系、相互制约的关系之中的词语聚合体。比如自行车、公共汽车、电车、卡车等都有一个共同的义素[+交通工具]，于是它们组成一个“交通工具语义场”；再如表示亲属关系的词：祖父母、父母、兄弟、姐妹、叔叔、伯伯、舅舅、姑姑、姨姨等都有一个共同的义素[+亲属]，于是它们组成一个“亲属语义场”；等等。

语义场的一个重要特征是它的层次性。一种语言的词汇可以根据语义特征划分为若干语义场，每个语义场之下又可划分为若干语义子场。比如亲属语义场之下就有这样一些子场：男性亲属场—女性亲属场，直系亲属场—旁系亲属场，父辈亲属场—子辈亲属场。从场到子场，体现了语义场的结构层次。语义场中语义概括的范围有大有小，语义场的结构层次应该是由大到小、由场到子场，形成一个有序的集合。

语义场的另一个特征是语义场内词语的语义特征的相互联系、互相制约性。如果一个语义场中的某个词义发生了变化，它邻近和相关的词在意义上概括的范围也会发生相应的变化。比如在重庆方言中，属于“购进语义场”的词语有“割（肉）、扯（布）、称（白糖）、打（馒头）、端（豆腐）”等词语。但随着教育的普及和人们文化程度的提高及普通话影响的扩大，完全使用这些词语的人越来越少，而“买”的使用范围就相应扩大了。

语义场理论对语义研究和语言间语义对应关系的研究都有一定的意义。

首先，语义场理论对于系统地观察语义有积极意义。通过语义场的研究，可以看出一个词进入一定的语义场之后，它与其他词的意义是如何相互联系、制约、区别的，它是处在一个什么样的类聚和层次之中。这样，词汇意义就形成了一个有结构关系和结构层次的语义体系。语义场的研究也就为语义结构、语义体系的研究提供了一种有效的模式。据一项研究称[①]，用以下十二个语义场可以分析说明汉语五万多个词的六万七千多个义项：①人；②物体；③时间；④空间；⑤抽象事物；⑥性质；⑦动作；⑧心理；⑨活动；⑩状态；⑪关联；⑫助语。用义素分析法可以进一步分析每一个“场”所包含语词的语义结构及其关系。

其次，语义场理论为研究不同语言之间的语义对应关系提供了基础。通过对不同语言语义场构成的比较，可以发现不同语言间词义系统、语义系统的差别。

再次，语义场理论可以为义素分析提供方法的基础。语义场和义素分析有着密切的关系，在确定对比范围上，语义场研究有着重要的作用。如前所述，义素分析的第一步是找出一组相关的词语，确定对比分析的范围。找相关的词语，就是要找出共同义素，有了共同义素，便可形成一个语义场。从词义聚合的角度来看，要求进行对比的一组词语必须属于同一个层次的语义场，因而语义场的划分实际上是义素分析的基础。

---

① 梅家驹、高蕴琦：《语义形式化的研究》，《外国语》1990年第5期，第9页。

第五节　语义的组合

语义的概括是把特殊的、复杂的现实现象变成一般的、简单的东西，这个过程叫聚合，如同义聚合、反义聚合，都是把一类一类的现象概括出来。语义的组合则是把一般的、简单的概括变为特殊的、具体的过程。前者使得词成为认识现实现象的一种工具，用来指称一类现实现象中的个别、特殊的现象；后者指的是具有一般性、概括性特点的词一进入句子，就得和具体的、特殊的现象相联系，从一般回到个别。譬如："人"在概括时，略去了所有的个别特征：男人、女人、小孩、中国人、外国人、黑种人、白种人……但在"青年人"中，"人"一词又显示出在概括中被略去的年龄特征。因此，语义的概括是从特殊到一般、从复杂到简单，而语义的组合则是从一般回到特殊、从抽象回到具体。

组合可以使语义单一化。每一种语言或方言都有许多词语是多义的，这些多义词只能在具体的组合中才能确定其词义，而词典上的概括都有一定的限度。比如汉语的"打"：打架、打水、打酒、打馒头、打分、打猎、打雷、打交道、打擂台、打枪、打算盘、打主意、打牙祭、打针……这些"打"只有在具体的组合中，其意义才具体明了。"搞"来自四川话，后被普通话采用。单看一个"搞"字，很难说清它的语义，但在"搞工作、搞学习、搞对象、搞好关系、搞点儿饭吃……"中，它的语义就比较单一。在英语里，如 get，take，have……应该说都是这样的词。

一、语义的组合

语义的组合是通过词语的组合来实现的，因而研究语义最终还是要进入词语的组合，进入词语的搭配。而词语一旦进入组合和搭配，就要受到众多语义条件的限制。

1. 词语的组合要受现实现象之间实际关系的制约。词语的组合一方面要受语法规则的制约，另一方面又要受语义组合中实际关系的制约。像"吃——茶杯""喝——苹果""猴子——读——书"这一类组合，就其语法规则来看，符合汉语普通话[动+名]或[名+动+名]的规则，完全没有问题。但这样的结构却与语义组合的实际关系不合，现实现象中不存在这样的关系，表达这些现象的词语也就不可能搭配，除非在神话或童话文学作品中，可以突破这种限制。

2. 词语的组合受具体的语言或方言词语组合规则的制约。每一种语言、每一种方言都有各自的语义系列，不同的语言或不同的方言在如何表达现实中实际存在的关系时，都有自己不同的语义序列和组合特点。同一现实现象，一种语言或方言用这样的词来表达，另一种语言或方言则用别的词来表达。这样，不同的语言或方言的词语组合关系也就有了不同的特点。如“吃”，普通话只能“吃+饭”或者“吃+固体的食物”，涉及液体的或气体的，得说“喝茶、喝酒、喝水、喝粥、抽烟、吸烟”，而重庆话则可以“吃+饭、烟、茶、水、酒、稀饭、醪糟”。英语则说 have+breakfast，lunch，supper；eat+meat、apple；drink+water、wine、tea。“买”，普通话可以“买+肉、酒、白糖、布、豆腐、馒头”，而重庆话则说“割肉”“打酒”“称白糖”“扯布“端豆腐”“打馒头”。

3. 词语的组合要符合社会的使用习惯。如汉语看书、看电视都说“看”，而英语则是 read book、watch TV。“漂亮”一词，在英语中，形容小女孩用 pretty，形容妇女则用 beautiful，形容男人则用 handsome；在汉语中，“乖”一般用于小孩（方言中可用于大姑娘）。而“漂亮”则老幼皆可，“美”则主要用于女人，“帅”用于男人。词语搭配的习惯用法，很难说有什么理据性，即无法清楚地排列出它们的语义条件，但这在语言学习中是一个必须突破的难点。

4. 词语的组合受语义附加意义和修辞需要的制约。附加意义包括褒贬意义、语体意义和联想意义等，该用褒义的，不能用贬义；该口语化的，不能太文绉绉。菜市场上，不能用“之、乎、者、也”，学术论文里，也不能有过于轻佻或者诙谐的字眼。词语的组合和语言的表达都必须考虑这些因素。

二、语义和语境

语境指言语环境。狭义的语境即上下文，不仅包括文章或言谈中上段与下段、上句与下句之间的关系，还包括一句话中词与词之间的关系，指词进入组合时所处的词义环境。广义的语境指言语交际时的具体情境，包括说话场合、话题、说话人和听话人的身份、交际者之间的关系等等，也可称为“情景语境”。在口语中，情景语境还包括某些副语言的内容，如眼色、面部表情、手势等。更广义的语境甚至包括一定社会的文化历史背景。

在现实生活中，言语活动总是在一定的环境中进行的，因而理解语义不能离开具体的语境。如“你好哇”这句话，出自朋友的问候和仇人相遇时的叫唤，其含义是大不相同的。在具体的语言环境中，词义得到确定和补充。如“我去看病”这句话于医生和病人、“我去上课”这句话于老师和学生都是不一样的。

1. 语境有时可以影响词语的感情色彩。比如“冤家”这个词，本指具有深仇大恨的人，而在我国古典小说中往往成为对亲爱者的昵称。“小赤佬”是上海话里一句骂人的话，但在电视剧《欢乐人家》中，常常成

小赤佬

为父亲对儿子的昵称。“坏蛋”是个贬义词,但在花前月下青年男女谈情说爱的语境下,女孩子撒娇说“坏蛋”,此时“坏蛋”则要蒙上一层亲昵的褒义色彩。“英雄”本来带有褒义,但在讽刺别人的语境下“瞧你多英雄!”则又有贬义色彩。

2.语境可使词语获得临时意义。一个词语本来并不具有某个意义,但在特定的语境下可以获得一个临时意义。比如某宿舍的学生正在传阅世界名著《飘》,后面急着想看的同学说:“喂!你还没‘飘’完吗?”这里,“飘”在特殊的语境下获得了“读”的特殊意义,说的人不用解释,听的人心领神会。《三国演义》里有一段蜀臣伊籍出使吴国的故事。伊籍刚到吴国,孙权想当众羞辱蜀国君臣。当伊籍跪拜完毕,孙权笑道:“奉事无道君主,辛苦吧?”哪知伊籍答道:“一拜一起,不为辛苦。”伊籍的回答,有一箭双雕的功效。表面上表达了“奉事刘备,不辛苦”之意,实际上是影射孙权“无道”,因为伊籍刚刚对孙权一拜一起!这一拜一起的具体语境,使伊籍的回答获得一个别的地方没有的临时意义。

3.语境能填补、丰富词语的意义。有的时候,一句话只有一两个词,但在特定的语境之下,这一两个词就能表达一个完整的、更为丰满的语义。比如在小说《大卫·科波菲尔》中有这样一个情节:大卫的姨妈贝西小姐最恨驴子进入她住宅的草坪,当她从窗口望出去发现草坪上有驴子的时候,就大叫一声:“珍妮,驴子!”在这个简短的表达中,丰富的语境意义也有了:贝西小姐要她的女仆珍妮赶快把驴子赶出草坪去。

4.语境要求说话人选择同义词并在一定程度上要限制说话的方式。语言中同义词可分近义词和等义词两种。等义词的运用可以说完全是由语境来决定的。例如在汉语中,“妻子”有不少其他的称呼,如“夫人、太太、媳妇、孩子妈、屋里的、拙荆、贱内、内子、内人”等等。不同的人、不同的场合、不同时代就有不同的称呼。

5.从广义上讲,要联系社会文化历史背景来理解词义。“龙”对中国古人来说是权力和君主的象征:“真龙天子、龙袍、龙椅、龙子、龙孙……”,西方人则把龙看作凶恶残暴的象征。

三、语形结构和深层意义

(一)歧义

歧义是指语言符号同一形式的词形结构可能表达不同意义的现象。比如人们常举的一个例子 old men and women,可以是 old/men and women,也可以是 old men/and women。按前者来理解,词组的意思是“年老的男人和年老的女人”;按后者来理解,词组的意思是“年老的男人,还有女人”。

歧义的一个重要特征就是语言符号的词形结构必须同形。形式不同,就无所谓歧义。口语的同形,要求音位及其组合形式相同,韵律特征也相同;书面语的同形,则要求书写符号及其排列形式相同。由于口语和书面语的同形条件不一样,口语同形和书面语同形并不总是一致的。口语有歧义的,书面语不一定有歧义;书面语有歧义的,口语不一定有歧义。

歧义在语言中是大量存在的,运用相同的形式表达不同的意义,这是人类的自然语言不同于人工语言的一个重要特点。歧义现象正是自然语言这一特点的一种体现。但由于上下文语境和情景语境有排除歧义的作用,因而在特定的话语中,具有歧义可能的句子通常只表达单一的意义,并不会导致理解上的分歧而妨碍交际的正常进行。但如果语境不充分,可能的歧义就会成为现实的歧义,结果就可能影响交际的正常进行。

歧义产生的原因,一是词语本身的歧义。语句的意义都是在词义的基础上形成的,因而词语的同音异义、同形(书写形式相同)异义和一词多义都可能造成语句的歧义。词语的同音异义可能造成口头歧义。例如:“那个商店关门了”,可以表示“那个商店已经打烊,营业时间已过”,也可以表示“那个商店停业了”。

二是组合产生歧义。如果相同的词语之间可以有不同的句法结构关系,就有可能造成歧义。例如:“学生家长都来了”,“学生”和“家长”既可以有偏正关系,意思是“学生的家长”,也可以有并列关系,意思是“学生和家长”。

如果相同的词语之间可以有不同的语义结构关系,也有可能造成歧义。例如:“中山公园松树最多”,副词“最”在语义上可以指向“中山公园”,也可以指向“松树”。如果是前者,句子的意思是“松树多的地方以中山公园为最”;如果是后者,句子的意思是“中山公园里数量多的东西以松树为最”。

(二)言内意外

言内意外是语言符号语形结构与深层意义不一致,或者词不达意,或者语义另有指向的现象。在语言生活中,“含沙射影、指桑骂槐、话外之意、弦外之音”大抵属于这种现象。

导致言内意外的原因,一是语言表达思想有其局限性。从理论上讲,语言所能表达的只有一般的东西,而人们所要表达的或所想要表达的都是特殊的、个别的东西,用一般的、概括的东西来表达特殊的、个别的东西,有时候就难以用言词详尽地表达出来,这样,就在表述的内容里留下一些空白,需要听话的人去补充、去体会。这就在语言的交际中出现了“言不尽意”“言内意外”的现象。从语言与思维的关系来看,语言是思维的重要工具,但不是唯一的工具,在一些特殊的情况下,想要表达的某些东西是可以通过非语言的工具来表达的，这也使得言不尽意、词不达意、难言之状或言内意外成为可能。

二是语言交际或文学作品中，往往采用委婉、含蓄的手法，使得言语活动或结果有一种“言内意外”“弦外之音”的效果。“言内意外”有时正是为了充分表达思想，有话不直说，在语言结构上留下一些空白去让对方回味、补充。有时实指直说的效果反不如影射暗示来得更好，文学作品的语言，尤其是诗的语言，都非常重视语言的这种暗示性和启发性，以达到言有尽而意无穷的效果。

唐代诗人朱庆馀有一首脍炙人口的名诗《闺意献张水部》：

洞房昨夜停红烛，待晓堂前拜舅姑。

妆罢低声问夫婿，画眉深浅入时无？

从字面上看这首诗写的是新婚妻子问丈夫自己的化妆时髦否，实际上是朱庆馀向张水部献上自己的诗作请求推荐，现在用诗的形式问张水部这样的诗写得是否合乎应考的要求。为什么不直说呢？因为当事人双方都有顾虑，而且双方都是讲究风雅的文人，选用这种方式，大家彼此心领神会，效果好。

需要说明的是，言内意外更多的属于文学作品语言问题，它与法律条文、政策、文件等的语言完全不同。后者要求含义非常明确，不允许“言内”有“意外”。

思考练习

一、填空题

1. 语义的性质包括________、________和________。

2. 语体意义指由语言使用的交际环境所带来的附加意义，通常分为________和________。

3. 语义单位从小到大可以分为________、________、________和义句。

4. 同义词可以分为________和________，前者意义完全相同，而后者存在细微差别。

5. 反义词分为________、________两类，“胖、瘦”属于________。

二、选择题

1. 汉语“舞台”一词在“历史舞台”中的词义是(　　)。

A. 本义　　B. 中心意义

C. 隐喻方式产生的派生意义　　D. 换喻方式产生的派生意义

2. 同音词指(　　)。

A. 语音相同的词　　B. 音同形同的词

C.语音相同而意义不相关的词　　D.音同形同而意义不同的词

3.从词义的感情色彩来看,绝大多数的词是(　　)。

A.褒义的　　B.贬义的

C.中性的　　D.既有褒义也有贬义的

4.以下词义不具有模糊性的是(　　)。

A.高手　　B.晚上　　C.音节　　D.美丽

5.以下同义词属于词义完全相同的是(　　)。

A.商量——商榷　　B.皮——革

C.青霉素——盘尼西林　　D.鼓励——怂恿

三、名词解释题

语义　附加意义　本义　中心意义　隐喻　义素　同音词　多义词

四、简答题

1.如何理解词义的民族性?试举例说明。

2.词的本义和中心意义是否相同?请举例说明。

3.举例说明同音词和多义词的区别。

4.简述语义的组合所需要考虑的各种条件。

五、分析题

什么是义素分析法?请对“电视剧”进行义素分析,并举例说明义素分析法的意义。

六、论述题

什么是语境?语境对词义的理解有何影响?请论述并举例说明。

【拓展延伸】

[1]贾彦德.语义学导论[M].北京:北京大学出版社,1986.

[2]罗常培.语言与文化 [M].北京:北京出版社,2011.

[3]陆云武.语文课程性质的语义学视角分析[J].语文教学通讯,2011(4).

[4]王宁,黄易青.词源意义与词汇意义论析[J].北京师范大学学报,2002(4).

[5]梅家驹,高蕴琦.语义形式化的研究[J].外国语,1990(5).

第七章

语　用

【章目要览】

语境包括上下文语境、情景语境、文化语境。语境可以使话语产生超越句子或语言结构字面意义之外的意义,即语境意义。格赖斯的合作原则包括四条准则:量准则、质准则、相关准则和方式准则。违反合作原则常常会产生言外之意,即会话含义。言语行为理论,把说话当成一种行为。一个完整的言语行为分为三个次行为:言内行为、言外行为、言后行为。在生活中人们常使用间接言语行为。间接言语行为分为规约性间接言语行为和非规约性间接言语行为。蕴涵与预设是句义之间的两种重要关系,它们有明显的区别。预设有非常重要的作用:帮助我们理解言外之意,利用预设进行有技巧的交谈,利用预设进行有力的诘驳,有利于语言的简洁。

【相关知识】

主要涉及语义学中语义与语境的关系、言外之意、词义的各种关系,哲学中关于语言本质、语言功能的论述。

【情景案例】

传说有人请四位朋友吃饭,甲、乙、丙按时到了,可丁迟迟未到。主人着急地说:“该来的怎么还不来呀?”甲听了犯疑:“莫非是我不该来?”于是就走了。主人一看走了一位,一急又说了一句:“唉!不该走的又走了。”乙听了心想,莫非我是该走的?站起来也走了。主人此时更急了,忙说:“我说的又不是他!”丙此时才大悟,原来该走的是我呀!气呼呼地也走了。

为什么主人的话语把甲、乙、丙三位客人都气走了?因为主人没有清晰恰当地表达自己的意思,违背了合作原则中的方式准则:语话应避免晦涩、歧义,以免他人产生误解。违背合作原则,有时会导致交际失败。但在日常生活中,我们常常会故意违背合作原则及相关准则,以使话语产生言外之意。

【重点提示】

违背合作原则及相关准则产生会话含义;言语行为三分说;蕴涵和预设的区别。

第一节 语境

一、什么是语境

语境指人们运用自然语言进行言语交际的言语环境，包括三个方面。

首先是上下文语境，即书面语的上下文或口语的前言后语。例如：

①有几个“慈祥”的老板到菜场去收集一些菜叶，用盐水一浸，这就是她们难得的“佳肴”。

（夏衍《包身工》）

通过上下文语境，我们可以知道“慈祥”“佳肴”用的是反语，讽刺了老板对包身工的残忍压榨。

②陈：你们学院那个小李老师好像是个不错的小伙子，他还没结婚吧？

杨：嗯，他——他老家在四川农村，他是老大，下面还有几个弟弟妹妹。

通过上下文语境，可以看出陈女士想介绍小李和朋友的女儿相识，她向小李的同事杨女士打探消息。但杨女士答非所问，转而提供了关于小李家庭背景的情况。由此可以推导出言外之意：小李未婚而家庭负担重，他不太可能成为一个都市女孩心目中理想丈夫的候选人。

其次是情景语境，即言语交际时的具体情景，其范围大小是交际双方当时的感知能力所能达到的最大限度，具有现场性，有的也叫“现场语境”，包括时间、地点、话题、场合、交际参与者（身份、地位、职业、思想、教养、经历等）等。例如：

①一位教师说：“明天上午八点我去上课。”

一个学生说：“明天上午八点我去上课。”

教师和学生虽然都说同样的话，由于教师和学生的身份不同而决定了同样一句话的意义不同，教师说这句话的意思是“去讲课”，而学生说这句话的意思是“去听课”。

②“都八点了！”

如果是早晨，父母对正在家里睡觉的孩子说此语，这句话的意思是在催促孩子快起床上学。如果是早晨在学校里或在教室里说的，那么这句话的意思可能是指上课的时间到了。晚上如果在公园里，正在等男朋友的女性说此语，这句话的意思则指约定的会面时间到了。

再次是文化语境，即更大的社会历史文化背景、规范和习俗、价值观等。例如：

①他俩把生米煮成了熟饭，使她父母再也不好反对他俩的婚姻了。

“生米煮成了熟饭”是俗语，指事情已经发展到难以改变的地步，或既成事实，难以改变。在此语句中指两人已经发生了两性关系。按照中国的文化传统，对两性关系的表达很含蓄，一个年轻的姑娘一旦和一个男子发生了性关系，就必须嫁给那个男子，因此她的父母再也不好反对两人的婚事。中国人很容易理解，欧美人则很难理解。

再比如中国人在临别时，主人常说：“没招待好，请多多包涵。”客人则会说：“打扰你了，谢谢你的盛情款待。”而英美文化中，客人常说：“I' ve had a wonderful time. Good-bye!”主人则说：“I am glad you' ve come。”中国人把客人送出门时，常说：“慢走”或者“外面冷，注意添件衣服”以示关心。然而在西方文化中，这种关怀可能会被客人误解为怀疑他的生活能力，或者他们会有这样的疑问：“为什么要慢慢走?”

同一民族古今文化的差异也会给人们的交际带来麻烦。比如在《史记·李斯列传》中有这样一段话：

初，赵高为郎中令，所杀及报私怨众多，恐大臣入朝奏事毁恶之，乃说二世曰：“天子所以贵者，但以闻声，群臣莫得见其面，故号曰‘朕’。且陛下富于春秋，未必尽通诸事，今坐朝廷，谴举有不当者，则见短于大臣，非所以示神明于天下也……”

中国人的旧传统，忌讳说人年轻，因为年轻往往意味着不懂事、阅历浅。故赵高不说“皇帝年轻”，而说“陛下富于春秋”。而在今天的社会中，人们喜欢听别人说自己年轻，尤其是女性。

二、语境意义

前面我们讲到，对词义的理解要根据语境。语境也会使话语产生语境意义。语境意义，是由语境所赋予的超越字面意义以外的意义。它是在特定语境条件下，说话人希望传递的交际信息。它与语境密切联系，是一种语用意义。

①今天是星期天。

句子的字面意义：一个判断，说话人说话的当天是一个星期天。但话语的语境意义可以多种多样，如果妻子对潜心事业伏案工作的丈夫说此语，意思是建议他好好休息；想出去玩的儿子对让他在家复习的妈妈说此语，意思是请求妈妈同意他去玩；下属对让他加班工作的老板说此语，意思是不想加班，周末应该休息。

②A：去李明家看球赛吧！	A：他家很穷！	A：他家很热！
B：他家有空调。	B：他家有空调。	B：他家有空调。

“他家有空调”这个句子的字面意义是：陈述某人家有空调这一事实。但放在上面

三种不同的语境中，产生三种不同的语境意义，分别是：a.去他家看球赛；b.他家不穷，因为他家有空调；c.他家不热。

句子的字面意义不同，但可以表示相同的语境意义。如：

③A.今天晚上一起看电影？

B.明天还要考试。

A.今天晚上一起看电影？

B.我头有点儿痛。

A.今天晚上一起看电影？

B.今天逛街太累了。

三种不同的回答，虽然字面意义不同，但表达了相同的语境意义，都表示拒绝，即不去看电影。

第二节　合作原则及会话含义

一、合作原则

格赖斯

美国语言哲学家格赖斯1967年在哈佛大学作了《逻辑与会话》的演讲，提出了合作原则。人与人在语言交际中需要合作，为了保证交谈的顺利进行，说话人和听话人必须遵守一些基本的原则，即合作原则。合作原则指为了使交谈顺利进行下去，要使你说的话符合交谈的公认目的和方向。

（一）合作原则及准则

合作原则包括四条准则：

1.量的准则：关注的是话语的信息量，要不多不少，恰如其分。

（1）所说的话应包含当前交谈目的所需要的信息；

（2）所说的话不应包含多于需要的信息。

例如：甲问乙“你今天一天干什么去了？”假设乙做出下面三种不同的回答：

①上午逛街去了，下午去图书馆看书了。

②上午逛街去了。

③上午逛街去了。逛街我买了很多东西,有衣服、鞋子、零食,还有一些文具。下午去图书馆看书了。图书馆的人可真多,我差点儿找不着座位。

第一种回答提供的信息量恰当,第二种回答提供的信息量不足,第三种回答提供的信息量太多。

2.质的准则:关注的是话语的真实性,要求所说的话要真实可信。

(1)不要说自知是虚假的话;

(2)不要说缺乏足够证据的话。

例如:

①成都属于江苏省。

②今天小张去了南京。

例①中,如果说话人知道成都属于四川,仍然这样说,显然说了假话,违背了质的准则。例②中,如果说话人知道小张今天确实去了南京,说明说话人遵守了质的准则。

3.相关准则:关注的是话语的关联度,要求所说的话要有联系。

例如:张三问李四"你认识王红老师吗?"李四做出两种回答:

①不认识。

②我想去吃饭。

李四的第一种回答与张三的问题是密切相关的,遵守了相关准则。而第二种回答牛头不对马嘴,违背了相关准则。

4.方式准则:关注的是说话的方式,要清楚明白地表达出要说的话,尤其是:

(1)避免晦涩;

(2)避免歧义;

(3)简练;

(4)有条理。

例如:①A:最近怎么样?

B:还不错。

②她走到家门口,就上床睡觉了,然后去卫生间洗完脸,打开门。

③这姑娘谁都看不上。

例①中的对话,简单明了,遵守了方式准则。例②说话没有条理,违背了方式准则。例③违背方式准则,有歧义,可以理解为"这姑娘看不上任何人",也可以理解为"谁都看不上这姑娘"。

(二)合作原则的违反

在现实中,人们并不都严格遵守合作原则及相关准则。格赖斯总结出四种可能不遵守合作原则各条准则的情况:

1.说话人宣布不遵守合作原则以及有关准则。例如面对别人的提问说:

①我不想回答。

②无可奉告。

③我不能说更多的话了。

这种违反准则的情况一般不会产生会话含义,只是表明听话人不愿继续进行交际而已。

2.说话人可以悄悄地、不加声张地违反一条准则,从而把听话人引入歧途,结果使听话人产生误解或受骗上当。例如:

①说谎的孩子叫喊:“狼来了。”

②当别人对你发出邀请而你不想接受、又不想冒犯对方时说:“对不起,今天身体不舒服。”“对不起,今天我还有别的事。”“对不起,我要去机场接朋友。”以作托词。

3.说话人可能面临一种顾此失彼的情况,即为了维护一条准则而不得不违反另一条准则。例如:

A.张三住在哪里?

B.重庆沙坪坝的某个小区。

B知道A想去张三家拜访,所以A想知道的是张三家的详细地址,以便找到张三。但是B不知道张三的确切住址,只知道一个大概的范围,因此B的回答为了遵守质的准则,只能违背量的准则,使提供的信息量不足。

4.说话人故意不遵守某一条准则来传递会话含义,即说话人知道自己违反了某一条准则,同时还使听话人知道说话人违反了该条准则,但目的不是中断交谈,而是为了向听话人传递一种新信息——会话含义。会话含义是超越字面意义之外的隐含意义。例如:

陈:你看见小王和小张了吗?

黄:小张在办公室。

陈问的是小王和小张,但黄只回答了小张,显然提供的信息量不足,通常说话人会遵守合作原则,因此听话人可以推断出说话人想要传达的会话含义。其会话含义是:没有看见小王。

二、违反合作原则产生会话含义

在日常生活中,我们常常会故意违反合作原则,以使话语产生会话含义。

(一)违反量准则产生会话含义

1.故意违反量准则的第一条次准则:所说的话应包含为当前交谈目的所需要的信息,以使听话人推导出会话含义。例如:

雷锋用自己的津贴费买了一张去吉林的火车票塞到大嫂手里,大嫂含着眼泪说:“大兄弟,你叫什么名字,是哪个单位的?”雷锋说:“我叫解放军,就住在中国。”

雷锋的回答“我叫解放军,就住在中国”,信息量等于零,是故意不提供足量信息,其含义是:我不告诉你我的名字和单位。

2.故意违反量准则的第二条次准则:所说的话不应包含多于需要的信息,以使听话人推导出其含义。例如:

父亲:儿子,历史考得怎么样?

儿子:考得一般,因为题目中出现了一些在我出生之前发生的事件。

儿子只需要回答“考得一般”就足够了,后面的一句话使提供的信息量过多,听话人通过这句多余的话可以推导出这样的会话含义:考得不好,不是孩子的错,而是因为考了一些孩子出生之前发生的事件。

(二)违反质准则产生会话含义

1.故意违反质准则的第一条次准则:不要说自知是虚假的话,而刻意说些不符合事实的话,让听话人推导出会话含义来。例如:

①他翅膀长硬了。

这里用了拟物的修辞手法,把人当作物来写,但人不可能有翅膀,所以说话人说了自知虚假的话,会话含义是:他长大了,就不听家长的话了。

②他跑得比火车还快。

这里用了夸张的手法,会话含义是:他跑得非常快。

③A.小王,快起床了,都九点了。

B.他就是一头猪。

这里用了比喻的修辞手法,说了虚假的话,会话含义是:他像猪一样贪睡、懒惰。

2.故意违反质准则的第二条次准则:不要说缺乏足够证据的话,而说一些不诚实或不负责任的话,从而使听话人推导出某种含义。例如:

他一定又在打麻将。

某人在适合的场合谈论Y的丈夫时说出这句话，听话人知道某人说这句话并无足够的证据，但他有理由认为这位丈夫是经常打麻将赌博的男人。

（三）违反相关准则产生会话含义

①甲：九寨沟的风景太美了，我给你介绍介绍吧！

乙：这普洱茶真好喝。

此例中，甲想给乙介绍九寨沟的风景，但乙可能对此不感兴趣，于是答非所问，转移话题，从而传达出会话含义：不想听你介绍。

②谢大洪：暑假回老家吗？

周曼妮：我爸要来学院。

面对谢的询问，周答非所问，向对方陈述“我爸要来学院”，其含义是：我暑假不回老家。

（四）违反方式准则产生会话含义

1. 故意违反方式准则的第一条次准则：避免晦涩，而说话故意晦涩，使在场的第三者听不懂，以此传达不可告诉第三者的含义。例如：

丈夫：给儿子买点什么吃的？

妻子：记住别买candy（糖果）。

父母觉得吃糖果容易坏牙，为了不在小孩子面前直接提及糖果，以免小孩听到后哭闹要吃，于是故意用晦涩的话语，让孩子听不懂。

2. 故意违反方式准则的第二条次准则：避免歧义，而故意使用歧义句来产生会话含义。产生会话含义的歧义句，是为了某种目的故意精心安排的，其会话含义只有了解说话人实际情况的听话人才能准确地推导出来。例如：

①甲：昨天晚上跟你在一起的那位小姐真漂亮。

乙：她不是什么“小姐”，她是我儿子的班主任，来家访。

“小姐”可指三陪女郎，也作年轻女子的尊称，甲说“昨天晚上跟你在一起的那位小姐真漂亮”，目的是产生会话含义：我看见你昨天晚上找了个漂亮的三陪女郎。故乙不得不马上辩解。

②圣约翰：简，跟我一起去印度吧；作为我的伴侣和同事，去吧！

简·爱：哦，圣约翰，你就行行好吧！

（夏洛蒂·勃朗特《简·爱》）

在圣约翰已经订好船票确定要走的时候，对简·爱说，让她陪自己一起去印度，并作为他的伴侣和同事。"伴侣"既可以指同行的伙伴，也可以指生活和精神上的"伴侣"即爱人。有歧义，所以违反了方式准则，其实我们根据下文就知道，传达的会话含义是：希望简·爱作为他的妻子和爱人，和他一起去印度。

3.故意违反方式准则的第三条次准则：简练，而说些啰唆话。例如：

①可是，小姐……你听着，……这是美丰金店六百五十四块四，永昌绸缎公司三百五十五块五毛五，旅馆二百二十九块七毛六，洪生照相馆一百一十七块零七毛，久华昌鞋店九十一块三，这一星期的汽车费七十六块五，还有……

（曹禺《日出》）

这是当交际花陈白露声称她不愿意见银行家潘经理后，旅馆茶房福生对她说的一席啰唆话。这段话的含义是：你这位交际花负债累累，不屈从于开银行有大钱的潘经理你能混下去吗？

②甲：听说你最近又去了欧洲？还去了巴黎？

乙：好夸张啊，谁告诉你的？舌头真长。

答话违反了"方式准则"的第三条次准则，未提供简明扼要的信息，产生的特殊含义是：我不愿让人知道此事。

4.故意违反方式准则的第四条次准则：有条理，而说些看似无序的话，例如：

刘星：着火了，着火了，着火了。

刘梅：干吗呀？

刘星：天上掉馅饼了，天上掉馅饼了，我接，我。贝克汉姆，贝克汉姆来咱们家了，没用。

夏雨：看我的吧，今天的课就上到这儿，起立，下课了。

（《家有儿女》）

夏雪这几天表现很反常。吃饭的时候，大家在讨论林宁的事情，夏雪一直在走神，刘星瞧见了就突然说"着火了""天上掉馅饼了""贝克汉姆来了"的话语。例子中刘星东拉西扯说些没有条理的话，明显违反了方式准则中"有条理"的次准则，产生会话含义是：提醒夏雪不要走神了。

第三节 言语行为

一、言语行为三分说

奥斯汀

中国古代有“言行一致”“君子慎于言而敏于行”的说法，人们常把“言”与“行”看成对立的事物，其实“说话”本身也是一种行为。这种行为，像吵架、买菜等其他社会行为一样，说话人通过说一句话，会对听话人或其他人产生某种影响，带来某种效果。

英国哲学家奥斯汀把一个完整的言语行为分为三个环节，分别是言内行为、言外行为、言后行为。言内行为，指说话人说出有意义的话语或句子的行为，即说话行为本身；言外行为，在说话的过程中同时也会完成另一种行为，如警告、提醒、通知、请求、宣告、道歉等，往往代表了说话人的意图和目的；言后行为，指说话人说出一句话所产生的效果和影响。

例如，经理对小张说：“你赶紧出去！”这里，经理发出声音，说出这个有意义的句子，这就是言内行为。经理通过这句话，实际上是对听话人发出一种命令，这是言外行为。听话人听到这句话，做出相应的反应，或许小张就从房间出去了，或许小张听到这句话感到很生气，这是言后行为。

再如，甲对乙说：“我一定会来。”甲把语言单位按规则排列，说出这句话，这是言内行为。甲对乙说句话，代表了甲对乙的一种承诺，这是言外行为。乙听到这句话，感到非常高兴，这是言后行为。

在这三个环节中，言语行为最关注的是言外行为，也称施事行为。一般所说的言语行为通常指的就是言外行为。

二、间接言语行为

一般语言中，都有陈述句、疑问句、祈使句、感叹句，这四种句类不仅体现了说话者的不同语气，而且从言语行为的角度来说，往往代表了不同的言语行为。陈述句表示陈述或断言行为。疑问句表示询问行为。祈使句表示请求或命令行为。感叹句表示感叹行为。但是，现实中，某些句子往往字面上表示一种言语行为，但实际上表示的是另一种言语行为，这就是间接言语行为。如“能把这支笔递给我吗？”这句话，从字面上是一种询问，但实际上是一种请求行为。

间接言语行为是通过实施一种言语行为来间接地实施另一种言语行为。间接言语行为分为规约性间接言语行为和非规约性间接言语行为。

(一)规约性间接言语行为

规约性间接言语行为,指只需要做一般性推导就能得出的间接言语行为。我们往往根据句子的句法形式,按习惯就可以立即推导出来。如:

能不能把垃圾放远一点?——请你把垃圾放远一点。(通过询问表示请求)

安静一点好吗?——请安静一点。(通过询问表示请求)

我希望你帮我抬一下桌子。——请帮我抬一下桌子。(通过陈述表达请求)

我想知道你为什么来晚了。——你为什么来晚了?(通过陈述表达询问)

这里为什么要使用间接言语行为?一个非常重要的原因是为了礼貌。同样的请求行为,直接使用祈使句,会增加语言的驱使性和命令性,而使用疑问句或陈述句则显得更加委婉。当然,采取哪种方式更恰当,也要看说话人和听话人之间的关系,如果是非常亲密的朋友之间,用询问的方式来表达请求,反而显得生分和疏离。

(二)非规约性间接言语行为

非规约性间接言语行为,指依靠语境和说话双方的共知信息来推导的间接言语行为。如:

A.逛街去吗?

B.昨天已经去过了。

A的用意显然是想邀请B一起去逛街;而B并没有直接回答说“去”还是“不去”,而是告诉A一个事实“昨天已经去过了”。通过该话语,B间接向A表达了拒绝的用意。B的话语属于非规约性间接言语行为,必须依靠上下文语境,我们才能推导出说话人的真正意图和目的:拒绝。

推导非规约性间接言语行为,需要经过听话人一系列的努力。交际双方共同具有的背景信息(包括语言和非语言的)、合作原则以及听话人的推理能力以及言语行为理论是推导非规约性间接言语行为的必备条件。如:

甲:今晚一起去看电影。

乙:明天还有考试。

甲向乙发出邀请,一起去看电影。但乙的回答是:明天还有考试,两者在字面上是没有联系的,假定乙在会话中是合作的,说明乙想传递会话含义。根据背景知识,考试前一般要复习或休息,就不能去看电影。由此推导出会话含义是:不去看电影。从言语行为理论的角度看,其代表的言语行为是拒绝。

非规约性间接言语行为较为复杂,较具不确定性。非规约性间接言语行为在不同的语境条件下,可能表示不同的言语行为,传递不同的语用用意,如“这儿的工资太低了!”

①“真不想在这儿干了,这儿的工资太低了。”(通过感叹表达抱怨)

②张:我想到你们单位工作。

王:这儿的工资太低了!(通过感叹表达建议,建议不要来)

第四节　蕴涵和预设

一、蕴涵

蕴涵,是指两个句子之间的这样一种句义关系:设有S1和S2两个句子,S1真,S2一定真;S2假,S1一定假;S1假时,S2可真可假,那么S1蕴涵S2。例如:

S1	S2
那个人是个单身汉。	那个人是个男人。

当S1真,那个人是个单身汉,S2真,那个人一定是个男人;当S2假,那个人不是个男人,S1假,那个人一定不是单身汉;当S1假,那个人不是个单身汉,S2可能真(是已婚男人),也可能假(是个女人)。

上面两句间的蕴涵关系与词义的上下位关系相关,“单身汉”是下位词,“男人”是上位词。类似的例子如:

S1	S2
他买了苹果。	他买了水果。
他有一只麻雀。	他有一只鸟。
小张感冒了。	小张生病了。

“苹果”“麻雀”“感冒”是下位词,“水果”“鸟”“生病”是上位词。如“他买了苹果(S1真)”就一定“买了水果(S2真)”,“他没买水果(S2假)”,就一定“没买苹果(S1假)”,而“没买苹果(S1假)”,却既可“没买水果(S2假)”也可“买了其他水果(S2真)”。

词义的整体部分关系与蕴涵也密切相关。如：

S1	S2
他打了小张的头。	他打了小张。
小强弄伤了手指头。	小强弄伤了手。
他全身湿透了。	他头发湿透了。
人人有本难念的经。	张三有本难念的经。

“小张的头”与“小张”，“手指头”与“手”，是部分与整体的关系，“全身”与“头发”，“人人”与“张三”是整体与部分的关系。前面两个例子是部分蕴涵整体，后两个例子是整体蕴涵部分。

二、预设

预设也叫前提，是使用一个句子的先决条件，即一个句子的肯定和否定两种形式都以另一句子的肯定式为前提，则另一句子是该句子的预设。设有S1和S2两个句子，S1真，S2一定真；S2假，S1无所谓真假，即S1真假都无意义；S1假，S2仍然真，那么S2是S1的预设，也可以表述为S1预设S2。如：

预设

S1	S2
张三的哥哥回来了。	张三有哥哥。

当S1真，张三的哥哥回来了，S2真，张三有哥哥；当S2假，张三没有哥哥，S1真假（张三的哥哥回来或没回来）都没有意义；当S1假，张三的哥哥没回来，S2一定真，即张三有哥哥。

预设与蕴涵有明显的区别，可以通过下表看出来：

蕴涵	预设
S1　S2	S1　S2
T → T	T → T
F ← F	—(T / F)←F
F → T / F	F → T

表中的符号：“→”表示“如果……那么”，“/”表示“或者”，“—”表示“否定”。

通过上面关系图我们可以看到，蕴涵和预设的区别是：当S1蕴涵S2时，S2为假时，S1为假，当S1为假时，S2可真可假；当S1预设S2时，S2为假时，S1无所谓真假，当S1为假时，S2一定为真。有的语言学家根据第三步推理，概括出一个更简便的方法，即“否

定鉴别法”,把句子否定后,可真可假的是该句子的蕴涵。把句子否定之后,仍然为真的是该句子的预设。例如:

①我出门的时候把钥匙忘在家里了。

②我出门的时候没带钥匙。

③我出门了。

依据否定测试法,①蕴涵②,①预设③。因为,当①真时,②③一定为真。但当①为假时,②可真可假,而当①为假时,③仍然为真。

预设涉及说话人和听话人共知的知识信息,它不是话语传递的最重要的信息,而是话语基本信息之外的一种附带信息,但是有着非常重要的作用。

1.帮助我们理解言外之意

许多语句从语义角度来看是互不关联的,但在日常生活中却频频出现,且交际双方都能顺利进行交流,这是因为双方都拥有共知的背景信息,正是预设为这些看似互不相干的语句提供了联系纽带,从而使我们能理解说话者要传达的言外之意。如:

小张:现在几点了?

小李:邮递员刚来过。

表面看,小李的回答与小张的发问风马牛不相及,但小张却得到了答案:邮递员每天10点来学校取邮件,因此大概是10点钟。此例中,小李预设了相关背景知识,并认为小张也拥有此知识,能据此做出相应的推理而得到答案。因此,对共同拥有的背景知识的预设保证了话语“意义”上的连贯,使交际顺利完成。

2.利用预设进行有技巧的交谈

把自己的话语建筑在一个自己设计出来并对自己有利的预设之上,使对方产生错觉,在不知不觉中接受了这一预设,这是言谈的一种技巧。例如:

①一对男女青年在舞会上刚认识。

男:明晚我们在什么地方见面?

女:明晚,也在这里。

“明晚我们在什么地方见面”预设是“明晚我们要见面”。男青年希望这一预设不言而喻,使对方在不知不觉中接受邀请。如果先问:“明晚我们见一次面好吗”,这样可能会节外生枝。

②姐姐:葡萄是你偷吃的?

弟弟:我没吃。

姐姐:那葡萄好酸呀!

弟弟：一点都不酸，特别甜。

姐姐故意说葡萄酸，使得弟弟急忙反驳“一点都不酸，特别甜”，弟弟回答的这句话的预设是“我吃了葡萄”，所以弟弟间接地承认自己偷吃了葡萄。

3.利用预设进行有力的诘驳

①甲：张三的哥哥昨天又买了一台电脑。

乙：你一定是弄错了，张三根本就没有哥哥。

②甲：张三的哥哥昨天又买了一台电脑。

乙：你一定是弄错了，张三的哥哥从没买过电脑，他怎能又买电脑呢？

乙对甲的反驳，都从否定甲话语的预设入手，但否定的预设项不一样：①否定张三有哥哥，②否定张三的哥哥过去曾买过电脑。否定了语句的预设，句子没有了存在的依据和基础，这是一种有力的反驳。

4.有利于语言的简洁

一般说来，说话人为了交际的简洁，往往会把说话人和听话人共知的信息处理为预设信息。那些听话人认为是对方熟悉的、已知的或可以理解的信息就无须直接说出，人们根据语境、常识总能不同程度地将这些已知内容作为预设。这样，就避免了话语的冗长，有利于语言的简洁。如：

甲：来了没有？

乙：还没有呢！我也等得急死了。

甲问“来了没有？”，并没有明确说明是什么东西，但甲知道双方的共知信息，即预设是：甲在乙的商店预定了一批衣服，所以甲在问话中不必说得非常清楚，乙也会很快就明白甲问话的含义。

思考练习

一、填空题

1.语境包括三个方面：________、________和________。

2.合作原则有四条准则：________、________、________和________。

3.一个完整的言语行为包括三个环节：________、________和________。

4.“你能送我去机场吗？”，通过询问表达请求，这属于________间接言语行为。

二、选择题

1.在会话中使用反语，违反合作原则的（　　）。

A.量准则　　B.质准则　　C.相关准则　　D.方式准则

2.在会话中使用歧义句，违反合作原则的(　　)。

A.量准则　　B.质准则　　C.相关准则　　D.方式准则

3."张三打了李四"蕴涵(　　)。

A.存在张三，存在李四。　　B.李四挨打了。

C.张三把李四打伤了。　　D.张三把李四打了。

4.说"实在抱歉，你要借的那本杂志已经给人借走了"这一话语的言外行为是(　　)。

A.命令　　B.道歉　　C.陈述　　D.宣告

5."他又迟到了。"这句话的预设是(　　)。

A.他迟到了。　　B.他曾经迟到过。　　C.他现在迟到了。　　D.他来晚了。

三、名词解释题

语境　合作原则　间接言语行为　蕴涵　预设

四、简答题

1.格赖斯总结出哪四种不遵守合作原则及相关准则的情况？试各举一例并加以说明。

2.举例说明规约性间接言语行为和非规约性间接言语行为有何区别。

3.预设和蕴含有何不同？

五、分析题

1.为下列话语设想两种不同的语境，以使话语产生不同的语境意义，并指出其语境意义是什么。

(1)太热了！

(2)现在8点了。

2.用合作原则分析下列话语的会话含义。

(1)甲：知道吗？张总最近经常带个女的到办公室。

乙：最近天气不错，下午逛街去吧。

(2)某女生：你可以叫小卉和大民一起去吗？

某男生：可以叫小卉。

(3)他是一头牛。

3.用言语行为三分说分析下列话语。

(1)请你出去！

(2)我为昨天的行为感到抱歉。

六、论述题

论述预设在会话中的用途。

【拓展延伸】

[1] 索振羽.语用学教程[M].北京:北京大学出版社,2014.

[2] 何兆熊.新编语用学概要[M].上海:上海外语教育出版社,2000.

[3]何自然,冉永平.新编语用学概论[M].北京:北京大学出版社,2009.

[4]陈宗明.中国语用学思想[M].杭州:浙江教育出版社,1997.

[5]徐家祯.浅论“前提”及影响“前提”的因素[J].逻辑与语言学习,1986(1-2).

[6]何自然.言语交际中的语用移情[J].外语教学与研究,1991(4).

[7]张绍杰,杨忠.语用学的形成、确立及其发展[J].外语学刊,1990(4).

[8]冉永平.言语交际的顺应——关联性分析[J].外语学刊,2004(2).

[9]伍思静,张荆欣.再论语义学/语用学界面之争[J].外语学刊,2018(3).

第八章

文 字

【章目要览】

文字是记录语言的书写符号系统,可以分为自源文字和他源文字。文字具有表意和表音两种功能,根据其功能可以分为表意文字和表音文字。文字的起源和发展经历了一个漫长的历史过程。文字的创制和改革需要依托语言的发展和文字的发展。

【相关知识】

主要涉及古代汉语、文字学、世界历史等方面的相关知识。

【情景案例】

中国的汉字是世界上最古老的文字之一。除中国使用汉字外,曾经或现在仍使用汉字的国家有越南、日本、朝鲜、韩国。

汉字于西汉初年传入越南。13世纪时,越南创造了汉字类型的越南字"喃字"。19世纪起,越南文改用拉丁字母。1945年,喃字和汉字停用。日本在3世纪引进汉字。不久,日本把汉字当成记音字母来记录日语。后来又用简化的汉字笔画创造出记音字母"假名"。7世纪时出现了汉字夹用"假名"的日文。现在汉字在日文中,只是当作"定型字"来使用。朝鲜半岛在2世纪时引进汉字,使用汉字约有1700年。1444年,朝鲜颁布并推行《训民正音》,采用汉字笔画式字母,叫"正音字"(即谚文),夹在汉字中间使用。1948年,朝鲜民主主义人民共和国宣布成立,停止使用汉字,采用纯拼音的谚文。韩国现在还在混合使用汉字和谚文,其文教部曾经颁布过供大中学校使用的1800个"新订通用汉字"和供一般文字生活使用的1300个"常用汉字"。民间往来的书面语,则因人而异,或用混合文字,或用谚文。直到现在,越南、日本、朝鲜、韩国的人名,都有对应的汉字形式。

【重点提示】

文字三要素;文字与语言的关系;文字的类型;文字的创制与改革。

第一节 文字的性质

一、什么是文字

(一)文字的定义

日常生活中所说的“文字”,有两个不同的意思。第一是指书写语言的符号系统,第二是指用文字符号写的书面语言。比如“创制文字、改革文字”中的“文字”是第一种含义;说某人或某篇文章的“文字通顺”中的“文字”则是第二种含义,指的是语言的运用、意思的表达。语言学和文字学都把“文字”的概念限制为第一种意义,专指书写语言的符号系统。

文字是记录语言的书写符号系统。“言者意之声,书者言之记”(《尚书·序》),这句话说明了文字的性质,也说明了文字与语言的关系。文字正是为了记录语言而发明的一种书写符号系统。世界上众多的文字,尽管千姿百态,差异迥然,但都是用来标记语言的。同时文字是一种视觉符号,通过视觉感知的形式来记录语言。盲文通过触觉感知,可以看作文字的变种。

文字是一种书写符号,但书写符号不一定就是文字。我们在日常生活中所见到的许多指示性标记,不管它们是否具有标准化的形体符号,都只表达某种特指的意义,如商品包装物上的标记、交通标记等。而文字则是一个符号系统,可以标记具体的语言单位,这是一般书写符号所不能比拟的。

(二)文字三要素

字形、字音、字义是文字的三个基本要素。

文字首先是一种视觉符号,以字形为标志,字形是文字存在的方式。任何一种文字都是用一定的形体来标记语言的。语言用音波提供听觉刺激来传递信息,文字则是用形体提供视觉刺激来传递信息,字形是把语言的听觉符号转变为视觉符号的主要手段,因而它是文字的最基本的、必备的要素。

另外两个要素是字音和字义。字音和字义是以语言成分的声音和意义为依据的。语言中的词用文字标记下来以后,文字就成了词的替代符号。这种替代性符号体现的词的音和义,便是字音与字义。譬如“rén”的声音,汉字用“人”标记下来以后,“人”就成了“rén”的替代性符号,“人”同时也就有了字音“rén”和字义——“能制造工具、会说话、会思维的动物”。

从文字三要素的关系来看，现在世界上多数文字（尤指拼音文字）都是用一个字来标记语言中的一个词的。因此，一般说来，每个字都具有形、音、义三个要素。如英语“book”，字形是“book”，由四个字母组成，字音是[buk]，一个音节，字义是“装订成册的著作”。语言中的词有单音节的，也有复音节的。文字标记语言，有的是一个字代表一个音节，汉字大致如此。古汉语中单音节词占绝对优势，一般说来是一个字标记一个词。但现代汉语有不少词是双音节或多音节的，需要用两个以上的字来标记一个词，在这种情况下，一个字就只标记一个语素了，比如“自行车、电视机、国家”等。有的词虽然有两个以上的音节，但其中的一个音节却只有字形、字音，而没有字义，比如“葡萄、玻璃”等等。古汉语也有这种情况，如“犹豫、磅礴、恍惚、蜉蝣、绸缪”等，这时候，一个字就只标记一个音节了。

文字的字形、字音、字义三者在原则上是统一的，三要素的统一是文字标记语言的前提。但其间的关系错综复杂，即这种统一并不排除一字多音、一字多义或者一音多字的现象。

二、文字和语言的关系

文字是在语言的基础上形成的。语言是基础，是第一性的；而文字是在语言的基础上产生的，是第二性的。从人类社会的发展来看，语言随着人类社会的形成而逐渐产生，文字的产生却是很晚的事情。有声言语大约产生于旧石器时代晚期，距今已有四五万年了，文字的出现不过几千年。这就是说，文字的历史比语言的历史短得多。一个社会可以没有文字，但不能没有语言，因而世界上可以存在没有文字的语言，但是绝不可能存在没有语言作为基础的文字。据统计，世界上有三分之二的语言没有文字。随着社会的发展，一些语言已经消失了，但记录它们的文字还存在，比如中国的西夏文字、美洲的玛雅文字等。这些文字仍然是以古代西夏语、玛雅语为基础的。

从语言和文字发展的历史来看，文字在语言的基础上产生，没有语言就没有文字，因而通常有这样的看法：作为记录语言的符号体系的文字，要适应自己所记录语言的语音特点和结构特点。比如汉字之所以长期以来停留在方块字阶段，是与汉语的特点有一定关系的。那么，汉语的特点是什么？就其语音特点而言，古代汉语中单音节词占绝对优势，这就有利于保持一词一形的书写体系；就其结构特点而言，词序和虚词作为语法手段，缺乏词形变化，因而词后面没有“尾巴”，也就不可能产生长“尾巴”的文字。倘若汉语也有词形变化，那么古人就可能选择另一种文字体系，以便把词尾变化表示出来。

实际上,文字的形体和语言之间没有必然的联系。文字和语言不是一回事,是两套不同的符号系统,用什么形体记录语言,其间并无必然的联系。文字一旦产生后就具有一定的独立性,成为人类社会进一步发展的重要工具和必要条件,有其自身的使用途径和发展规律。同一种语言可以采用不同的文字形式,如属于突厥语族的土耳其语、阿塞拜疆语、维吾尔语、哈萨克语,它们是同一语族的语言,但使用不同的文字。有的语言在同一时期使用两种文字,如塞尔维亚文有拉丁文字母和斯拉夫字母两种拼法。不同的语言又可以采用相同的文字形式,如英、法、德、西班牙语都采用拉丁字母。有的文字甚至对记录别的语言产生作用,如汉字之于日语、朝鲜语、越南语等。

从文字的形、音、义的关系来看,文字以“形”通过“音”去表达“义”。许多语言的文字可以见“形”知“音”,比如采用拼音文字的语言,一个字的拼写反映出语言中一个符号的语音面貌,人们基本上按字母的拼法就能读出音来。英语“ph”读[f],在elephant,photo,philosophy中,“ph”都读[f]。在拼音文字中,人们按字母拼写阅读,读与写密切联系。有拼写规则,根据拼写规则就可读出音来。当语言的语音发生变化时,拼写法也要发生变化。典型的例子是:现代法语、意大利语、西班牙语、罗马尼亚语是由古代的拉丁语发展演变而来的,记录这些语言的文字也是由古拉丁文演变而来的。拉丁语消失了,记录拉丁语的拉丁文的拼写也发生了变化,因此,即便懂现代法语或意大利语的拼写法,拿一种古拉丁文的资料,人们仍然无法看懂它。要看懂古拉丁文,那必须像学习一种从未见过的文字体系一样,从头学习古典拉丁语的拼写法。

而汉字“形”和“音”的关系就显得比较特殊。汉字的字形不限于和一时的读音相联系,也不限于和一地的读音相联系,字形不变,读音可以不同。这种特殊性表现在以下两个方面:

其一,汉字形体的跨时代性。从古代汉语到现代汉语,汉语的语音面貌发生了很大的变化。如果拿《广韵》系统的语音与现代汉语普通话的语音相比较,差异就很大。语音差异虽大,但字形却没有改变(篆、隶、草、行、楷是书体的演变,字本身没有变化),这样,不同时代的人们可以用不同时代的语音去读同一个汉字。

其二,汉字形体的跨地域性。同一个汉字,形体一样,各地(方言区)的人都认识,但读音却并不一样。读音虽然不一样,但都可以读。同时,不同方言区的人,还可以用不同的方音去读古书,用不着像今天的法国人或西班牙人看拉丁文那样,还得从头去学习拉丁文才行。

汉字的这种特殊性使人形成一种错觉,汉字念出来听不听得懂关系不大,只要看得懂就行了,似乎汉字只是给人“看”的,而不是给人“读”的。几千年来,汉字与汉语的关系大体上保持这样一种状况。实际上，汉字不仅是“看”的，而且也是“读”的，只不过可以用不同时代、不同地域的音来读罢了。

三、文字的作用

1. 文字的产生是人类进入文明社会的一大标志，也是人类积累文化、发展社会的重要媒介。按照恩格斯的说法：人类“从铁矿的熔炼开始，并由于文字的发明及其应用于文献记录而过渡到文明时代”[①]。人类是伴随着文字的产生和应用而告别野蛮时代的。人类进入文明社会，考古学家认为有三大标志：文字、城市和青铜，而文字是首要的标志。文字使人类告别了不开化的时代，开始有了用文字记载的历史。文字的产生使人类能够将世世代代总结下来的生产经验、科学技术成果、文化艺术成就记录下来，传之后世，使后世之人能够站在前人的肩膀上开创自己的历史，积累自己的文明，发展人类社会。现代科学技术的发展，新兴学科的建立，都是在前人摸索、积累的基础上实现的，并变成我们今天生活的基础。一个民族在其发展过程中有了文字，便进入发展更快的文明时期，利用文字创造出更辉煌的文化。如果没有文字，人类或许直到现在还要在生活和科学的各个领域中进行原始的探索，人类社会要达到今日之高度文明，那是不可想象的。

2. 文字对语言的作用。文字产生以后，不只是消极地记录语言，还积极地影响语言，促进语言的丰富和发展。文字对语言的作用表现在以下几方面：

第一，克服了语言交际在时空上的局限性，扩大了语言的交际功能。清代学者陈澧说过：“声不能传于异地，留于异时，于是乎书之为文字。文字者，所以为意与声之迹也。”（《东塾读书记》卷十一）用书写符号标记语言，使语言在另一种形式中得到了保存，从而完善和扩大了语言的交际功能。人们利用文字将生产知识、生活经验、科学创造记录成文，传于异地，留于异时，可以使相距遥远的人互通信息，使后人能学习前人积累的知识和经验。人们可以从用文字著录的文化遗产中，了解过去的历史，总结自己的经验，开拓未来的生活。即使是当代社会，有了电信通信、录音设备、光碟等手段的广泛使用，文字仍有着十分重要的作用。电信传话可以在较长的距离之间进行语言信息的传递，但它的使用远不如文字那样广泛、频繁，并且无法满足一些特殊的交际需要。比如文字在文件、书信、合约、电传、电子邮件、手机短信中的作用，是其他手段难以取代的。

第二，文字有利于共同语的规范和语言的统一。文字一开始是记录口语的，但文字

① 恩格斯：《家庭、私有制和国家的起源》，载《马克思恩格斯选集》（第四卷），人民出版社，1972年，第21页。

产生以后,人们用文字写文章,著书立说,于是出现了书面语。书面语因为是文字视觉的凭借,人们可以对它进行反复的推敲、锤炼和加工,进而形成表述比较规范、结构比较严密的语言表达。人们往往模仿书面语说话,模仿书面语作文。这样,各地有差异的口语可以通过书面语达到统一,形成某种规范。这种统一和规范加强了语言的社会作用,扩充了语言的交际领域。方言差异大而使用一种统一文字的民族(如汉文、藏文),由于统一文字超越方言的作用,增强了民族内部的同一性,促进了语言的规范和统一。

第三,有时候文字要影响人们的读音。瑞典语就出现过这种情况:两三百年以前,瑞典文里紧跟在元音字母后边的某些辅音字母是不发音的。例如:zöd(铜)、ved(木头)、med(同——连词)等词的d都不发音。到了20世纪20年代前后,瑞典的扫盲运动使得大批文盲能够识字看书了,他们按字母拼音,把已经不发音的字母又读了出来,于是,许多词的读音又恢复了几百年前的面貌。又如汉字绝大多数是形声字,从理论上讲,看见字的声旁就能发出字的读音。但随着汉语语音的演变,一些形声字的语音发生了变化,通过字的声符已经不能读出整个字的读音了。而在言语生活中,人们往往根据谐声的规律,"长字读半截,宽字读半边",把"肓"读作[mɑŋ^{35}],把"酗"字读作[ɕyŋ^{55}],这显然是受文字的影响。

第四,语言中有些词语是有文字以后才有的。比如汉语,有了"十",才有"十字街",有了"兵",才有"丘八",还有"丁字尺、八字胡、三人成众"等。在拼音文字中,缩略语的构成往往取每个字的第一个字母加以组合,如英语中的USA,UN,BBC,IBM,UNESCO等。

3. 文字对民族间的文化交流也有重要意义。在没有文字的时代,民族间的文化交流只能依靠直接接触,进展缓慢,交流面也窄。自从有了文字,各民族可以通过书面语及时交流文化成果,不再因距离遥远不能直接交往而互不了解。文字是民族间互相学习、交流文化的重要工具。

四、文字的类型

从不同的角度或者根据不同的标准,可以对文字进行不同的分类。一是从发生学的角度,即以文字产生的方式为依据对文字进行分类;二是从功能的角度,即从文字跟语言的音、义联系的关系角度来分类。

(一)发生学角度的分类

根据文字产生的方式对文字进行分类,世界上的文字可以划分为两种类型:自源文字和他源文字。

形状和体系是独创的,在没有任何借鉴的情况下产生的文字称为自源文字。汉字是一直使用至今的自源文字,此外,古埃及的圣书字、苏美尔文字、玛雅文字也是自源文字。

参照其他文字的形体或系统建立或者直接借用某一种文字来记录另一种语言的文字叫他源文字。他源文字比较复杂,许多文字是经过辗转相传演化而来的。我国一些少数民族的文字有两种情况:一个是仿照方块汉字创制的文字;另一个是拼音文字,由北方塞姆字母东传形成的阿拉马字母演变而来。这些文字属于他源文字。他源文字的产生显示了文字发展和分化的轨迹,形成了文字家族式的传承关系。实际上,上述自源文字中,除了玛雅文字没有留下任何后裔之外,其他三种文字都成为后来其他民族记录自己的语言时借用或借鉴的对象,成为所有他源文字产生的基础,产生了众多的他源文字。

(二)功能角度的分类

文字有表意和表音两种功能,根据文字符号跟语言单位的语义还是语音相联系来分类,可以将文字分为表意文字和表音文字两大类。

表意文字。表意文字是通过符号来表达词或者语素的意义而不表音或者符号和音不直接发生关系的一种文字体系。一般说来,表意文字的字量较大,笔画复杂,字形有表达意义的成分。表意文字大都有表音的成分,比如汉字就存在大量的形声字,而形声字里就既有表意的成分也有表音的成分。其实,早期的自源文字大部分字符是直接表意、间接表音的意符,但是都有一部分表示抽象意义的字符是假借意符的读音来直接表音、间接表意的音符。已知的古文字中还没有发现只有意符而没有音符的文字,因此,这类文字又都是意音文字,如古埃及的文字、苏美尔文字、古汉字、玛雅文字等。

表音文字。表音文字是文字符号不表意或者和意义只是间接的关系,符号只是记录语言的声音的文字体系,又叫拼音文字。世界上的表音文字很多,尤其是他源文字中的很多文字。根据符号所代表的语音单位的不同又可分为音节文字和音位文字。音节文字就是一个符号表示一个音节的文字。日文假名是典型的音节文字。音位文字以音位为书写单位,一个符号表示一个音位。英文、法文、德文、意大利文、西班牙文、俄文、阿拉伯文等都是音位文字。

文字类型的划分有不同的角度,因而文字类型的归属一般也不是单一的。比如汉字,从发生学的角度来看,它是自源文字;从功能的角度来看,它是意音文字。

第二节　文字的起源和发展

一、文字的起源

人类为了创造文字，曾经付出过艰巨的劳动，经历了一个漫长的历史时期。文字是社会发展到一定阶段的产物，而文字符号系统的形成，需要有一定的客观条件。

一是社会发展的需要。在文字出现之前，有声语言是人类社会的主要交际工具。思想感情的交流，生活和生产中积累下来的经验和知识，发生的重大事件以及神话、故事、传说、歌谣等都凭脑子记忆，口耳相传。远古时代生产落后，生产简单，人口不多，交往也不广，靠口头传授、脑子记忆能够满足需要。但是随着社会的发展、生产力的发展以及人口的增长，彼此的交往日益扩大和频繁，社会的事务和生活也繁忙、复杂起来。发布的命令或信息要传送到远方；经济活动的兴起要求记账；重大的事情和经验要告诉其他地方的人和后人；氏族和部落的生产分配、财产户口、法规制度、对外战争、订约结盟等等需要记录。这时单凭脑子记忆、口耳相传就远远满足不了需要。于是，古代人类就有了把语言记录下来的迫切需要，想出一些记事的手段。

二是社会的发展提供了可能。生产力的发展达到了一定的水平，有了剩余的生产和生活资料，使得社会上有一部分人能够从事文字的创制、整理和书写工作。荀子说："好书者众矣，而仓颉独传者一也。"（《荀子·解蔽》）荀子的意思是：古代创造文字的人很多，而唯独仓颉的名字流传了下来。"仓颉造字"未必可信，但包括仓颉在内的一些人为汉字的诞生付出了劳动是可能的。同时，某种前文字形式——某种记事手段的存在也为文字的产生提供了前提。文字是在这些记事手段的基础上发展而来的。所以，文字的起源首先经过了一个无文字的时代，其记事手段是实物记事和图画记事。

实物记事就是用一些实物表示某些事物或意义。古代人类曾有过用实物记事的时代，如绳子、石头、贝壳、契刻、手指等。其中，比较普遍的实物记事的方法是结绳。《易·系辞下传》说："上古结绳而治，后世圣人易之以书契。"如何结绳？郑玄在《周易注》中说："事大，大结其绳；事小，小结其绳。"《说文解字·叙》说："神农氏结绳为治而统其事。"用打绳结的方法来帮助记忆、传递信息。古代秘鲁的印第安人的结绳方法比较复杂：在一条主绳上，相隔一定距离结上不同颜色的细绳。各种颜色都有含义，比如红色表示火，黄色表示金，白色表示银，绿色表示谷物。一个单结表示10，两个单结是20，一个双结表示100，两个双结表示200，等等。从谈到结绳的种种资料来看，结绳都只能起一种记数的作用,或者起一种帮助记忆和提示的作用,并没有跟任何一种语言单位结合,因而结绳记事跟文字的起源没有直接关系。

云南陇川县的景颇族有一种以实物代替信息的习惯。假如一个小伙子爱上一个姑娘,他就用树叶包上树根、大蒜、火柴梗、辣椒,再用线精巧地包扎好送给女方。树根表示想念,大蒜表示要姑娘考虑两人的事,辣椒代表炽烈的爱,火柴梗表示男方态度坚决,树叶代表有好多话要说。女方收到此信,如果同意,即将原物退回;如果不同意,便在原物上附加火炭,表示反感。如果还要考虑,便加上奶浆菜。没有创制文字前的黔东南苗族曾用黄豆记工分,一粒黄豆代表一个工分;木条上拴着辣椒传送出去表示"事情紧急"。汉族的珠算也是从实物记事发展来的。一个珠子代表一个数,上面的代表五,下面的代表一。实物记事可以帮助记忆或传递信息,但这种传递有着范围的局限性和约定的狭窄性,不能准确地表达思想和语言,同样一种东西会产生不同的理解,因此它也不是文字。

图画记事。图画记事是文字出现以前用简单的图形来帮助记忆的一种记事方法。记事的图画以具体事物的图像来传达信息,但记事的图画,不是供人欣赏的艺术品,而是记载某种事物或某件事情的辅助性表达方式。为了表达的需要,或者突出特征,比如画牛只画头,画象只强调长鼻子,画羊突出羊角,等等;或者使用有假定性的图形,比如画三个太阳表示三天,画十条短线表示十个人,等等。记事图画一般表示简单的意思,如北美印第安人用连着线的两颗心表示"爱情",画只乌龟表示"幸福"和"成功"。但有时也可以表达比较复杂的意思。请看下面三幅图:

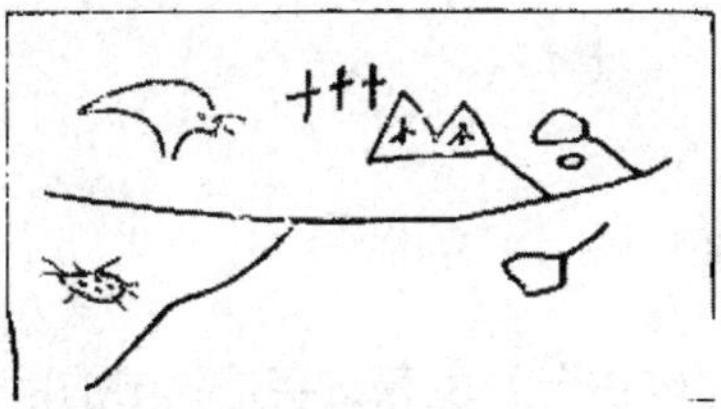

图一

图一是北美印第安人奥杰布哇部落女人的一封情书。左上方的熊是女子的图腾,左下方的泥鳅是男子的图腾,线条表示道路,帐篷表示约会的地点,里面有个女子在等着。帐篷旁边的三个十字架表示周围住的是天主教徒,帐篷后面有湖泊。女子用图画把约会的地点准确地告诉了男子。

图二是印第安酋长的墓碑。酋长的图腾是鹿,颠倒的鹿表示这人已经死了;左边七条横线表示他经历了七次征战,三条直线表示三次负伤;右边九条横线表示经历了九次战役;两个半月形表示历时两月;太阳和斧头表示在白天被人用斧子砍死。

图三是纳西族东巴经的一幅记事图画，意思是"人的搬迁是从灵山顶上搬下来的"。其中(1)表示"灵山"，(2)表示"人走路的样子"，(3)表示"顶"。

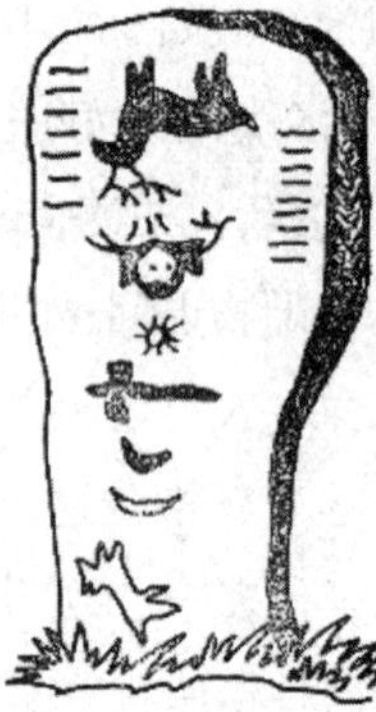

图二

图三

图画记事只是帮助记忆、传达信息的手段，有很大的随意性。一幅画表达的意义是不确定的，同一幅画可以有多种解释。同一幅画并非人人都能看懂，只有当事人才比较清楚所表述的内容。记事图画用一组图像或整幅图像表示一个比较复杂的意思，是一个叙说单位，但图像不能分解为个别的语词，和语言的单位没有固定的联系。因此不是记录语言的书写符号，不具有文字意义。但是，图画记事较之实物记事前进了一步，是实物的替代物，有一定的象征性、概括性，能记录较复杂的内容。图画记事为文字的出现奠定了初步的基础，记事的图画是文字的前身，而实物记事与文字的产生没有什么关系。

二、文字的发展

(一)表意文字的发展

现在知道的世界上比较古老的表意文字是我国的甲骨文、现在伊拉克境内的古代苏美尔人的楔形文字和古代埃及的圣书字。

汉字历史

中国的汉字。中国最古老的文字是甲骨文，即契刻在龟甲和牛骨上的文字，也叫契文、卜辞、龟甲文字或者殷墟文字。清光绪二十五年(1899年)，有人在北京的中药铺抓药，发现中药的龟板上有刀刻的文字，后来了解到这些龟甲是从河南安阳县小屯村运来的，而小屯村是殷代的故都，于是引起学者的注意，经过多次挖掘，发现了很多刻有文字的龟甲和牛骨。所以，我们现在能够看到的最可靠最早的汉字资料是公元前14世纪到公元前11世纪出现的甲骨文。

日 月 山 木 羊 鹿 鱼 弓 手 人 见

图四 甲骨文

汉字形态比较复杂，早在两千多年前的汉代就诞生了研究汉字的专门学问。东汉许慎在他的《说文解字·叙》里就对当时流行的"六书"理论做出了解释："一曰指事，指事者，视而可识，察而见意，上下是也。二曰象形，象形者，画成其物，随体诘诎，日月是也。三曰形声，形声者，以事为名，取譬相成，江河是也。四曰会意，会意者，比类合谊，以见指撝，武信是也。五曰转注，转注者，建类一首，同意相受，考老是也。六曰假借，假借者，本无其字，依声托事，令长是也。"许慎的解释对后人理解六书的理论提供了重要的依据，也对我们今天考察汉字在其发展过程中如何造字提供了重要的参考。

从甲骨文、金文到现代汉字，汉字大致经历了甲骨文和金文、小篆、隶书、楷书等不同字体的阶段，在字形方面发生了变化。其中甲骨文和金文是同时代的，可能只是使用场合和书写材料不同形成的不同字体。小篆是经过规范化了的，但是形体太繁，在简化趋势的冲击下，很快就让位于隶书和楷书。隶书出现得比小篆早，可是成为一种通行的字体却晚于小篆。甲骨文和金文象形程度还比较高，还没有完全线条化，隶书和小篆都已经完全线条化了。楷书最早出现在魏晋之际，到隋唐时代才在一定程度上规范化，从此汉字的字体也就基本上稳定下来了。这些变化是字体的演变，汉字的性质并没有发生根本的改变。

苏美尔的楔形文字。在古代的两河流域，现在属于中东地区伊拉克的苏美尔民族发明了一种文字，用象形的图形记录表示实物的词语，用假借的"形声字"记录多音节的人名的读音，用刻画表示数字，这种文字就是高度象形的古苏美尔文字。苏美尔人用芦管当笔，用泥板当书写材料，在泥板上"压印"文字。因为压印出来的字的笔道像一个个"楔子"，所以这种文字又叫"楔形文字"。从公元前3500年左右到公元前2000年左右，楔形文字向周围传播，几乎成了这一地区的国际文字。公元前2000年以后，由于外族人的不断入侵，两河流域的古文明逐渐消亡了，城市和印有楔形文字的泥板都被埋入了地下。到了18世纪和19世纪，一批考古学家和语言学家经过不断探索，将保留在地面石碑、石柱上刻着的楔形文字进行了释读。后来经过多次大规模的考古发掘，出土了五万多块泥板和其他文物，使这一古文明的历史重见天日。

古埃及的文字。古埃及的文字由于使用场合的不同分为碑铭体、僧侣体和平民体。碑铭体(或称圣书字)用于特别庄重的场合,刻在雕像座上、庙宇和金字塔墓室的石头和祭器上。这是一种象形程度很高的文字符号,大概在距今5500年前就存在了,而最晚的碑铭体文字是4世纪刻写的。跟碑铭体并行的一种僧侣阶层平时使用的、已经线条化的近乎草书的字体,称为“僧侣体”。公元前7世纪还出现了一种在僧侣体基础上简化而成的字体,称为“平民体”,因为这是老百姓使用的字体。平民体的使用一直延续到5世纪,在此以后就消亡了,成了一种没人使用和认识的古文字。现存的碑刻有碑铭体和僧侣体对照的,也有碑铭体、僧侣体、平民体对照的。由此更可以证明,即使是早期的碑铭体也已经是一种成熟的文字,碑铭体、僧侣体和平民体仅仅是字体不同,文字的性质和功能并没有什么不同的地方。

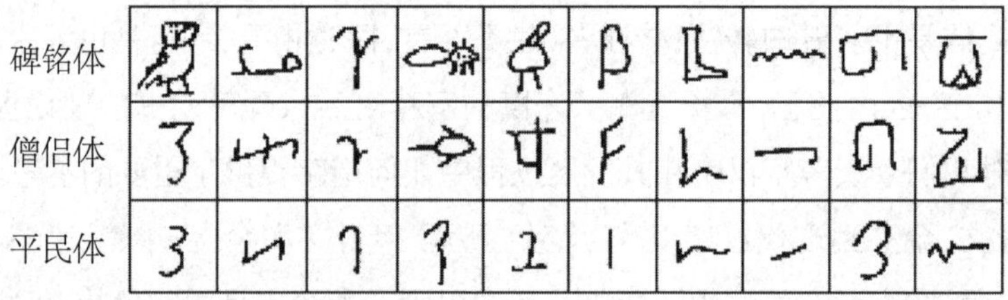

图五　古埃及文字字体举例(周有光《比较文字学初探》)

上述三种文字都是自源文字,从已知最古老的自源文字来看,最初的字符都是表意的。而语言中有些词语的意义比较抽象,比如虚词和语法形态无法用图形来表示,只能用表音的办法来解决。但是自源文字最原始的字符图形没有直接表音的,于是或者利用原有的意符间接表音,或者假借某些意符来表音,使其成为音符。比如古代汉语的虚词“其”借自“箕”,“自”借自“鼻”;句末语气词“耳”借自耳朵的“耳”;语气词“夫”和指示代词“夫”借自丈夫的“夫”字;等等。在汉字的发展过程中,形声字逐渐增多,许多是在假借字上加注意符,或者在表意字上加注音符而成的。如用“巴”作声旁就有“把”“靶”“耙”“爸”“吧”“粑”等。在这些文字中,表意的字符直接表意,也间接表音,既有意符又有音符,所以这些文字又都是意音文字。

汉字是至今还在使用的自源文字。受汉文化的影响,在东南亚形成了一个“汉字文化圈”。一些国家和国内一些少数民族很早就用汉字来记录他们的语言。南北朝开始,汉字大规模地向外传播。向东传到朝鲜和日本,向西南传到壮族、苗族、白族、侗族等少数民族地区,向南传到越南,向北传到契丹、女真和西夏。这些国家和民族开始学习汉语汉字,进而借用汉字记录本民族的语言,然后仿照汉字创制了自己的文字。

在汉字影响下创制的表意文字有越南喃字、契丹文字、西夏文字、女真文字以及壮字、苗字、侗字、瑶字等。朝鲜和日本直接借用了汉字。朝鲜人接触汉字远在纪元以前。相传681—692年,朝鲜新罗神文王借用汉字的音和义来标记朝鲜语,形成一种特殊的文字,叫作“吏读”。但是由于语言类型不同,他们在使用汉字的过程中对汉字进行了改革,创制了自己的表音文字以弥补汉字在记录他们的语言中的不足。朝鲜的谚文既借鉴了汉字的形体特点,又借鉴了西方文字的表音原理,是一种融汇东西的文字。目前这套文字在朝鲜已经全面取代了汉字,在韩国和汉字混合使用。日本以汉字的形体为基础创造了自己的文字。

(二)表音文字的发展

两河流域的楔形文字和古埃及文字在向周围地区扩散的过程中在中东会合。公元前两千年初期在现在的黎巴嫩和叙利亚沿地中海一带生活的腓尼基人,公元前13世纪,在借用古埃及文字来书写自己的语言的过程中第一次只采用表音字符而放弃了表意字符,这样就出现了一种只写辅音音位的拼音文字。腓尼基人创造了辅音文字以后,这种文字很快就向周围扩散传播:向东传播,演变为阿拉马字母。在这个系统基础上派生出希伯来字母、古波斯字母、印度字母、那巴特字母、叙利亚字母等。向南传播,演变为南方塞姆字母及其后裔。向西演变为迦南-腓尼基字母系统和希腊字母系统。采用迦南字母的文字现在大都成了无人使用的古文字,而希腊字母经过改进后成了现今许多字母的基础,如拉丁字母、斯拉夫字母等。

世界上表音文字的种类很多,从字母所代表的语音单位来看,可以分为音节文字和音位文字。

音节文字是用一个字母代表一个音节的书写符号系统。音节字母文字适用于音节数量不多、音节结构比较简单的语言。真正的音节文字并不多,埃塞俄比亚文字(近代体又称为“阿姆哈拉文字”)是音节文字。日本的假名是音节文字。魏晋时期,中日文化交流逐渐频繁,汉字传入日本。7世纪起,日本人开始用汉字记录日语。采用“音读”和“训读”两种方式。“音读”即借用汉语的读音,“训读”即借用汉字的意义,按照日语的语音去读。为了解决汉字记录日语黏着成分——词形变化不方便的困难,从8世纪起,日本开始形成自己的音节文字体系。利用记录汉语开音节词的汉字作为音节符号表示日语的音节。8世纪,日本出版了一部全用汉字书写的日语诗歌集《万叶集》,其中用了1000多个汉字作为音节符号,这些表示日语音节的汉字称为“万叶假名”。20世纪初,形成了两套字体——片假名和平假名。源于汉字楷书的叫片假名,是取某些汉字的部分改制而成的;源于汉字草书的叫平假名,是从汉字草书简化概括而来的。片假名的字形比较简单整齐,因此用于小学的教科书、幼儿读本、拟声词、电报和外来语,平假名的字形比较复杂,可以快速书写,通用于其他所有的场合。

段行	あ段		い段		う段		え段		お段	
	平假名	片假名	平假名	片假名	平假名	片假名	平假名	片假名	平假名	片假名
あ行	あ	ア	い	イ	う	ウ	え	エ	お	オ
か行	か	カ	き	キ	く	ク	け	ケ	こ	コ
さ行	さ	サ	し	シ	す	ス	せ	セ	そ	ソ
た行	た	タ	ち	チ	つ	ッ	て	テ	と	ト
な行	な	ナ	に	ニ	ぬ	ヌ	ね	ネ	の	ノ
は行	は	ハ	ひ	ヒ	ふ	フ	へ	ヘ	ほ	ホ
ま行	ま	マ	み	ミ	む	ム	め	メ	も	モ
や行	や	ャ	(い)	(イ)	ゆ	ユ	(え)	(エ)	よ	ヨ

图六　日语五十音图

音位文字是用字母记录音位的书写符号系统,也叫音素文字。根据符号所记录的音位的性质,通常又将音位文字分为辅音音位文字和元音音位文字。

辅音音位文字的字母只记录语言中的辅音,元音只用一些附加符号,有的连附加符号也不用。使用这种文字的语言通常是辅音较多、元音较少并依靠元音有规律的变化来表示语法意义。腓尼基文字、古犹太文字、阿拉伯文字以及古代闪美特人的拼音文字都是辅音字母文字。辅音音位文字只记录辅音音位,不记录元音音位,因而传统上也称为辅音文字,以便跟全音位文字相区别。但是辅音文字和辅音加元音的全音位文字都是音位文字。

和辅音音位文字不同的是,元音音位文字的系统中既有记录元音的符号,也有记录辅音的符号。元音音位文字适合于音节结构复杂的语言。拉丁文字、斯拉夫文字都是元音音位文字。

每个语言的音位数目都是有限的,因此音位文字的字母数目也不多,一般只有20~30个,多的也不过60~70个。如果每个音位用一个字母(或字母的组合)表示,通常只要20~30个字母就足以记录一种语言。例如俄语音系有39个音位(34个辅音、5个元音),只用了33个字母;英语音系有33个音位(24个辅音、9个元音),只用了26个字母。虽然数量不多,但能精确地表示语音结构和词的形态变化。音位文字易学易记,只要掌握一定的拼写规则,就能书写出复杂的语言。

目前世界上音位文字广泛使用的几种字母是希腊字母、拉丁字母、斯拉夫字母和阿拉伯字母。

希腊字母。希腊字母是历史上非常重要的字母。希腊人在腓尼基字母的基础上进行了创造性的改革,使之适合于记录希腊语。首先,希腊人增添了表示元音的字母,使希腊字母成为世界上第一个具有元音的字母系统,并且对原有辅音字母进行调整,使希腊字母成为比较完善的能表示所有元辅音音位的字母,为拼音文字的发展做出了重要贡献。其次,改革了书写顺序。腓尼基文字自右向左横写,希腊人起初将它改为"牛耕式"顺序,即第一行自右向左,第二行自左向右,像牛耕田一样来回往返。后来一律改为自左向右横写,这样比较符合书写的习惯。第三,把腓尼基字母的形体加以整理,变成更加明晰、匀称的几何图形。希腊字母共有24个:

Α Β Γ Δ Ε Ζ Η Θ Ι Κ Λ Μ

Ν Ξ Ο Π Ρ Σ Τ Υ Φ Χ Ψ Ω

希腊人至今还在使用这种字母。同时,希腊字母对后来拼音文字的发展也产生了重要的影响,在希腊字母的基础上又发展出许多新字母,其中最著名的是拉丁字母和斯拉夫字母。

拉丁字母。希腊字母被居住在意大利的埃脱鲁斯人借用,形成埃脱鲁斯字母。公元前7世纪,罗马人根据埃脱鲁斯字母创制了拉丁字母。埃脱鲁斯字母共有26个,罗马人从中取了21个,后来又补充了Y和Z;到了11世纪,又从I中分化出J,从U中分化出V,从V中再分化出W,这样就形成了现在通用的26个拉丁字母。

A B C D E F G H I J K L M

N O P Q R S T U V W X Y Z

拉丁字母继承并发扬了希腊字母形体上的优点,简单、明晰、匀称、美观,而且比希腊字母便于阅读和连写(希腊字母在书写时是分开的)。

由于拉丁字母本身的优点,加上基督教的传播以及最早使用拉丁字母的一些国家的政治、经济、文化的扩张,它已经成为世界上流行最广的国际化的字母。现在整个西欧、美洲、澳洲以及非洲的大部分民族都使用拉丁字母,尤其成为西欧各民族记录各自语言的基础文字。英语、法语、西班牙语、意大利语、德语、葡萄牙语、罗马尼亚语等都借用了拉丁字母。东欧的阿尔巴尼亚、捷克、斯洛伐克、波兰、罗马尼亚、匈牙利、立陶宛、爱沙尼亚、拉脱维亚,亚洲的越南、印度尼西亚、马来西亚、菲律宾也使用这种字母。我国明代就有人用拉丁字母给汉字注音,清末以来,有更多的知识分子大力提倡拉丁化新文字,新中国成立后制定的《汉语拼音方案》也采用拉丁字母。我国少数民族改革旧文字和创造新文字(除傣文外)也都以拉丁字母为基础。

斯拉夫字母。斯拉夫字母是9世纪在希腊字母的东支拜占庭字母的基础上形成的。因为它是东正教传教士西里尔创制的,所以又称为西里尔字母。到10世纪末,东正教传入古俄罗斯之后,被斯拉夫人采用。各斯拉夫民族在拜占庭字母的基础上根据本民族语的特点做了必要的修改和补充,形成了各自的字母表。俄文字母经过多次修订,现共有33个字母:

А Б В Г Д Е Ё Ж З И Й К Л М Н О П

Р С Т У Ф Х Ц Ч Ш Щ Ъ Ы Ь Э Ю Я

斯拉夫字母原是东欧信奉东正教的斯拉夫民族使用的,十月革命后打破了宗教和民族的界线,成为苏联境内大多数文字的字母。今天使用斯拉夫字母的国家有俄罗斯、乌克兰、白俄罗斯、哈萨克斯坦、保加利亚、蒙古国等。

阿拉伯字母。阿拉伯字母来源于阿拉马字母。阿拉马字母是闪美特的阿拉马部落所使用的字母,属于这个系统的文字很多,演变历史很复杂,现在分歧也最大。最早的阿拉马字母大约形成于公元前8世纪,使用到公元前2世纪。其间派生出来的重要支系有希伯来方体字、古波斯字母、印度字母、那巴特字母、叙利亚字母等。从印度字母又发展出现代的印地文、高棉文、缅文、寮文、傣文、藏文等字母。叙利亚字母通过景教东传,中经粟特文之媒介形成了回鹘文、蒙古文和满文等字母,那巴特字母的主要后裔是阿拉伯字母。

阿拉伯字母随着伊斯兰教的传播,现在的阿拉伯联合酋长国、埃及、叙利亚、伊拉克、黎巴嫩、沙特阿拉伯、也门、约旦、阿尔及利亚、阿富汗、伊朗等许多国家都使用这种字母。阿拉伯字母共28个,都是辅音字母,其中3个可以兼表元音 / a i u/,有的元音用附加符号表示。

ا ب ت ث ج ح خ

د ذ ر ز س ش ص

ض ط ظ ع غ ف ق

ك ل م ن ه و ي

第三节　文字的创制和改革

一、文字的创制

就语言和文字的种数来说，文字的种数大大少于语言。如前所述，世界上有超过三分之二的语言没有文字。文字的创制是指在现代社会里政府或者语言学家为没有文字的语言创制文字。

在世界上一些国家里，一些民族有语言，但没有文字。没有文字对一个社会文化教育的普及、科学技术的进步和社会经济的发展有很大的负面影响，因此，为没有文字的语言创建文字是一项极为重要的任务，受到一些国家政府和有识之士的重视。非洲一些国家没有自己的文字，沿用殖民地时期宗主国的语文。现在东非一些国家推广斯瓦希里语和它的拉丁化拼音文字。我国有56个民族，其中55个是少数民族，他们的人口占全国总人口的8.49%，分布面积占全国总面积的64.2%以上（2010年第六次全国人口普查数据）。少数民族大多数有自己的语言，但有30多个民族没有自己的文字。从20世纪50年代起，国家为侗、苗、佤、哈尼、傈僳等少数民族语言创制了使用拉丁字母的文字。

民族文字

是否一定要为一种没有文字的语言创制文字，取决于两方面的条件：一是民族的主观意愿，二是创制文字的使用价值。

主观意愿是指操这种语言的民族有没有创制文字的迫切需求和愿望。有主观需求和愿望，则帮助创制；没有需求和愿望，文字创制出来没有人使用，等于虚设，失去了创制的意义。我国在帮助那些有语言没有文字的民族创制文字时首先就是尊重本民族的“自择自愿”，海南岛的黎族在20世纪50年代时要求创制文字，政府帮助设计了一套文字方案，60年代以后，黎族不再要求有自己的文字，新设计的文字方案停止了试验推行。

创制文字的使用价值是指这种文字创制出来之后有多少人使用，使用的频率有多高。一般来说，要创制文字，使用这种语言的人不能太少；居住要比较集中；语言内部分歧不大。文字的功能大小和使用这种文字的人口数是成正比的，使用的人数少，文字就只能在狭小范围内起作用，其功能十分微弱，创制文字的意义不大。如人口虽多，但分布面广，居住分散，内部成员彼此交往机会少，文字只能在一块块小居民点中使用，这种文字的功能也是很小的，没有多大的发展前途。语言内部差异大的，创制一种拼音文字不能在整个民族中通行，要创制多种方言文字才能解决问题。在这种情况下，必须考虑使用方言的人数和居住集中这两个条件。

比如,在国家为少数民族创制的十几种文字中,除了佤族和傈僳族的文字一直在使用外,其他一些文字使用了很短一个时期以后就很少有人用了。究其原因,还是这些民族人数不多,又和汉族杂居,很多人同时会说汉语,为了交际方便,所以就干脆改用汉语文了。我国的瑶族约有279万人,散居在广西、湖南、广东、云南、贵州等省区的130个县的山区。瑶族人民日常使用的不是一种语言,而是三种语言:勉语、布努语、拉珈语。前两种虽都属于苗瑶语族,但分属于不同的语支;后一种则属于壮侗语族。语言分歧大,本民族内部交际时只能使用汉语文。因此,一般认为瑶族由于居住过于分散,语言内部差异又大,并且有不少人兼通汉语,继续学习汉文比较切合实际。虽然有少数瑶族知识分子设计了勉语拼音文字和布努语拼音文字,但都只在局部地区试行,始终没能广泛推行。

在非洲,从12世纪起就已经有了使用阿拉伯字母的斯瓦希里文,斯瓦希里语是在非洲东部和中部好几个国家通用的语言。除斯瓦希里语以外,其他非洲国家的语言差不多都是小语种,几乎没有一种语言在一个国家内部占绝对优势,所以虽然这些语言有的取得了官方语言的地位,并且为这些语言创制了文字,但是这些文字的使用价值却很小。在一个国家里,多种语言势均力敌,结果哪种语言都难以推广,最后只得沿用殖民时期宗主国的语言。有的语言和文字在小学阶段还能使用,但是到中学阶段就用不上了,即使在中学阶段能用上,到大学就用不上了,到社会上也用不上,还得改学宗主国的语言。政府和语言学家为这些民族创制了文字,但是除了现在改用拉丁字母拼写的斯瓦希里文以外,其他真正新创制的文字很难推广。

文字的创制是一个复杂的系统工程,以下问题特别值得注意:

1.对语言进行全面调查,确立基础方言。确立基础方言,找出语音代表点,然后在此基础上归纳音位。一般说来,这种语音代表点是政治、经济、文化中心的所在地,在有方言分歧的语言中尤其如此。比如蒙古文的语音依据是内蒙古方言察哈尔土语的正蓝旗话。我国南方的少数民族大多没有形成各自的政治、经济、文化中心,在创制文字选择标准音点时,更多的是考虑语言点的代表性、普遍性。如壮文选择靠近南宁市属于北部方言的武鸣区双桥话为标准音点,而不选择作为自治区首府、说汉话为主的南宁市,是因为北部方言内部比较一致,相同的词占75%~85%,操北部方言的人口占一千多万壮族人口的三分之二,符合普遍性的要求。

2.对语言的结构和形态进行研究分析,归纳音位系统。标准音点确定以后,要用周密的调查和科学的分析把这个点的音位系统归纳出来。音位系统归纳得不正确,字母就不能如实地表示语音,在实际运用中就会引起混乱,造成学习困难。

3.慎重对待字母的设计或选用。文字的创制,既需要严肃的科学态度、严谨的学术作风,也需要语言文字政策、法律法规的支撑。在确定要创制文字以后,新文字采用什么制度(音节文字或是音素文字)、字母采用什么形式也需要根据使用这种文字人民的意愿和喜好做出抉择。尽管拉丁字母的音素文字是当今世界上较为通行的文字,但彝族人民愿意使用原有的音节文字,维吾尔族、哈萨克族愿意使用阿拉伯字母的文字,这就必须尊重他们的意愿。

在字母的设计或选用中,1957年中国科学院少数民族语言研究所提出的《关于少数民族文字方案中设计字母的几项原则》有重要的理论意义。

(1)少数民族创造文字应该以拉丁字母为基础;原有文字进行改革采用新的字母系统的时候,也应该尽可能以拉丁字母为基础。

(2)少数民族语言和汉语言相同或相近的音,尽可能用《汉语拼音方案》里相当的字母表示。

(3)少数民族语言里有而汉语里没有的音,如果使用一个拉丁字母表达一个音的方式有困难的时候,在照顾到字母系统清晰、字形简便美观、字母数目适当、便于使用和教学的条件下,根据语言的具体情况,可以采用以下的办法表示:①用两个字母表示一个音(如20世纪50年代设计的哈尼文以pp表示浊音[b],dd表示[d],gg表示[g]);②另创新字母或者采用其他适用的字母(如20世纪50年代设计的壮文设计了6个新字母和5个声调符号);③个别情况也可以在字母上加附加符号。

(4)对于语言中的声调,根据实际需要,可在音节末尾加字母表示或采用其他办法表示或不表示。

(5)各民族的文字,特别是语言关系密切的文字,在字母形式和拼写规则上应该尽量取得一致。

二、文字的改革

从语言发展与文字发展的关系来看,二者并不是一致的。按理说,文字是在语言的基础上产生的,语言的特点制约着文字的特点。语言变了,文字似乎也应该跟着变。但实际情况却并非如此。制约二者发展的因素不尽一致,所以二者的发展也不一致。文字的发展要受到书写工具和材料、方言的分歧、社会的分化和统一、文化的发展等制约。较之语言,文字的发展更具有保守性,语言变了,文字却可以不变,这就造成了文字的书写形式和语言实际发音的矛盾。为了让文字更好地记录语言,便于学习和使用,人们可以根据文字发展的趋向，必要时有意识、有计划、有系统地整理和改革文字。因此，通常所说的文字改革是指人们有意识、有计划、有系统地对文字进行的改革。

文字的改革和文字的创制一样，也要尊重使用这种文字的人民的意愿。因为文字不仅仅是一种工具，还是一个民族传统文化的凝聚体，记载了该民族创造的丰富文化。民族文字是民族文化的形式之一，本身就是该民族创造的文化财富的一部分。不好使用的工具可以随便抛弃、更新，传统文化却不是那么容易扔掉、革新的。文字的历史越悠久、流传下来的文化典籍越多，文字就越不易改革。从当前世界上使用文字的情况来看，有的使用音节文字，如埃塞俄比亚文字、日文的假名；有的使用意音文字，如中国的汉字；有的使用音位文字，如俄语、英语。这些不同文字的使用、发展和改革不可能在短时间内趋于统一，文字的发展和改革具有社会习惯性和民族性的文化特点。

在民族主观意愿的基础上，文字的改革必须进行深入细致的研究，设计周密严谨的方案，进行可行性论证，充分考虑使用的简便，文化的承传、理论的支撑等因素，做出科学的抉择。

（一）文字改革的方式

一般说来，文字改革可分为下列三种方式：文字类型的更换；字符类型的更换；文字的调整和改进。

1. 文字类型的更换，典型的例子如越南文字的更换。越南从前采用汉字和用汉字中的会意、形声、假借等方法构成的形体上与汉字类似的“喃字”，17世纪欧洲传教士采用拉丁字母为越南拟定文字方案，几经修改后，逐渐成为今日的越南新文字。我国云南边境的纳西族使用的东巴文和哥巴文，前者基本上是一种表意文字，后者是一种音节文字。新中国成立后，纳西族决定不再推行东巴文和哥巴文，设计了一套以拉丁字母为基础的拼音文字，用拼音文字代替表意的东巴文，这也是文字类型的更换。

2. 字符类型的更换。字符类型的更换一般不改变文字的性质，通常是用一套字母代替另一套字母，由一种拼音文字改为另一种拼音文字。例如印度尼西亚在历史上曾先后用过三种不同的字母体系。1000多年前用的是经过修改的印度天城体字母，12—13世纪伊斯兰教传入爪哇后，改用阿拉伯字母，15世纪末又改用拉丁字母。这种更换，除语言方面的原因外，有的是政治方面的原因。例如俄罗斯有一些少数民族过去曾使用阿拉伯字母，后来改用拉丁字母，1936年以后，由于要和俄文字母一致，改用斯拉夫字母。有的是宗教传播的原因，比如基督教带来拉丁字母，东正教带来斯拉夫字母，伊斯兰教带来阿拉伯字母，佛教带来印度字母。

3.文字的调整和改进。文字的调整和改进指在原有文字的基础上进行调整，改进书写或者拼写方式，使文字在运用中更合理更方便，有利于学习和掌握。例如秦始皇统一六国以后，采纳李斯的意见，实行“书同文”的政策，以小篆为正字，淘汰通行于其他地区的异体字，对汉字的规范起了很大作用。再如1956年我国推行的《汉字简化方案》，推广了515个简化字。彝文过去缺乏统一的规范，异文别体多，经过整理规范的凉山彝文，一个音节一个字，笔画也做了精简。我国傣族有四种文字：德宏傣文、西双版纳傣文、傣绷文、金平傣文。这四种文字的形体有较大的差别，妨碍交流。1954年在西双版纳傣文和德宏傣文的基础上进行了调整和改进，删去了多余的字母，统一了字母和符号的书写位置。

(二)关于汉字的改革

周有光

汉字的改革，自19世纪以来就一直在酝酿。人们提出过各种方案，要求汉字走拼音化的道路。辛亥革命前，爱国人士纷纷提倡文字改革，创制各种拼音方案。1913年，“读音统一会”制订注音字母，将“反切”法变为“拼音法”。1926年，钱玄同、黎锦熙、赵元任等制订“国语罗马字”，首次用罗马字母(即拉丁字母)拼写汉语，把中国文字改革大大推进了一步。1956年2月，中国文字改革委员会公布了《汉语拼音方案(草案)》，用来给汉字注音，拼写普通话，或者转写外语人名、地名等等。1956年开始实施汉字简化，公布了《汉字简化方案》，将544个繁体字简化为515个简体字，后来定下484个字；还规定了54个简化偏旁。1964年类推为2236个简体字。台湾在1986年公布了修订的国语罗马字，改称国语注音符号第二式。国外华人社区也有进行文字改革的情况，如新加坡的华人较多，他们也采用简化汉字。

关于汉字能否进行体系上的改革、走拼音化的道路，存在两种完全不同的意见：

主张汉字改革，向着拼音化方向发展的观点认为：

1.从汉字的功能看，汉字不能标记汉语的语音。

2.汉字形、音、义三个方面很不统一，同形异音、同音异义，或者同音同义而异形的现象比比皆是，因而存在许多异读字、异体字和假借字。加之汉字笔画繁多，结构复杂，难学、难记、难认、难写是客观事实。

3.从语言和文字的关系来看，汉字实行改革，也是可能的：(1)文字是标记语言的符号体系，是重要的辅助交际工具，对它进行有计划有步骤的改革，不会影响社会交际。(2)文字虽然在一定程度上要受语言的制约，但是，具体的语言体系和具体的文字体系却没有必然的联系，就是说，并不是某种语言注定非用某种文字不可；(3)文字有很强的人为性。某种文字体系在它形成和发展的过程中，必然经过人们的创制、整理和改进，人们可以根据需要来创制或改革文字。

不主张汉字改革的观点认为：

1. 汉字是语素—音节文字体系，符合汉语的结构特点，因而几千年来一直沿用下来而没有进行性质上的改革。同时，汉语中的同音语素特别多，一旦实现拼音化，同音语素的识别、拼写上的连写等问题等，暂时无法解决。

2. 从文字本身的状态来看，汉字和拼音文字也各有短长。拼音文字虽有易学、易用的优点，但它难以沟通方言，无法贯穿古今。而汉字可以跨时间、跨地域，沟通古今和地域之间的差异。

3. 从文化传统的继承性来看，废除汉字，实现拼音化，就会中断我们的历史文化传统，是难以行得通的。民族文字是民族文化的形式之一，实现汉语拼音化是取消了民族形式，抛弃了与汉字密切联系的民族文化。汉字在继承和发展中华民族的灿烂文化方面，在汉族的形成、统一、发展方面有着不可磨灭的功绩，今后在相当长的时间内仍将作为汉语的书写工具在现代化建设中发挥它应有的作用。汉字是中国对人类文明的第五大贡献，其意义和价值不亚于中国在自然科学内的四大发明，应该更深入地研究汉字，重新认识汉字，弘扬汉字文化的优势。

汉字改革的分歧、争论并未取得一致的意见。文字是一种辅助性的交际工具，但又不仅仅是交际工具；文字要作用于语言，但它又不仅仅作用于语言；文字是文化的载体，但文字也是文化的组成部分。汉字改革牵涉到方方面面，包括文字和语言、文字和思维、文字和文化等关系，科学的发展、社会的发展等许多重大理论问题。汉字的改革还是会循着语言的共同化、文体的口语化、文字的简便化的总体框架向前发展。

思考练习

一、填空题

1. 文字三要素包括________、________和________。

2. 文字是在语言的基础上形成的，____是基础，是第一性的；而____是在语言的基础上产生的，是第二性的。

3. 从发生学的角度，可以把文字划分为____和____；从功能角度，还可以把文字划分为_____ 和 ____。

4. 许慎的《说文解字》中部首分为____部。

二、选择题

1. 世界上一直到今天仍在继续使用的自源文字是(　　)。

A. 玛雅文字　　B. 拉丁文字　　C. 汉字　　D. 古埃及文字

2. 我国古代整理汉字的史官是(　　)。

A. 孔子　　B. 李斯　　C. 董仲舒　　D. 仓颉

3. 汉字是(　　)。

A. 表音文字　　B. 他源文字　　C. 表意文字　　D. 拼音文字

三、名词解释题

文字　自源文字　表音文字　表意文字　假借字　六书

四、简答题

1. 简述成为文字必须具备的基本条件。

2. 文字和图画的根本区别是什么?

3. 文字的主要性质特征是什么?

4. 谈谈文字的主要作用。

五、论述题

1. 举例说明文字对语言的适应性和文字的相对独立性。

2. 论述文字和语言的关系。

拓展延伸

[1]许慎. 说文解字[M]. 北京:中华书局,2013.

[2]裘锡圭. 文字学概要[M]. 北京:商务印书馆,1988.

[3]周有光. 世界文字发展史[M]. 上海:上海教育出版社,1997.

[4]唐兰. 中国文字学[M]. 上海:上海古籍出版社,2005.

[5]周爱华. 汉字教育:呼唤从知识向素养的转型[J]. 语文教学通讯. 2018(36).

[6]苏金智. 汉字文化的传承与创新[J]. 汉字文化,2018(24).

[7]李如龙. 汉字双重性质论纲[J]. 汉字汉语研究,2018(4).

第九章

语言的发展

【章目要览】

语言发展变化的原因可以分为内因和外因，特点具有渐变性和不平衡性。语言会随着社会的分化而分化，可能会分化为社会方言、地域方言和亲属语言；语言也随着社会的统一而统一，语言统一主要表现为共同语的形成，起影响的关键因素包括政治、经济、文化、宗教等。不同的语言在相互接触中会互相影响，影响的形式包括词语的借用、语言的融合、语言的混合、语言联盟等。语言系统内部也会发展变化，从语言系统各部门的发展来看，可分为语音的发展、语法的发展、词汇的发展和语义的发展。

【相关知识】

本章内容与语言演化理论的内部演化部分、语言接触理论的接触类型部分、历史语言学的谱系分类部分、历史语音学的系统演变部分等理论相关。

【情景案例】

“葡萄、苜蓿、琉璃”等词语，我们在学习的时候会感到困惑，它们为什么没有内部结构形式？与其他的词语看起来很不相同。因为它们是单纯词，而且是单纯词当中的音译外来词。

早在汉代，张骞队伍出使西域回来，带回大量的外来物品，这些物品为中原地区所无，所以必须给它们起一个汉语的名字，于是千奇百怪的外来词就诞生了。外来词的引入是语言发展变化的一种表现，它是语言的外部接触所带来的变化。语言的接触所引起的变化包括词语的借用、语言的融合、语言的混合以及语言联盟等，这里的外来词问题，就属于最浅层面的语言相互影响。

【重点提示】

语言发展的特点；语言分化的类型；语言接触的类型。

第一节　语言发展的原因和特点

一、语言是发展演变的

语言自它诞生的那天起，就一直处在不断的发展变化之中。语言发展到今天的状况，实际上已经经历了漫长的发展道路。从共时的角度看，人们似乎并没有感到语言的发展变化，而从历时的角度来看，这种发展变化就十分明显了。语言的发展演变可以从语言结构：语音、词汇、语义、语法等各个方面表现出来。

语音方面。对于拼音文字记录的语言，我们很容易看出它的演变。如英语的“五”读 five，而“十五”却读 fifteen，其中，five 中的 v 是由 f 演变而来的。再如 light，right，fight，其中 gh 今天不发音了，但它原来却是发音的，否则就无法解释原来的拼写为什么会有这两个符号。从语音形式与书写形式的差别，我们可以清晰地看到语音发展演变的脉络。

汉语的书面形式不是拼音文字，但我们仍然可以找出语音发展演变的依据，这种依据一是方言之间或亲属语言之间的差异，二是记录了语言过去状态的文字。

词汇和词义方面。词汇的发展，特别是一般词汇的发展十分敏捷，它能及时地记录社会生活的变迁，忠实地反映时代的特征，留下历史的烙印。如五四时期的德先生（民主）、赛先生；20 世纪 50 年代的“大跃进”、人民公社、三面红旗、合作社、总路线；“文化大革命”时期的红卫兵、红小兵、大串连、走资派、阶级斗争、黑线、黑帮、黑五类、黑日记、黑爪牙、黑修养；在改革开放经济形势下的市场经济、经济特区、保税区、开发区、经济技术开发区、民族经济开发区、旅游开发区；科技方面的人造地球卫星、航天飞机、集成电路、电脑、计算机、长二捆、神五、神六；生活中的卡拉 OK、镭射、MTV、迪斯科、霹雳舞、T 恤、下海、个体户、大款、大腕、倒爷；等等。语义的发展演变比较容易看出来，比如古代汉语“走”是疾行，即跑的意思，后来在汉语发展演变的过程中，出现了“跑”“行”这些词，于是“走”的意义就发生了变化。“臭”本指气味，香味、臭味以及别的什么气味都可以说是“臭”，因此《易经》中才有“其臭如兰”的说法，后来“臭”的指称范围缩小了，仅用来指一种不好闻的、与“香”相对的气味。英语“sheep”原来是既指“羊”又指“羊肉”的，受法语 mouton（羊、羊肉）的影响，词义所概括反映的客观事物发生了演变，专指“羊”而不再指“羊肉”了。

语法方面。现代汉语中的某些语法成分如“们、由于、到底”等是上古汉语所没有的；而某些上古汉语的语法成分如“矣、夫、焉、咸、缘、盖”等则已不存在于现代汉语中。词序在汉语语法中占有特殊的地位，而词序从先秦到现在，也发生了一些变化。比如在先秦，疑问代词作宾语或人称代词在否定句中作宾语，应该放在动词之前。“吾谁欺？欺天乎？”（《论语·子罕》）“不吾知也。”（《论语·先进》），“谁欺、吾知”这样的语序，在今天现代汉语普通话里是没有的。

语言系统内部各组成部分会发生变化，语言在一定的条件下也会发生变化：或分化，或统一，或融合。具体说，一种语言的内部会分化出不同的方言，有些方言在一定的社会政治历史条件下还可能成为不同的语言；另外，一种语言也可能随着社会生活的发展，逐步消除方言分歧，走向统一，不同的语言也可能通过各种方式融合为一种语言，这些现象也都是语言发展演变的重要方面。

二、语言发展的原因

（一）社会的发展是语言发展演变的基本条件

语言是一种特殊的社会现象，是人类组成社会的重要条件之一，是人类最主要的交际工具，也是社会成员间最主要的联系纽带，因而它和社会的发展息息相关。语言的发展变化是由它的社会属性所决定的，是由语言作为交际工具这一本质特点所决定的。从语言与社会相互依存的关系来看，语言不可能脱离社会，社会也有赖于语言；社会的发展是语言发展的基本条件，而语言的发展同时也促进了社会的发展。

首先，社会的进步推动语言的发展。社会的进步从历史发展来看，包括由低级到高级、由简单到复杂、由落后到先进的发展，这些都会推动语言的发展。从社会生活的种种现象来看，社会发展包括了文化、科技、政治、经济、宗教、艺术等方面的发展。社会生活的种种现象的发展导致新事物、新概念的不断产生。同时，人们的思维也越来越细致，这些都会向语言提出新的要求。为了满足这些要求，语言也就会不断地丰富词汇、改进语法。

这种影响最大的是对词汇的影响。我们只要把现代汉语和古代汉语比较一下，就不难发现现代汉语的语汇大大丰富了，大量的词语是古代汉语中所没有的。随着社会生活的发展，人类思维的日益复杂和精密，语法的发展也日益完善和精密。在殷商甲骨卜辞里，人称代词不完备，数词还没有基数和序数的分别，介词和连词非常少，句子一般是单句，复句少见；复句中一般是并列句，主从句少见。这些都在一定程度上反映出当时人们的思维比较朴素、简单。发展到现代汉语，书面语中的句子更长了，修饰成分特别是复杂的修饰成分用得更多了,在意思的表达上也更加严密了,句式也更加多样化了。

其次,不同社会的联系、交往和接触也必然要影响语言的发展。在人类社会的发展中,各个社会间免不了要相互接触、相互影响。社会的经济、政治、文化越发达,社会间的交往也就越频繁,交往的区域也就越广阔,这种交往对语言产生的影响也就越大。

各种语言随社会间的交往和接触而彼此吸收一些成分,这是语言相互影响中最常见的现象。例如汉语就曾给日语、朝鲜语、越南语、壮语、苗语等以很大的影响;同时,汉语也受到其他语言的影响。任何一种语言接受其他语言的影响,都和说这种语言的民族与外族接触的历史相呼应。阿尔巴尼亚在历史上曾受过异族的长期统治,其中主要的是公元前3世纪初罗马人的统治、15世纪后奥斯曼帝国几百年的统治以及近代意大利人的占领。因此,阿尔巴尼亚语中有大量的外来词,来自拉丁语、土耳其语和意大利语。

再次,社会的分化和统一要影响语言的发展。无论是社会的分化或是社会的统一,都是社会发展的形式,一般说来,语言随着社会的统一而统一,譬如汉语。两千多年高度集权的封建社会,社会的统一导致语言的统一。至于方言,新中国成立后至今,正在向着民族共同语——普通话靠拢,民族共同语的产生,就是语言统一的结果。古代法语是不统一的,随着法兰西社会的统一,语言也逐步统一了。语言也将随着社会的分化而分化,典型的例子是古罗马帝国的解体和拉丁语的分化。从公元前3世纪开始,罗马的版图逐渐扩大,罗马帝国日益强大,拉丁语使用地区逐步扩展,其影响在欧洲大陆通行地区甚广。到公元5世纪,罗马帝国解体,拉丁语的地位也就大为降低,罗马帝国控制的版图内原有的各地方言进一步分化成后来的法语、意大利语、西班牙语、葡萄牙语、罗马尼亚语。

(二)语言结构各要素的相互影响引起语言的发展演变

从系统论的观点来看,语言系统下面有子系统及其要素,这些要素以及每个要素内的各个单位都处在对立统一的关系之中,相互间呈现出一种相对平衡的状态,系统就是在这种对立统一、相对平衡的状态下向前发展。如果其中某一因素因为种种原因而发生了变化,破坏了原有的平衡,那么系统内部有关部分就会发生相应的变化,重新调整相互间的关系,使其达到一种新的平衡。

譬如,古汉语词语结构以单音节为主,而现代汉语的词语结构以双音节为主,这说明词汇的形式结构发生了变化。这种词汇系统的变化,探究起来,却是由语音系统的变化引起的。

在古汉语中,语音系统比较复杂:塞音、塞擦音等声母有清浊之分,声调分平、上、去、入,韵尾两套:-m、-n、-ŋ,-p、-t、-k。这样,音位与音位的组合方式比较多样,单音节的词之间能够保持有效的区别。如辨[b]——变[p],道[d]——到[t],柜[g]——贵[k],这几组词,仅凭声母就能保持有效的区别,因而在古汉语中,单音节占优势。发展到现代汉语普通话,语音发生了较大的变化:浊音清化了,全浊声母(塞、塞擦音、擦音声母)清化后与同部位的清声母合流了,如:

[b] {(仄) P 步、部、备、倍
(平) P'蒲、菩、爬、皮}

浊声母消失后,声母趋于简化;声调中入声字散归四声,入声消失,声调亦趋于简化;韵尾中,鼻韵尾-m与-n合流,塞音韵尾-p、-t、-k全部消失,韵母趋于简化。语音简化的后果必然是同音词的大量增加,如"辨、变"的声母都念[p];"道、到"的声母都念[t];"柜、贵"的声母都念[k],作为交际工具的语言符号,其区别性受到干扰和破坏,给交际带来困难。这样,原来的平衡就被打破了,为了达到一种新的平衡和统一,汉语对词的音节结构进行了调整,办法是加长词的长度,增加了大量的双音节词。如辨——辨别,变——变化,道——道路,到——报到,柜——衣柜,贵——富贵。发展到今天,双音节词已在现代汉语中占了主导地位,使汉语系统内部的各要素达到了一种新的平衡。

语言中语音、词义、语法系统内部的各要素之间,以及这些系统彼此之间,都有互相联系和互相制约的关系,局部的变化往往会引起一系列的连锁反应。比如上述语音的简化带来了双音节词语的大量增加,双音节词语的增加使得汉语中构词词缀和构形词尾的出现成为可能,汉语开始有了形态变化。这样,语音的变化引起了词汇的变化,词汇的变化引起了语法的变化,产生了连锁反应。

(三)语言的交际功能和交际价值的实现是语言发展的又一重要条件

语言作为人们交流思想的工具,只有在交际需要的推动下才会不断地得到发展,如果一旦失去交际功能,丧失交际作用,它就会停止发展而逐渐衰亡。

希伯来语是犹太人最早用的语言。犹太教的《圣经》就是用希伯来语写成的。后来希伯来语为亚拉姆语所代替,再往后,亚拉姆语又为阿拉伯语所代替。犹太人散居欧洲各地后,犹太教圣地耶路撒冷被阿拉伯的巴勒斯坦人占据。二战以后,一部分犹太人掀起"犹太复国热",他们建立了以色列国,于是又恢复希伯来语进行交际,希伯来语"复活"了。

总之,语言的发展或消亡,在很大程度上取决于语言的交际功能。一种语言长期被人们使用,发挥其交际功能,它就会不断地发展,反之,则逐渐消亡。汉语、英语、俄语、法语、西班牙语等语言之所以不断发展、完善,越来越丰富和精密,是因为长期被人使用，其交际功能和交际价值得到了充分的实现；拉丁语、鲜卑语、满语之所以逐渐消亡，是因为它们的交际功能逐渐丧失。随着社会的发展，人们甚至可以造出一种语言，如Esperanto（世界语），它有完整的语法系统，丰富的词汇，但它至多被一些人作为第二语言或研究对象，交际范围受到限制，因此它的发展最终也必然受到限制。

三、语言发展的特点

（一）渐变性

语言演变发展的“渐变性”是指语言是逐步发展演变的，不是采用突变的方式一下子发生脱胎换骨的变化。事物由量变到质变，有的采取爆发的方式，如自然现象中的火山爆发、地震、海啸，社会现象中的武装暴动、暴力革命等；有的则采取渐变的方式，如从猿到人的转变、生产工具的改革；等等。语言是全体社会成员须臾不可脱离的交际工具，这一根本属性决定它必须是稳固的，不能以突变的方式演变和发展。社会中的每个成员都需要学会和掌握语言这个交际工具，只有这样，他才能够参与各种社会活动。在日常生活中，人们要依靠语言来互相沟通和交往；在社会生产中，人们要依靠语言来进行协作和管理。作为社会的交际工具，语言必须是稳固的，它无时无刻不处在一种持续的运转之中，不会产生突变。“革命式”的变动对于语言来说，既无必要，也不可能。如果一夜之间，语言发生了质的变化，变成了与原有语言完全不同的新的语言，人们就要失去最重要的交际工具，一切活动将要停止，社会将会崩溃。

古无轻唇音

比如：古罗马帝国5世纪即已崩溃，但其语言——拉丁语18世纪才最后从欧洲许多国家的文学语言阵地上撤退下来，其间经历了一个漫长的历史时期。再如：汉语从双唇塞音声母（重唇音声母）分化出唇齿音声母（轻唇音声母），大约开始于9世纪或更早，到12世纪完成，经历了大约300年。汉语的“他”由先秦的无定代词演变成第三人称代词则经历了1000多年。先秦古籍中的“他”有三种写法：它、他、佗，本来的意义是“别的”。例如“它山之石，可以攻玉”（《诗经·小雅·鹤鸣》），“王顾左右而言他”（《孟子·梁惠王下》），“制，岩邑也，虢叔死焉。佗邑唯命”（《左传·隐公元年》）。东汉前期，“他”字的意义和用法仍然同先秦一样；东汉后期，开始发生变化，有人用“他”指“别人”；到了南北朝时期，“他”虽然仍保存先秦的意义和用法，但用作“别人”的意思已经是普遍现象。从汉末到南北朝时期，“他”由“别的”演化出“别人”的意思，成为向第三人称代词转变的重要阶段。到了唐初，“他”字开始具有第三人称代词的语法功能，盛唐以后正式确立起第三人称代词的语法功能的地位,而作“别的”“别人”解的用法也还保存着。

(二)不平衡性

语言发展的不平衡性是指在语言内部的不同组成部分之间以及在不同的地域之间,语言发展演变的速度和方向是不一致的。这种不一致是由语言系统的各个要素与社会发展的联系的密切与否决定的。语言发展的不平衡性表现在以下几个方面:

首先,语言系统的各部门发展变化的速度不平衡。其中与社会联系最直接的是词汇,因而词汇对社会的反应最灵敏,变化比较快。语音和语法则稳定得多。

如前所述,随着社会生活各方面的变化,新事物、新概念的层出不穷,都要求在语言尤其在词汇中得到反映。东汉许慎《说文解字》收字9353个(一般说来,在当时一个字就相当于一个词),而以编辑普通话词汇为主的中型词典《现代汉语词典》所收条目就有56000余条(修订以后6万多条,其中有一小部分不是词)。每一种语言都将随社会生活的演变而不断增加新词。

语音、语法的发展则相对缓慢得多。《红楼梦》问世200多年,其语法结构基本上和今天的一样。明朝蓝茂的《早梅诗》到现在有500多年了,但“东风破早梅,向暖一枝开。冰雪无人见,春从天上来”所代表的汉语声母跟今天的相差无几。语音的发展之所以缓慢,那是因为,在一种语言里,几十个音位的排列组合完全能够满足语言表达的需要,语音不会随着词汇的迅速发展而发生系统的变化。语法是组织材料的结构规则,词汇中新词的产生也是按这种规则构成的,旧词消失了,但规则不会随之消失,而存在于其他许许多多的词语中,所以,语法的发展更加缓慢。

其次,语言系统各个部门之间的发展不平衡,即使在某一部门内部,其发展也不平衡。如前所述,在语音系统、词汇系统、语法系统之间,词汇系统的发展最快,语音次之,语法更次之。但在各个系统内部,发展也是不平衡的。在词汇系统里,就词汇的两大部分(基本词汇和一般词汇)而言,基本词汇反映交际中最常用的基本概念,因而是不容易起变化的。如山、水、天、地、春、夏、秋、冬、上、下、左、右等。发展比较快的是一般词汇,社会的发展首先会在一般词汇中得到反映。在语音系统里,同样的语音现象由于所处的条件不同,其发展也不平衡。比如北京话的/k、k‘、x/、/ts、ts‘、s/两组音在与韵母拼合的时候只有开、合二呼,而/tɕ、tɕ‘、ɕ/在与韵母拼合时却只有齐、撮二呼,这里存在互补关系。为什么会出现这种情况呢?这是因为古汉语见组、精组在演变过程中由于条件的不同而产生了不同的演变结果。

再次,地域的不平衡。同一语言现象的发展速度、发展方向,在不同的地域也可以不一样,即语言发展地域的不平衡性。汉语发展到今天,已分为七大方言区,各方言的发展是不平衡的。上述古见组在北京语音里根据洪细的条件不同有了不同的走向,但在今粤方言里,古见组字不论洪细,大都读作k、k‘、x,如根、斤[k-],叩,求[k‘-],海、希[x-]。再如北方方言区大多数已没有入声,更没有辅音韵尾-p、-t、-k,在粤方言里,保留了全部辅音韵尾,入声不仅保留,还分作上阴入、下阴入和阳入三种。

语言发展的不平衡性是产生地域方言或亲属语言的内部原因。语言发展的不平衡现象为探索语言的历史发展提供了重要的线索。

第二节　语言的分化和统一

一、语言的分化

(一)语言随社会的分化而分化

语言的分化指一种统一的语言因为社会的不完全分化或完全分化而产生的方言差别,或者方言差别进一步扩大形成不同的语言。社会的分化可以分为社会的地域分化和社会的社群分化。社会的地域分化会导致语言的地域分化,在一种语言的内部形成不同的"地域方言",在一定的社会政治历史条件下还可能使一种语言的方言成为不同的"亲属语言";社会的社群分化会导致语言的社群分化,在一种语言或方言内部形成不同的"社会方言"。

语言分化的原因,总的说来是随着社会的分化而分化,具体说来,有以下几种:

第一,由于政治、经济的原因,自然经济的自我封闭性使人们彼此减少往来、减少交际,各地使用的语言产生分歧并不断扩大,从而形成语言的分化,比如汉语方言的形成。两千多年的封建社会,一方面中央集权,另一方面又是诸侯割据。同时,自给自足的小生产方式,鸡犬之声相闻,老死不相往来,导致汉语的方言分歧自古有之。

第二,由于交通的原因形成地域上的分化,导致了语言的分化。由于交通不便,加之社会本身可能具有的封闭性,语言的发展(包括新成分的出现、固有成分的改变或消失)不大容易波及其他地区,这样,也会出现语言的分化。如苗族、瑶族原来都居住在我国,后来一部分人迁到越南、老挝、泰国等地,这些人与国内的苗、瑶人来往逐渐减少,说的话就与国内的苗、瑶人有所不同了。再如,哥伦布1492年发现新大陆以后,欧洲说西班牙语的人纷纷迁往新大陆，把西班牙语带到现在的拉丁美洲。由于拉丁美洲与西班牙隔着一个大西洋，大洋两岸交通不便，往来稀少，时间久了，拉丁美洲的西班牙语与欧洲的西班牙语就有了一定的差别，形成了西班牙语的不同方言。

第三，大规模的迁徙，也会产生语言的分化。典型的例子是客家话的形成。客家人的老家在中原、华北一带，由于历史的原因，他们从东晋到明朝初年，曾有过多次向南方的大迁徙。现在客家人聚居在广东东北部和江西南部，客家话成为汉语的一种独特的方言。

第四，地理因素导致语言的分化。在政治不统一、经济不发达的情况下，方言的界限常常与自然的交通屏障一致。由于大山脉、大江河、大森林以及大型沼泽地带的阻隔，妨碍了居民之间的往来，时间久了，两地语言产生了分歧，也会产生语言的分化。如长江下游的镇江以下的部分，江南岸是吴方言，江北岸是北方方言。这种一江之隔、一山之隔导致方言差异尤其是方音差异的现象，在汉语的方言分布中是比较常见的。

但地理因素往往又只是造成减少交际的条件，有时甚至不是起最主要的、决定作用的条件。

语言的不完全分化形成方言，方言形成以后，仍将随着社会的发展而发展。方言发展的方向不外乎三：其一，继续保留自己的特征，作为该语言的方言继续存在下去，汉语方言就是这样；其二，方言特征逐渐消失，为共同语所代替；其三，随着社会的分化，方言特征进一步扩大，逐渐发展成独立的语言。如随着古罗马帝国分裂成现代西方各民族国家，拉丁语也就分化为现代的法语、意大利语、西班牙语、葡萄牙语等。

（二）地域方言

地域方言指全民语言在不同地域上的分支，或一种语言的地方变体。日常生活中所叫的“方言”，以及教材或方言学著作上常见的“方言”，实际上指的是“地域方言”。平常所说“××话”，也指地域方言。

方言的差异主要表现在语音上，其次是词汇，再次是语法。

方言分区可以有若干个层次的划分：方言大区，方言区，方言片，方言小片，方言点。比如汉语方言首先可以分为七个方言大区：北方方言、吴方言、湘方言、粤方言、闽方言、客家方言、赣方言；北方方言可以再分为北方官话、西北官话、西南官话、下江官话；西南官话可以再分为四川方言、重庆方言、云南方言、贵州方言；四川方言可以再分为川西片、川北片、川东片；川北片可以再分为最小的方言点：广元话、剑阁话、巴中话、通江话等。

汉语是一种方言分歧较大的语言，不同方言区的词语，用汉字写下来，还大体能看懂，如果念出来，语音差别就很大了，有的方言甚至达到难以听懂的地步。因此，方言的差异首先表现在语音上。两个说不同方言的人碰到一起，首先感到的就是对方说话时的发音与自己不同，其次才会发现对方使用的语汇和语法规则与自己的有些差异，所以人们区分一种语言的不同方言，也就是进行方言分区时通常把语音上的差别作为主要的依据。现代汉语分出的七大方言区，不同的语音特点是其划分的主要依据。方言间的差异也会表现在词汇和语义上，主要是同样的事物在不同的方言里可能有不同的称呼。方言间在语法上的差别相对来说小一些，但不是没有。比如语序的差异，数量词结合的特点，构词方式的不同等。

确定一种“话”是一种方言，还是一种独立的语言，语音的差异是重要的依据，但它不是唯一的依据。一般来说，要考虑以下两个因素：

一是语言本身的差异。语言本身的差异，指从一种语言分化而成的，语音、词汇、语法都有一定的差异。方言的差异主要表现在语音上，因而划分方言时，语音的差异是主要差异，汉语方言的划分即是如此。不同的语言，当然也要考虑这种差异。

二是要看是否属于统一的社会和各方言之上是否还有一个共同语作为各地区人们的交际工具。如果使用方言的人属于同一个民族、统一的社会，各方言之上又有一个共同语作为各地区人们的交际工具，这就是不同的方言，如汉语的各个方言。

既同源又有差异的语言，如果不是从属于一个统一的社会，一般不能算作方言，而要算作不同的语言，比如操俄语、白俄罗斯语、乌克兰语、波兰语、捷克语、塞尔维亚语的人分属不同的民族，各自组成社会，而且在这些语言之上也没有一个共同语，因而是不同的语言，不是方言。但也有特殊情况：如美、英的英语，西班牙和拉丁美洲大多数国家的西班牙语，这种特殊情况一般是殖民的结果。

在我国，研究汉语方言有着十分重要的意义。首先，有利于汉民族共同语的推广。为了更快地推广普通话，需要对现代汉语各方言进行全面的调查研究，求出各方言与普通话的对应规律，从而帮助方言区的人们举一反三、事半功倍地学会普通话。其次，有利于汉语史的研究。通过对几个发展速度不同的方言进行比较研究，求出汉语发展演变的轨迹，帮助人们了解汉语发展的历史面貌，为构拟古汉语语音提供旁证。最后，有利于汉语教学。弄清楚汉语各个方言的特点、它们彼此的关系以及与普通话的关系，对提高汉语教学质量包括高校的现代汉语教学、古代汉语教学、语言理论教学以及中学的语文教学都有不可忽视的价值和意义。

（三）亲属语言和语言的谱系分类

社会由不完全分化进一步走向完全分化，语言也就可能由一种语言的方言分歧发展为不同的各自独立的语言。这些从同一种语言分化出来的，彼此有同源关系的几种独立的语言称为亲属语言。如意大利语、法语、西班牙语、葡萄牙语、罗马尼亚语都来自拉丁语，英语、德语、荷兰语、瑞典语、丹麦语、挪威语、冰岛语等都来自日耳曼语，俄语、乌克兰语、保加利亚语、捷克语、波兰语都来自古斯拉夫语，等等。亲属语言都是从某种共同的语言发展演变而来的，它们之间具有历史同源关系，同时它们之间在词汇、语法方面有某些相似之处，在语音上存在着某些有规律的对应关系，语言理论将这些历史同源关系、语言间的相似关系和语音对应关系称作亲属关系。亲属语言、亲属关系都是一种形象的比喻，和生物学上所说的“亲属”是两回事。

语言的分类一般可以从不同的角度进行，一是从形态上——从语法结构的角度对语言进行分类，可把语言划分为孤立语、屈折语、黏着语、复式综合语（见第四章“语法”）；二是对有共同来源的语言，按照它们的亲属关系进行分类，叫作语言的“谱系分类”。依照语言间的亲属关系的亲疏程度把语言分为语系、语族、语支、语群等。语系是分化最大的类，同一语系之下可以分化为不同的语族，一个语族又可分化为不同的语支乃至语群。

关于世界所有语言的谱系分类，倾向性的意见认为，依其亲属关系可分为：汉藏语系、印欧语系、乌拉尔语系、阿尔泰语系、闪-含语系、高加索语系、达罗毗荼语系、马来-玻利尼西亚语系、南亚语系以及非洲、美洲的语言。有的语言系属尚未最后确定，如亚洲的越南语（含我国西南的京族语言）、朝鲜语、日语等。

世界语言的谱系

世界主要语言中，印欧语系人口最多，汉藏语系次之。就单个语言来说，使用汉语的人口最多，英语的国际通用度最高。就研究情况来说，印欧语系的研究最为充分，成果最为丰富。从语系上讲，中国境内诸语言分属于五个语系：汉藏语系、阿尔泰语系、南亚语系、马来-玻利尼西亚语系、印欧语系。汉藏语系分布在中国的中部、南部，阿尔泰语系分布在北部，南亚语系的语言在云南省，印欧语系的语言在新疆地区，马来-玻利尼西亚语系的语言在台湾地区。

（四）社会方言

社会方言是全民语言基础上产生的带有社群特征的语言变体。一种语言除了在语言内部存在一定的地域分歧，还会在同一语言社会的同一地域的不同社会群体的言语社团中产生分歧。同一社会内部不同年龄、性别、职业、文化程度、阶级、阶层的人们在语言使用上常常会表现出自己言语社团的一些特征,这些特征进而形成的语言变体被称为社会方言。社会方言表现在以下一些方面。

表现在年龄或性别方面。如北京女青年的"女国音",特征是把舌面塞擦音tɕ、tɕ'、ɕ的发音部位往前移,发成一种近似于ts、ts'、s的音,如"星期""学习""焦急""凄凉""乡情"等词的发音,都带上了舌尖的动作。这种情况发生在15~30岁的有文化的女青年口中,其他年龄段的女性和男性一般没有这种情况。此外,在日常生活中也可以觉察到,北京的男性青少年说话时,轻声音节较多,而且常把舌尖辅音发成卷舌元音。比如把"反正"发成"反二",把"保证"发成"保二","告诉"发成"告儿","不是"发成"不日";等等。这种发音现象在同龄的女孩中却很少出现,如果某个小姑娘说话时带有这种特征,就会被看成比较"鲁",有"男孩子气"。这种现象一般也不会出现在五岁以下的男孩和中年以上的男子口中。

在有的语言中,性别差异主要表现在词汇和语法方面。比如英语中,指某些颜色的词是妇女专用的,如beige(米色)、ecru(淡褐色)、aquamarine(蓝绿色)、lavender(淡紫色)、mauve(紫红色)等。男人如果用这些词就会受到人们的嘲笑。

年龄上的差异。通常情况下,老年人倾向于认为自己已经掌握、习惯了的事物是好的,所以他们较多地保留语言中旧有的形式;年轻人受旧事物的影响小,他们喜欢新的、时髦的东西,所以对于由其他各种因素引起的语言变异比较敏感,常常比老年人更易于接受新的形式。据调查,北京城区青年人和中老年人在使用亲属词去称呼上一辈非亲属上有着比较明显的差异:对于非亲属的陌生人,中老年人只使用"大爷、大妈、大叔、大婶";而青年人则分别使用两套称谓:一套是"大爷、大妈、叔叔、阿姨",另一套则是"伯伯、伯母、叔叔、阿姨"。

社会方言的特点,可能在语音、词汇、语法等方面表现出来,但比较突出地表现为部分用词的不同,尤其由于行业、职业、阶级、阶层的原因。

人类社会自从有了社会分工,就有按不同行业分化而成的社群以及相应的语言社团。有的社群是由于工作性质不同或工作对象不同而分化形成的,如工人、农民、医生、教师、运动员、演员等;有的社群是由于它的成员经常从事某种共同的活动而形成的,如桥牌俱乐部、乞丐集团、盗贼集团等;有的社群的成员是由于某种共同的物质利害关系或政治目的或宗教信仰等联系在一起的,如我国旧社会中的青帮、红帮、袍哥会、洪门会、哥老会,以及遍及世界各国的基督教徒、犹太教徒、佛教徒、伊斯兰教徒等。同一集团的成员,由于工作上、活动上、目的上的共同性,在相互交际时,会产生一些不同于其他社会集团的语言特征。

行业用语，如上课、开卷、闭卷、大一、大二、考研、读博等是教育行业用语；越位、射门、守门、拦网、扣球、短平快、二传手等是体育行业用语；节奏、旋律、琶音、音阶、和声、织体、solo、Bass等是音乐界的行业用语；用笔、结体、章法、行气、钤印、映带、避就、悬针、垂露、中锋、侧锋等是书法界的行业用语。

沙龙语言

不同的阶级、阶层在语言使用上也表现出自己的特征，可以称为阶级方言或阶层方言。阶级是一种特定的历史范畴，是社会分工和生产资料私有制的产物，在生产力水平极低、社会等级森严的奴隶社会中，较大的社会距离妨碍了不同阶级成员的相互交际，从而形成阶级方言。比如，在古印度的戏剧作品中，神、国王、国务大臣、婆罗门、宫廷贵族、舞蹈大师及在宗教上担任特殊职务的女人都被看成上等人，他们说梵语；而下等人如商人、渔民、警察、小官吏和几乎全部女人则说普拉克利特语，这大概算典型的阶级方言了。再如17世纪法国的“沙龙语言”。这种“沙龙语言”把“日历”叫作“未来的记忆”，把“森林”叫作“田园的美景”，把“耳朵”叫作“智力之门”，把“衬衫”叫作“生者和死者的永恒伴侣”，“沙龙”女主人招呼客人坐下时，她说的是“请您满足这把椅子想要拥抱您的愿望吧”。在封建社会里，阶级的界限仍然比较固定，不同阶级的成员很少互相流动。但是，随着生产的发展和社会生活的日趋复杂，逐渐出现了阶级内部的不同阶层。同一阶层的人相互之间的关系更为密切，语言上的共同性更为明显，表现为一种阶层方言。典型的例子如美国的所谓“黑人英语”，许多黑人把齿间擦音[θ]和[ð]，分别发成舌尖塞音[t]或[d]，元音后和元音之间的[r]音很少，像cart和car中的字母“r”往往不发音；动词第三人称单数现在时词尾-s经常脱落等。在美国，黑人的社会阶层普遍比较低，这些语言特征是社会地位较高的白领阶层或其他阶层所没有的，因而可以把这种“黑人英语”看作一种属于社会下层阶级的社会方言。

如上所述，不同的宗教集团也可以形成不同的言语社群，从而因为宗教的因素而产生不同的社会方言。例如：

犹太教：耶和华、逾越节、安息日、割礼、禧年、拉比、西都尔等。

佛教：释迦牟尼、涅槃、大乘、小乘、八苦、因明等。

基督教：耶稣、圣经、主母会、黑衣修士、白衣修士、天主、圣父、基督、弥撒、复活节、十字架等。

伊斯兰教：教门、古兰经、阿訇、毛拉、赛义德、满拉、真主、安拉等。

道教：五斗米教、太平道、南宗、北宗、吐纳、三魂、七魄、神丹、入静、道场等。

个人使用社会方言与个人所处言语社团的关系,呈现出一种并非简单归属的状况。如果一个人生活在几个言语社团之中,他就可能同时掌握几种社会方言。一般说来,一个人社会接触面越窄,他所处的语言环境越单纯,他所掌握的社会方言的数量也就越少;反之,就多。一个文学教师,既教文学课,又教书法课,又喜欢音乐、体育运动,那他就可能同时掌握文学、书法、音乐、体育、知识分子语言等社会方言。同时,同一言语社团的人也并非固定地使用某一种语言形式,而是因其交际环境、交际对象的不同而表现出不同的特点。尤其在现代信息化社会,人际交流呈现出跨时空、跨行业、交流量大、沟通频繁的特点,语言形式就更加多样化。

社会方言与地域方言的共同之处:它们都是全民语言内部的变体。它们的不同之处是:第一,地域方言同社会的地域分化有关,而社会方言同社会的社群分化有关。第二,地域方言有自己独立的语音、语汇、语法、语义系统,社会方言没有自己独立的语言结构系统,它所用的材料和结构规则基本上是全民语言或当地方言所共有的,只是有某些不同于其他社群的特点而已,这些特点的差异一般不会妨碍人们之间的言语交际。第三,地域方言有可能进一步分化为不同的语言即亲属语言,而社会方言不能。

二、语言的统一

(一)语言随社会的统一而统一

一般说来,语言的统一有两种情况:一是一种语言的不同方言在一种方言的基础上逐步消除方言分歧而形成共同语,二是几种不同的语言统一为一种语言。通常将前者称为语言的统一,将后者称为语言的融合或语言的替换。本节介绍前者,后者留在"语言接触"一节中讨论。

语言的统一指方言之间的分歧减少、互相接近,最终在一种方言的基础上形成民族共同语的过程。随着社会的发展,原来地方割据的、不完全统一的社会可以完全统一起来,在这种情况下,原来的地域方言的差异就会给社会的交际活动造成障碍,妨碍社会的完全统一和统一的巩固。于是社会的统一就会要求语言消除差异,使不同地区的人们之间能够顺利进行交际,在这种社会要求的推动下,语言就会随着社会的统一而逐步走向统一。

语言随着社会的统一而统一,在不同的历史时期里,语言分化和统一的具体情况有所不同。在原始社会,由于人口不断增长,为了谋生,原来的氏族或部落常分为新的集体,因此语言容易分化。当然也有亲属部落合并而导致语言统一的情况,但分化是这个时期语言发展的主要趋势。在奴隶社会和封建社会,出现了国家,国家把不同的地方集团置于一个政府的管理之下,但又常常让它们保持半独立状态,因此这一时期的语言发展趋势主要是统一,不过方言的分歧仍然比较稳固,如汉语的发展历史。到了资本主义时代,出现机器大生产,交通发达,商品流通频繁,方言间差别的缩小速度比较快。比如欧洲各民族的共同语,大抵是在文艺复兴之后形成或发展起来的。新中国成立以后,党和政府为适应国家各方面统一的要求,采取了一系列措施大力推广现代汉民族的共同语,将"国家推广全国通用的普通话"作为一项基本国策写进《中华人民共和国宪法》,以法律的形式将推广汉民族共同语——普通话。改革开放以来,随着社会主义市场经济的发展,地区之间的联系日益紧密,人们之间的交往日益频繁,普通话的推广使用不仅成为我国社会发展的迫切需要,也正在成为越来越多的人交际的自觉需求。

(二)共同语的形成

共同语是从交际工具使用范围着眼的一个术语,这个使用范围可大可小。从理论上讲,它可以是世界性、地区性的共同交际工具,也可以是一个多民族的国家(社会)或一个民族内通用的语言。

世界性的共同语是没有的,因为迄今为止还没有哪一种语言被全世界各国、各族人民认可并作为全世界通行的共同语。联合国规定的汉语、英语、法语、西班牙语、俄语、阿拉伯语等6种工作语言,是从联合国内部工作的要求人为规定的,不是从使用范围、通行地区的角度统计的。当然,我们也不能不看到有的语言在一定程度上有着很高的国际通用度,如英语。地区性的共同语,如拉丁美洲除巴西以外的国家都说西班牙语,西班牙语可以说是他们的共同语。多民族的国家各民族之间往往需要一个共同的交际工具,如中国的汉语,俄罗斯的俄语。有的国家全民共同语不止一种,如加拿大有英、法两种,瑞士有德、法、意和罗曼希语四种。

民族共同语是在一种语言的某种方言的基础上形成的,引导方言发展以致最后取代方言的共同交际工具。一个民族之内的共同语叫作民族共同语,现在习惯上将一国之内民族之间的共同语也称为民族共同语。世界上大多数历史悠久民族的民族共同语一般都是基于本民族的某个方言之上的。比如现代汉语普通话基于北方方言,英语的标准形式基于伦敦方言,俄语基于莫斯科方言,等等。但也有些国家或民族,其民族共同语是外族语,比如拉丁美洲的巴拉圭的国语是瓜拉尼语和西班牙语,后者对土著居民来说就是一种外族语。在过去殖民地和半殖民地社会中,这种以外族语言作为共同语的例子是很多的。我国的裕固族分成东、西两部分,分别使用不同语族的语言,同时他们又长期和汉族混居在一起，通晓汉语，所以东、西两部分裕固族人的共同交际工具往往是汉语。

一种方言要成为基础方言而发展为共同语，一般来说，要具备以下条件：第一，这种方言的通行地区是该社会的政治、经济、文化的中心所在地；第二，这种方言通行地区广，使用人口多；第三，这种方言能够代表整个语言的发展趋势；第四，如果有文字，往往有用这种方言写成的大量文献。

但是，不同语言的共同语的形成原因又不尽一致。

意大利民族共同语的形成，主要是文化的原因。5世纪时，罗马帝国崩溃，各地通俗拉丁语得到发展。在意大利半岛上，托斯卡纳地区的首府佛罗伦萨通俗拉丁语最具优势。中世纪诗人但丁用佛罗伦萨通俗拉丁语写出著名的长诗《神曲》，后来薄伽丘代表作《十日谈》和彼特拉克代表作《阿非利加》的创作丰富了佛罗伦萨通俗拉丁语。随着这些作品的流传，人们要阅读这些作品，就必须学习这种语言。因此，文化的力量使佛罗伦萨通俗拉丁语在全国的诸方言中取得了特殊的地位，成为意大利民族共同语的基础方言，1870年意大利成为统一的王国后，成为全国的标准语。

法兰西语的形成，应该说主要是政治的原因。自12世纪始，法兰西岛成为全国的政治经济中心，法兰西岛方言也逐渐取得优势地位，对其他方言产生很大的影响。法兰西政权的巩固和集中奠定了法兰西岛方言的地位，到16世纪就形成了以巴黎为中心的以法兰西方言为基础的标准语。1789年资产阶级革命成功以后，法兰西岛方言自然成为法兰西民族共同语的基础。法语的统一至今已有200多年的历史。

德意志民族共同语的形成，宗教的力量举足轻重。德国在封建社会时期没有形成像法国巴黎那样的政治经济中心，南北两大方言分歧很大。到16世纪，马丁·路德领导宗教改革，用南部方言翻译的《圣经》影响很大，于是南部方言成了德意志共同语的基础，不过它混杂了不少北部方言的特点。

英语共同语的形成，则主要是由于经济的原因。在英语标准语形成的过程中，作家乔叟、莎士比亚以及其他一些作家的作品，对于英语标准语的规范做出过重要贡献。但更重要的是，英国产业革命后，南部的经济发展迅速，特别是首都伦敦成为工业的中心，各地的居民纷纷迁居到这里，同原来的居民杂居在一起，使英吉利民族共同语在包括伦敦方言在内的南方方言的基础上，吸收其他方言的一些成分而发展起来。

汉民族共同语的形成，主要是政治、文化的原因。普通话是在北方方言的基础上形成的，而北方是历史上的政治中心，著名的古都北京、西安、洛阳、开封都在北方；北京（北方方言的代表点）又是辽、金、元、明、清的都城，近千年来一直是政治中心，这种被称为“官话”的北方方言一直作为中央施政的工具。也有文化的因素：用北方方言写成的文学作品包括宋元话本、元曲、明清小说等，对北方方言的传播有很大的影响，所以北方方言成为汉民族共同语的基础。当然，北方方言成为汉民族的共同语，使用的人口多和通行的地区广也是重要的原因。

就汉语的发展历史来看，汉语的书面语自古以来大抵统一，而口语的差异则自古有之。先秦两汉以来一直到唐宋的书面语为文言文；元代出现了以北方方言为基础的、已经基本与文言文分家的新的书面语——“天下通语”（《三国演义》《水浒传》《西游记》《儒林外史》等都是用这种“天下通语”写成的），五四时期的“国语运动”则从根本上以白话文代替了文言文成为汉民族的书面语。由此可见，书面语本身有一个发展演变的过程，但书面语在某一具体的历史时期却是基本统一的。而汉语口语的差异自古有之，到今天仍存在，并且与书面语的发展不同步。

汉语口语与书面语不同步，重要的原因是汉语的书写形式——方块字，使汉语的口语发展不像拼音文字那样，读音变了，拼写也跟着变。汉字本身有着“跨时代性”和“跨地域性”的特点，同样的书写形式，不同时期可以有不同的读法，不同地区也可以有不同的读法。因此，从历时的角度来看，汉字的读音变了，即口语形式变了，但书面形式却可以不变；从共时的角度来看，同样的书写形式，其读音在这个地方这样变，在那个地方那样变。这都使得汉语的口语和书面语发展不同步。

至于汉语方言至今未得到完全的统一，这是因为影响语言发展的因素很多，文化的、政治的、经济的……其中，经济的力量举足轻重。世界上许多语言方言差别的消失或语言的统一，与其统一的民族市场经济的发展有密切关系。统一的民族市场经济打破了各地区人们之间的隔离状态，为语言的统一提供了一个客观的基础。而中国两千年的封建社会，政治上可以高度统一，经济上却是自给自足的、小生产式的自然经济，经济的分散和不统一，造成城乡之间、各地区之间语言交流的障碍，因而方言分歧得不到消除。

自20世纪50年代开始，政府为推广普通话，促进汉语向统一的方向发展采取了一系列措施，做了大量工作，应该说取得了一定的成效。但是，方言差别的缩小甚至消失是一个长期而复杂的过程，在相当的时间内，汉语方言将与普通话同时存在。《中华人民共和国国家通用语言文字法》的制定，为推广普通话、逐步消除方言差别，实现民族共同语的统一有重要的作用。但更重要的是，共同语的统一要随着政治、经济、文化的发展，尤其是经济的发展才能逐步实现。相信随着我国社会主义市场经济的进一步发展，会给汉民族共同语——普通话的推广带来一个新时期。

（三）共同语的规范

语言是不断发展的，在发展过程中就会经常产生一些新的成分或新的用法。这些新的东西包括个人的创新、方言的渗入、其他语言的影响、古语的残存等。这些东西都会使语言成分或者语言的使用，或充实，或改变。这中间，并非所有的“新”东西都是符合语言发展规律的。只有符合语言发展规律的东西才会被语言接纳，反之，就是规范的对象。

语言的规范是一个复杂的、长期的过程。社会生活在不断发展，语言也在不断发展，语言的规范也就不可能一劳永逸。语言的规范应该遵循一些基本的原则：以基础方言为依据的原则，约定俗成的原则，发展的原则。

语言的规范牵涉的方面很多，但有一些基本的途径：一是国家颁布语言文字法律、法规。比如我国在2000年10月31日颁布的《中华人民共和国国家通用语言文字法》。二是通过语言文字工作者本身的努力。比如制定、编印正音手册，出版规范词典，制定正字法，出版规范的语法著作，等等。三是依靠宣传、舆论的引导和争鸣的方式。

第三节　语言的接触

在社会发展的过程中，民族之间存在着各种形式的接触，如移民杂居、商贸往来、文化交流、战争征服等。民族的接触必然会引起语言的接触。美国语言学家爱德华·萨丕尔曾说过：“语言，象文化一样，很少是自给自足的。交际的需要使说一种语言的人和说邻近语言的或文化上占优势的语言的人发生直接或间接接触。交际可以是友好的或敌对的，可以在平凡的事务和交易关系的平面上进行，也可以是精神价值——艺术、科学、宗教——的借贷或交换。”[①]有社会的接触就会有人际的交往，人际的交往势必发生语言的接触。

语言的接触指的是不同语言间的相互影响。根据语言接触的性质和程度的不同，语言接触表现为语言成分的借用、语言融合、语言混合、语言联盟等。

① 爱德华·萨丕尔：《语言论》，陆卓元译，商务印务馆，1985年，第173页。

一、语言成分的借用

语言接触中最常见的形式是语言成分的借用，包括词语的借用、语音的借用、语法规则的借用和仿造等。

（一）词语的借用

借词。借词也叫作"外来词"，它指的是音和义都借自外语的词。词是音义结合的统一体，只有音和义都是从另一民族语言借来的词语，即音译词，才是严格意义上的借词。汉语的借词很早就有了。菩萨、塔、袈裟、刹那等是随佛教的传入借自印度；胡同、褡裢、站、蘑菇等是借自蒙古语的词；沙琪玛、埋汰、啰唆等是从满语借来的；五四以后，这种音译的借词就多了，如沙发、扑克、可可、坦克、吉普、白兰地、高尔夫、克隆等。

意译词。意译词是利用本族语言的构词材料和造词规则构成新词去表达外来事物。一般说来，意译词所表达的事物是外来的，其概念和词义是借用的，只是用本族语言的语音形式和规则对其进行了翻译。比如，telephone→电话，microphone→扩音器，seminal→课堂讨论。其中，"电话、扩音器、课堂讨论"等词是汉语意译词。还有一种仿译的情况，叫作"仿译词"。仿译词是用本族语言的语素逐个对译外语原词的语素造成的词，不仅把原词的词义翻译过来，而且保持了原词的内部构成方式。比如汉语中的"蜜月"（honeymoon）、"足球"（football）、"超市"（supermarket）、"牛津"（Oxford）等。仿译词也是一种意译词。

音译加意译词。这种借词是一部分是音译，一部分是意译。如ice cream→"冰激凌"，ice意译为"冰"，cream音译为"激凌"；miniskirt→"迷你裙"，mini音译为"迷你"，"skirt"意译为"裙"。对于这类既非完全音译，又非完全意译的词语，使用词语的人仍觉得它是外族语言，所以把它归入借词。另外，有时为了理解和使用的方便，或者为了音节的和谐，对一些词采用音译加注的办法。比如"香槟→香槟酒""坦克→坦克车""扑克→扑克牌"等，这种音译后面所加的"注"，实际上带有意译的性质。

借词的音和义都要借自外语，但并非音义都必须原封不动地借进来。由于语言的系统性和系统内各要素的相互制约性，借词在语音和语法等方面都要适应本族语言结构规则。这样，借词在语音和语义方面都要对原词进行一定的改造，使得借词的音和义都会或多或少跟原词有些差别，以适合借用者的系统。例如现代汉语的"拷贝"借自英语的copy。在英语中，copy既是名词，又是动词（义为复制、抄写、模仿）。名词又分四个义项：①抄本、复本、复制品、摹本、（电影）拷贝；②（书报等的）一本、一册、一份；③（供排字付印的）稿子；④范本、字帖。但是现代汉语普通话借入copy后，只取了"（电影）拷贝”一义，计算机、复印机行业中借用了动词义“复印”；语音方面，[kʻɔ pʻi]→[kʻɑu²¹⁴ pei⁵¹]辅音不尽相同，元音变了，汉语有声调，故音与义都与原词有所不同了。

民族间的接触方式、程度有所不同，语言接触的结果就有所不同，反映在借词量的比重上，也有所不同。

借词在汉语的词汇中比重不大，在向外语借用语言成分时，更多采用的是意译的办法。这与汉语语素的单音节特征和说汉语的人特别看重汉字的表意功能有关。英语的借词量较大，一半以上都是借词，主要是法语的借词。11世纪，法国诺曼王威廉在海斯汀之役中打败了英吉利军队，建立诺曼王朝，法语词语大量地进入英语。如state，nation，army，enemy，court，peace，chair，table，beef等都是从法语借入的词。

词语的借用有借出去再借回来的现象。这种情况典型地表现在汉语与日语之间。魏晋六朝以后，尤其是唐代，中日文化交流十分频繁，遣唐使数次、数批来中国。汉语直接影响日语，汉字也被日文吸收，成为日语的书写工具。日语先后从汉语借去“吴音”“汉音”，这些语音至今保留在日语里，成为我们今天研究古汉语语音的重要依据。后来日本推行明治维新，向西方学习先进的科学技术，把从汉语借过去的词加以改造，或者赋予新义，或者用汉语材料构成新词。后来，中国在大规模地向西方学习先进科学技术的时候，又成批地从日语中借回词语，如警察、理论、交涉、演绎、想象、垄断、政府、间谍、政党、体操、原子、纤维等。只是这些借词由于构词材料和构词规则包括书写形式都是汉语固有的，所以，从日语借回来后，一般人不大容易看出它们是借词。

（二）语音的借用

如前所述，在语言成分的借用中，语音、语法一般要服从于本民族语言的结构规则。如果碰到本民族语言中没有的音，就用相近的音去代替，这种个别的情况不算语音的借用。但是，如果借用的数量很大，就可能出现音位、音节结构等的借用。

例如：英语在诺曼王朝以前，没有/v/、/z/、/ʤ/三个音位，后因法语的借词而有了。英语以/z/打头的词基本上都是法语的借词。再如裕固语受汉语的影响，除增加[ʃ]、[f]两个辅音外，还增加了[ai]、[ei]、[au]、[ie]、[uo]、[ye]、[ian]、[iən]、[uai]、[əu]、[ia]、[io]、[ua]、[uə]、[ue]、[ya]等16个复元音，其中7个复元音除了在汉语借词里使用外，还用于本民族语言的词语。

（三）语法规则的借用和仿造

英语在11世纪以前，一般情况下受定成分都在前、限定成分在后。现在两种情况都有。其规则也是从法语中借用的。

壮语的构词规则原来是受定成分+限定成分，现在已广泛地使用和汉语相同的规则：限定成分+受定成分。

侗语原来把“我的书”说成“le^2 jau^2”（书我），借用汉语的“的”[tji]之后，词序就和汉语一致了，说成jau tji le。这种结构在侗语的北部方言中已经成为取代性的规则。

20世纪20年代以来，汉语在构词或句法方面都有一些欧化的迹象。在构词方面，出现一些类似词缀的东西，如非-、反-、超-、-性、-化、-主义等。汉语在这方面的仿造，句法上最为突出，表现出一种欧化的句式。比如“他力图打起精神、鼓足勇气以至于在所有的场合都显得有些过分紧张和做作……”这样的句式在《红楼梦》里是找不到的。

二、语言的融合

（一）什么是语言的融合

语言融合也叫语言替换，指的是一种语言排挤和替代其他语言而成为不同民族的共同交际工具，其他语言则因不再使用而逐渐消亡。语言的融合是随着不同民族的接触或融合而产生的一种语言现象，是不同语言统一为一种语言的基本形式。

汉语在历史上曾和不少民族的语言发生过接触，其结果是有的少数民族语言被汉语融合了。比如魏晋南北朝，我国北方的五胡——匈奴、鲜卑、羯、氐、羌等民族与汉族发生了密切的关系，于是汉语与这些语言融合。再往前推，春秋战国时代的东夷、南蛮、西戎、北狄本是居住在汉族周围地区的兄弟民族，经过春秋战国时期民族间的接触——战争兼并，于是发生了民族的融合乃至语言的融合，汉语在融合中成为胜利者。

语言融合虽然同民族的融合关系密切，但并不是说民族的融合是语言融合的必备条件。由于民族之间的长期接触，语言融合了，但民族却未必融合。如我国的回族很早就使用了汉语，但至今仍作为一个独立的民族而存在；满语基本上退出了交际领域，为汉语所替换，但满族仍是一个独立的民族。

语言融合可以是一个民族的全体成员换用另一民族的语言，也可以是一个民族的一部分成员换用另一民族的语言。前者如我国鲜卑族、回族全部换用汉语；后者如我国蒙古族主要使用蒙古语，但东北地区部分蒙古族已换用了汉语；壮族大部分使用壮语，但南宁地区的壮族有不少人已换用了汉语；新疆的柯尔克孜族仍使用本民族语言，但东北地区的柯尔克孜族除少数老人外，都已换用了汉语。部分换用的，表明不同的语言正在融合的过程中，尚未完成最后的融合。

(二)语言融合的原因

一是被融合民族的主观意愿。我国的北魏时期,鲜卑族和汉族处于民族融合的关系之中,鲜卑族的统治者顺应社会经济和文化发展的需要,提倡鲜卑人学习并使用汉语,结果汉语取代了鲜卑语,成为鲜卑族和汉族共同的交际工具。这是统治者推行语文政策来学习语言,使得语言融合成为现实的典型例子。如:北魏孝文帝下令王公贵族学习汉语,要求鲜卑人“断诸北语,一从正音”,宣布废除鲜卑语而改用汉语。

二是社会的经济文化地位。在语言融合的过程中,哪一种语言能够替代其他语言而成为不同民族共同的交际工具,主要取决于语言使用者在经济、文化上的优势。一般来说,在经济上、文化上处于先进地位的民族的语言要替换经济、文化落后民族的语言(前者被西方语言学家称为“优势语言”),而政治上、军事上是否处于绝对的优势,并不是决定的因素。事实上,汉民族在几千年的历史发展过程中曾数度被一些经济、文化上比较落后的民族所统治,自魏晋以来,匈奴、鲜卑、羯、羌、契丹、女真等民族都曾把汉民族置于自己的统治之下,但由于汉族文化发展水平高,经济比较发达,加之人口众多,在语言融合的过程中,这些民族的语言最终被汉语替换了。

三是民族杂居的局面。《晋书·匈奴传》记载,汉末匈奴大乱,于是“携率部落,入臣于汉”,“与汉人杂处”,于是被汉族同化,与汉语融合。此外,像鲜卑族的拓跋氏以及后来的契丹、女真,包括后来的满族,在入主中原后之所以为汉民族所同化,都与同汉族杂居有关。

(三)语言融合的类型

语言融合可以分为主动融合和被动融合两种类型。

主动融合:在语言的接触中,有些民族的统治者顺应历史发展的规律,自愿放弃本民族的语言,选用经济、文化比自己先进的民族的语言。比如鲜卑族放弃鲜卑语而选用汉语。满语与汉语的融合开始是被动的,后来是主动的。

被动融合:有的民族的统治者为了保持本民族的语言进行了艰苦的斗争,但是迫于经济、文化发展的需要,最终还是不得不放弃本民族的语言,选用经济、文化比自己先进的民族语言。比如女真语与汉语的融合。金世宗屡次告诫群臣,发出诏谕,要求使用女真语,保持女真旧俗,设法改变女真人与汉人杂居的情况,避免被融合,但最后仍无法改变女真族、女真语与汉族、汉语融合的结果。

要注意区分“被动融合”和“强迫同化”。强迫同化是征服者利用军事、政治的优势,迫使被征服者接受征服者的语言并放弃自己的语言。这是民族压迫和种族灭绝的一种形式，强迫同化总是要引起强烈的反抗的，而且在一般情况下，征服者并不能都取得成功。比如过去日本侵略者曾在台湾岛和东北地区强制推行日语，歧视汉语，企图以日语代替汉语，并未达到目的。

就汉语同其他语言融合的情况来看，隋唐以前，以自愿融合占优势，隋唐以后，被迫融合的比重要大一些。隋唐以前主要是五胡的融合，以北魏孝文帝为典型代表，自愿放弃本族语；隋唐以后，如女真族、满族等。清太宗皇太极在入关前也曾告诫群臣“使后世无变祖宗之制”，但仍未逃离历史的客观法则。到顺治以后就“渐习汉俗”了，到康、雍、乾三代就进一步与汉族、汉语融合了。

（四）双语现象

双语现象是指某一言语社团使用两种或多种语言的社会现象。

在语言融合的过程中，被融合的民族的成员一般会说两种语言，即本族语和在融合中占优势的那种语言。这是语言融合的一个重要特征，是两种或几种语言统一为一种语言的必由之路。语言的融合不像国家的征服、土地的占领，一夜之间可以改朝换代，总是要先经由双语阶段，最后导致一种语言排挤另一种语言而完成语言的替换。

语言的融合自然与民族的融合密切相关，若民族间的关系融洽，朝着社会统一的方向发展，则语言也要完成融合；若民族间的关系破裂，朝着社会分化的方向发展，则语言也各说各的。前者如汉与鲜卑，后者如汉与蒙古。但不管如何，融合则必须经过双语阶段。两个民族生活在一起，由于交际的需要，都要互相学习对方的语言。比如鲜卑语被汉语取代之前，鲜卑人和汉人两种语言都会说。只不过汉族人学鲜卑语不是当时的主流。如果有汉人要说鲜卑语，就会被人讥笑为“不得邯郸之步而有匍匐之嗤者，此犹其小者耳”（《抱朴子·讥惑》）。

民族的杂居、民族交往的需要，使得民族语言产生替换，出现双语现象。我国几乎所有少数民族中都有一部分成员除了讲本民族的语言之外，还会讲汉语。据调查，目前在我国的少数民族中，本族语言和汉语并用的双语人口超过民族总人口50%的有鄂温克族、达斡尔族、京族、仫佬族、裕固族、柯尔克孜族、保安族、羌族、壮族、撒拉族、布依族、白族、东乡族、黎族、纳西族、基诺族、鄂伦春族等17个民族。

在双语现象阶段，必然产生语言间的相互影响，即使是被融合的语言，也会在另一种语言中留下自己的痕迹。比如汉语的地名中就留下了一些被替代语言的痕迹。满语为汉语所替代，但满语的痕迹在今天东北的地名中随处可见。如“哈尔滨”“齐齐哈尔”中的“哈尔”即满语“江”的意思。

三、语言的混合

语言的混合指在语言频繁接触的地区，几种不同的自然语言成分混杂而成的、与原来那些语言都不相同的新的交际工具。语言混合包括洋泾浜和克里奥尔两种形式。

(一)洋泾浜

洋泾浜是上海外滩的一段，位于洋泾浜(河名，早已填没)和黄浦江的汇合处。鸦片战争以后，上海辟为商埠，洋泾浜一带成了外商聚集的地方。由于做生意的需要，当地平民与外国人接触，彼此语言不通，难以交际，后来逐渐形成了词汇基本采自英语、语法采自汉语并对语音加以改造的"洋泾浜英语"。这种洋泾浜成为当地平民与外国人交际的主要手段。洋泾浜现象是世界各地，尤其是通商口岸常见的一种语言现象，并非中国特产。但一些外国学者却对中国的洋泾浜产生了兴趣。由于这种现象大多发生在通商口岸，所以有人把这种语言叫作Bussiness English，中国人说快了，就是pidgin(皮钦)，后来pidgin成了这种语言现象的学名。

洋泾浜的特点：

第一，语言系统混杂并且最大限度简单化。比如语音当地化，用上海的语音系统去发英语的音，用l代替r，green发成geleen；词汇数量很少，大部分来自外语，少部分来自当地语言或其他语言，甚至造一些词。如上海的洋泾浜词语，或者仿照汉语造词，如chin-chin，chow-chow；或者加语气词，如die-lo，pay-lo，say-lo，bye-lo。由于词汇量少，有些事情需要拐弯抹角地去指称；语法规则减少到最低程度，并受当地语法规则的影响。如加量词、换词序等等。如My no can(英语I can not)，two piece book，等等。

第二，使用范围狭窄。只用于特殊场合(商业交往)，不作母语或第一语言。

第三，功能单一。只有口头形式，没有书面语。

洋泾浜不仅中国人这么说，外国人为了与当地人做生意，也这么说。不只中国，亚洲、非洲、拉丁美洲、大洋洲都有在英语、法语、葡萄牙语、西班牙语的基础上形成的许多洋泾浜语。

洋泾浜是语言间相互影响而产生的一种非常特殊的语言现象，其前途不外两个：一是随社会制度的改变而消亡，如我国的洋泾浜；二是发展为"克里奥尔"，成为某一地区通用的交际工具。

(二)克里奥尔

克里奥尔本来指欧洲人与当地人的后裔、混血儿，后以此指他们的语言。克里奥尔最初指以法语为基础的混合语,后扩大到泛指一切以某种外语为基础的混合语。

克里奥尔与洋泾浜有相似之处,也是语言接触的特殊形式,远渡重洋,立足异域,与当地语言发生密切关系,互相影响,吸收对方的一些成分,放弃自身的一些特点,变成一种既非此又非彼的语言形式。

克里奥尔与洋泾浜的不同之处:洋泾浜用于临时的商业交往,而克里奥尔则成为社会的主要交际工具;洋泾浜不作为母语学习,克里奥尔则作为母语学习,有的还有书面形式。

一般来说,克里奥尔由洋泾浜发展而来,是pidgin的升格。几种语言或方言的接触,也会以某种语言为基础而形成混合语。海地有以法语为基础的混合语;牙买加有以英语为基础的混合语;非洲也有几种混合语:有的通行于喀麦隆,有的通行于塞拉利昂,有的通行于几内亚(比绍)和佛得角群岛。我国五屯话也是一种混合语。五屯话是青海省黄南藏族自治州同仁县使用的语言,使用人口约两千。五屯话本是一种汉语方言,但由于受藏语影响四五百年,吸收了许多藏语成分。这样,五屯话既不同于汉语,也不同于藏语,成了一种典型的混合语。

(三)人工混合语

克里奥尔和洋泾浜是自然语言的混合。曾经有过许多人尝试创制出一种各国人民、各族人民都能接受的国际通用的语言,这是对自然语言的一种人工混合。这样的方案出现过几百种,但都不理想。比如德国人史莱耶尔1880年设计的沃拉皮克,意大利语言学家皮阿诺设计的Inter Lingua方案。比较成功的是波兰医生柴门霍夫在1887年创造的Esperanto(世界语)。

柴门霍夫是波兰籍犹太人,眼科医生。父亲是语言学教授。柴门霍夫除会波兰语外,还学过英语、法语、德语、拉丁语、希腊语、俄语,从小就立志要创造出一种国际语言。在柴门霍夫看来,自然语言有诸多不合理的地方,比如语法太烦琐、不规则变化、固定用法。所以,他创制语言的原则是"简单易学,确切合理"。

1887年公布的第一方案,叫作Doktoro Esperanto,译为"充满希望的博士",很快为许多人喜欢。1906年传入中国,鲁迅、蔡元培等人曾大力提倡学习这种语言。现在世界上许多国家都有Esperanto协会。

鲁迅与世界语

Esperanto的特点:在语音方面,用28个字母代表28个音素,做到了像国际音标那样"一音一符",单词重音永远落在倒数第二个音节上;在词汇方面,904个词根,词根可以自由复合成词,可以构成1万多个词。派生词的构成可以利用一套丰富的前、后缀,方便灵活。实词有整齐划一的形态:比如名词以-o收尾,Popola Cinio“人民的中国”,nacio“民族”,internacio“国际”。动词不定式以-i收尾,形容词以-a收尾,副词以-e收尾,等等;在语法方面,语法规则16条,整齐划一,简单明确,无一例外。

Esperanto毕竟是一种人工语言,有着它难以克服的局限:对于欧洲人来说似曾相识,但对于其他地区的人来说,依然是一种陌生的、不易掌握的语言;毕竟是人造语,难以成为第一母语;一旦进入交际,仍然会发生演变,其理论上的诸多优点就不复存在了。

四、语言联盟

语言联盟是指没有直接亲属关系或者亲属关系比较疏远的语言,由于长期共处在同一地区或者毗邻地区,互相影响而在语言结构上产生共同或相似特征的现象。

语言联盟较多地表现为几种不同的语言中出现共同的语音、语法结构类型,巴尔干半岛上诸语言的情况就是典型的例子。巴尔干语言联盟所涉及的语言包括属于斯拉夫语族的保加利亚语、马其顿语,属于拉丁语族的罗马尼亚语,以及系属不明的阿尔巴尼亚语。这些语言虽然系属有所不同,但它们长期相互影响、相互渗透,于是在语言上形成了一些共同的结构类型特征。这些特征是:有后置词,动词不定式消失,借助于意义为“想”“要”的助动词构成动词将来时的分析形式,属格和与格合并,等等。

语言联盟的几种语言并存,并且出现结构类型上的共同特征,一般是不同的语言社会长期相邻的结果,是不同语言相互接触、相互影响、相互渗透的结果,但不是不同的语言社会统一合并的结果。

第四节　语言系统的发展演变

一、语音的发展演变

(一)研究语音演变的凭借

语音的变化可以从共时和历时两个不同的角度进行考察。从共时的角度考察,研究语音在一个相对稳定的历时“横断”面的共时音变;从历时的角度考察,研究语音从某一个历史时期到另一个历史时期音位本身的变化、音位的分化、音位的合并等,又称为历史音变的研究。当代的共时考察主要对现成的语音材料进行描写分析，相对方便；而历史音变的研究，则由于历史上活的语音材料没有保存下来，考察起来就要麻烦得多。现在考察语音的历史演变的凭借主要有两个方面：一是方言之间或亲属语言之间的差别，二是记录了语言过去状态的文字。

1.根据方言或亲属语言间的差别来考察语音的历史演变。语言发展的特点之一是不平衡性。这种不平衡性使得同一语言在不同的地区表现出差异，这些差异往往代表某一语言现象的不同发展阶段，我们正可以从地域的差别——空间的差异中去探索有关语言现象的发展过程——时间的差异。比如汉语有些方言的声母分尖团，有的方言尖团不分，这种方言间是否分尖团的差异实际上是汉语语音演变的结果，反映了汉语发展的不同历史阶段。是否分尖团可以在不同的方言大区表现出来，比如北京话不分尖团，苏州话分尖团；也可以表现为同一方言区的内部差异，如同属西南官话，成都话、重庆话不分尖团，川北的巴中话分尖团。

例：

	成都	重庆	巴中
基	ʨi	ʨi	ʨi
祭	ʨi	ʨi	tsi
欺	ʨ‘i	ʨ‘i	ʨ‘i
妻	ʨ‘i	ʨ‘i	ts‘i
希	ɕi	ɕi	ɕi
西	ɕi	ɕi	si

从以上成都话、重庆话、巴中话是否分尖团的情况可见，成都话、重庆话不分尖团，巴中话还分尖团，说明在巴中话里，尖团还没有合流。比较起来，成都话、重庆话较之巴中话发展得快一些。为什么从分尖团与否可以看出汉语古音演变的轨迹呢？因为在汉语语音演变的历程中，舌尖前塞擦音、擦音的腭化是一个发展趋势。腭化之后，舌尖音与舌面音合流了，于是尖团不分了。由此可见，还没有腭化的、还分尖团的方言较之已经腭化的、不分尖团的方言更多地保留了古音，我们可以从方言的这种分尖团与否的线索来检索汉语语音发展的历时变化。

同时，通过亲属语言之间的比较也可看出语言中语音的发展。比如：

英	德	英	德
live	leben	give	geben
have	haben	name	namen

从以上英语和德语的比较中，至少可以得到两点启示：第一，从日耳曼语发展演变而来的两种亲属语言中，德语的发展速度要慢于英语。在语言发展的过程中，脱落、丢失一些语音成分是语音演变中比较常见的现象，德语保留了闭音节的读音，更多地保留了古音。第二，英语的这几个词在其发展的过程中产生了音变，其中的e已都不发音。那么，它原来是不是发音的呢？可以肯定是发音的。因为拼音文字在创制的时候不可能创制一个不发音的闲符号作摆设。不发音是后来的事，是语音演变的结果。

2. 根据记录语言符号的文字来考察语音的历史演变。文字与语言相比，更具有保守性。语言发生了变化，尤其是语音发生了变化，而文字却仍然保留了原来的面貌。这样，我们就可以利用文字这种“滞后性”去探索语音原来的面貌。比如英语light，right，fight，height中的“gh”是要发音的，后来读音发生变化，消失了，于是不发音了。这种语音的变化，仅从文字的字面上就可以看出来。

从文字的角度来考察语音的历史演变，拼音文字比较方便，但汉字因其与汉语的特殊关系，就显得困难得多。汉字要从其他方面来考察语音的变化：

从形声字的声符考察古音。汉字是意音文字，之所以称为“意音”文字，因其有大量的形声字。形声字中，形旁表义，声旁表音。比如“粑”，“米”表意，粮食做的；“巴”表音。“杞”，“木”表意，“己”表音(相近)。但有些形声字的声旁与今天的读音已相去甚远了，如“蔡”的声旁是“祭”，“移”的声旁是“多”，“解”的声旁是“角”，“通”的声旁是“甬”……都与今天的读音不一样。从形声字的造字原理来说，通过声旁就应该能够读出这个字的读音。而一些字根据声旁不能读出读音或者看不出来哪个是声旁，说明语音发生了变化，是语音演变的结果。

反切

根据“反切”考察古音。反切是我国古代的一种注音方法，使用十分普遍。反切是用两个字的读音来拼出另一个字的读音的方法，上字取声，下字取韵和调。但如果我们用现代汉语的读音去用上下字切音，就会发现，多数的被切字都与现代读音有所不同了，如“东，德红切”“列，良薛切”等。反切法创制的时候，上字的声母与被切字的声母，下字的韵母和声调与被切字的韵母和声调应该是一致的，今天不一致了，通过上下字不能切出被切字的读音了，说明汉语语音发生了变化。

根据古诗词的韵脚考察古音的演变。古人作诗词，是十分讲究押韵、平仄等格律的，要求十分严整。但有些诗词用今天的读音去读，却并不押韵了，如崔颢的《长干曲》：“家临九江水，来去九江侧。同是长干人，生小不相识。”“侧”“识”是韵脚，这两个字用今天的普通话读就不押韵。这两个字在古音中应当是押韵的，都是入声字。这在有些保留了入声的方言里可以得到印证。通过这个线索也可以发现语音变化的脉络。

通过借词的读音考察语音的历史演变。古代汉语发展到现代汉语，语音发生了变化，从一些借进来的外来词中可以见到这种变化的痕迹，因为这些借词都是用当时的语音去对译的。比如佛经中的“佛陀”是梵语的Buddha的音译，在文献中还有一些别的译法，如浮屠、浮图、勃塔、勃陀等。“佛、浮、勃”从同一个音节bud翻译而来，我们可以据此推论，“佛、浮、勃”的声母都是[b]，而且是浊声母。但是用今天的读音来读，“佛、浮”的声母是[f]，“勃”的声母是[p]，说明语音发生了变化。

（二）语音演变现象

语音的演变主要表现为音位的分化与合并以及音位关系的改变。

音位的分化与合并。音位的分化与合并是语音演变的主要内容。比如汉语中古音声母“见”“精”两组的变化。二组声母发展到今北京话，“见”组字按照与之组合韵母开口度的大小分化为[k]、[k‘]、[x]和[tɕ]、[tɕ‘]、[ɕ]两组；“精”组字按照与之组合韵母开口度的大小分化为[ts]、[ts‘]、[s]和[tɕ]、[tɕʰ]、[ɕ]两组。如图：

古声母		洪	普通话声母	细	普通话声母
精组	精	栽、租	ts	姐	tɕ
	清	猜、粗	ts‘	且、趋	tɕ‘
	从	罪	ts	聚	tɕ
		才	ts‘	齐	tɕ‘
	心	苏、娑	s	些、胥	ɕ
	邪	俗	s	斜、徐	ɕ
见、晓组	见	该、姑	k	皆、拘	tɕ
	溪	开、枯	k‘	启、区	tɕ‘
	群	跪	k	忌	tɕ
		逵	k‘	奇、瞿	tɕ‘
	晓	海、呼	x	戏、虚	ɕ
	匣	亥、胡	x	械、穴	ɕ

再如汉语非音质音位的分化。从中古音的四声发展到现代汉语北京话的四声，看起来调位数量没有什么改变，但其间有大量的分化：古平声分化为今北京话的阴平和阳平，古上声分化到今北京话的上声和去声，古入声分化到今北京话的阴、阳、上、去四声。当然，分化和合并往往是交错进行的。古上声分化了，但其中一部分又和今北京话的去

声合并了，古入声分化了，但又和今北京话的阴、阳、上、去四声合并了。前面讲的“见”“精”组的变化也是这样。“见”“精”组各自都分化，但二组在细音前面又合并为一组[tɕ‘]、[tɕ]、[ɕ]。

音位关系中，音位的对立关系和组合关系也在改变。比如受汉语“浊音清化”规律（详见下面的讲述）的影响，中古音声母的塞音、塞擦音、擦音的“清——浊”的区别特征消失了，“清——浊”的音位对立关系也随之消失。音位的组合关系也在发生变化。中古音里，“见”“精”两组声母可以和细音组合，发展到今北京话，除了演变为[tɕ]、[tɕ‘]、[ɕ]的一组音可以和细音组合，其余的保留了[k]、[k‘]、[x]和[ts]、[ts‘]、[s]念法的声母，就不能再和细音组合了。此外，随着古入声调和入声韵的消失，在今北京话里，-p、-t、-k三个辅音就不能再出现在音节的末尾，组合关系也发生了改变。

（三）语音演变的规律性

语音演变规律是指在一定历史时期内，语音的有规则的演变现象可以概括为一系列公式。譬如汉语史上的“浊音清化”就是一条语音演变规律。据音韵学家研究，中古汉语有36个声母（一说37个），其中有一整套全浊声母：并[b]、定[d]、群[g]、澄[ɖ]、从[dz]、床$_1$[ʤ]、床$_2$[dʑ]、邪[z]、禅$_1$[ʒ]、禅$_2$[ʑ]、匣[ɣ]等。后来，这些全浊声母逐渐向同部位同方法的清声母演变。到近古时期，浊音清化过程基本上完成，《中原音韵》里全浊声母大部分已经消失，到了普通话里，全浊声母一个也没有了。

汉语浊音清化规律的主要内容包括：(1)全浊塞音和塞擦音声母，一律变为同部位的清声母，同时依其声调的平仄又分为：在平声字里变为同部位的送气清声母，在仄声字里则变为同部位的不送气清声母。如下图：

中古全浊声母	声调	演变结果	例字
b(并)	平	p‘(滂)	皮、旁、盆、频
	仄	p(帮)	倍、步、弼
d(定)	平	t‘(透)	同、台、徒、屯
	仄	t(端)	独、队、弟、电
dz(从)	平	ts‘(清)	从、慈、残、存
	仄	ts(精)	族、自、昨、杂
ʤ(床)	平	tʂ‘(初)	崇、船、豺、潺
	仄	tʂ(庄)	寨、栈、状

(2)全浊擦音声母一般变为同部位的清擦音,无送气不送气之别。如:

z(邪) { s　寺、颂
　　　 ɕ　续、序、羡、详

s(禅)　ʂ　睡、逝、誓、树

x(匣) { ɕ　雄、晓、学、贤
　　　 x　华、滑、黄、衡

语音规律是十分严整的。在同样的条件下,整类的音一般都有同样的变化。上述所举语音变化均为一系列音位的变化。音位的演变以区别性特征为单位,某一区别特征的变化不只涉及一个音位,要涉及同一聚合群中具备这一区别特征的其他音位。"清——浊"是古代汉语语音的一对区别特征,当浊音这一区别特征在很多方言里消失之后,影响所及,在这些方言中,全部浊音音位都一并消失。

语音的演变具有规律性,但规律要受种种条件的限制:

1. 语音条件。如前所述,现代汉语北京话的tɕ、tɕʻ、ɕ三个声母是由中古汉语的见、精两组即k、kʻ、x和ts、tsʻ、s两套声母演变而来的。不过,两组声母只有跟齐、撮二呼(细音)相拼时才变为tɕ、tɕʻ、ɕ,跟开、合两呼(洪音)相拼时并不发生这种变化。如:

见 { 洪——k　该、姑
　　 细——tɕ　皆、枸

精 { 洪——ts　栽、租
　　 细——tɕ　姐

2. 时间条件。语音演变规律只在一段时期内起作用。在某个历史时期起作用的语音规律,到了另一个时期,即使处于同样的条件下也不会遵循原来的规律发生语音变化。例如从拉丁语发展为法语的过程中,凡是拉丁语a前面的c[k]到法语里一律变为ch[ʃ]。如campum—champ(田),cattum—chat(猫)。但这种变化大约在13世纪就结束了,在此以后,法语再从拉丁语借词时,这条规律就不起作用了。再如上古、中古汉语里都有-m、-n、-ŋ三个鼻韵尾,而现代北京话里只有-n、-ŋ两个鼻韵尾,原来的-m尾全部并入-n尾。这大约是在16世纪以后才发生的。就是说,-m尾并入-n尾这一规律只在这一时期才起作用,在此以前还没有这种变化,至少在《中原音韵》里-m尾字和-n尾字仍属于不同的韵。

3. 地域条件。语音演变只在一定的地域内进行,在甲地发生的音变不一定在乙地也同样发生。如前所举汉语方言是否分尖团的问题,尖团合流在北方方言成为总的趋势,形成规律,但在苏州、巴中等地就受到了限制。-m、-n、-ŋ尾发展到普通话,-m尾并入了-n尾,但这种规律在粤方言、闽方言、客家方言里并不起作用,受到了限制,这些方言里至今还保存着-m尾。

(四)语音对应关系和历史比较法

语音的发展有严整的规律性,这种规律性使得从同一种语言发展演变而来的不同几种语言之间或者不同的方言之间,存在着有规律的语音对应关系。比如汉语中古韵母“歌”韵在今天北京话和重庆话、上海话之间就存在着有规律的对应关系。

中古韵目	京	渝	沪	例字
	o			波、磨
歌	uo	o	u	多、罗、陀、梭、搓
	ɤ			歌、和、俄

语音对应关系是指由语音演变规律及其特点决定的方言之间、亲属语言之间有规律的对应关系。通过确定方言间、亲属语言间的对应关系,可为研究语言的历史演变和构拟原始母语提供依据。同时,语音对应规律也是推广普通话经常使用的有效工具。排列出方言与普通话的语音对应关系这种做法,在方言区的人在学习普通话的时候,就可以成批地类推,不必一个一个地死记。

历史比较法是根据语音对应关系,比较方言间、亲属语言间的差别,揭示它们的演变过程并构拟原始母语的研究方法。历史比较法是研究方言、亲属语言间关系的一种有效办法。印欧语系诸语言研究得很充分,主要是采用了这种方法,语言的谱系分类就是运用这种方法研究的结果。应用这种方法研究汉语的中古音系已经取得了丰硕的成果。比如我国音韵学家们通过对历史文献的研究,认定古汉语入声字应有塞音韵尾-p、-t、-k。这种推断对不对呢?通过汉语几种方言的对比研究,可以确认这种推断是可以成立的。现在广州话里有-p、-t、-k,厦门话里也有-p、-t、-k,南昌话里有-t、-k两尾,到了上海,只有-ʔ,到泸州,则只有入声声调,没有入声韵了。比较这些韵尾,有的方言有-p、-t、-k三尾(广州、厦门),有的只有-t、-k(南昌话),有的方言只有-ʔ(上海),有的只有声调了(泸州),这些共存状态可以构成塞音韵尾演变的一条线索,-p、-t、-k→-t、-k→-ʔ→北方话的开音节,这是唯一可能的推断,而且这种结论正好与记录中古音系统的韵书的分类一致。

二、语法的发展演变

(一)组合规则的发展

语法组合规则的发展,主要表现为词序的变化。形态丰富的语言,词序的变化一般并不影响词语之间的语法关系,所以词在句子中的位置并不固定,词序比较自由。比如

俄语的 я читаю книгу（我读书）可以用六种词序来表达。当然，印欧语系的词序还是有所变化的。从古印度的文献《梨俱吠陀》中可知，“宾—动”是其句法的主要特点。与此相联系，关系从句在主词之前，修饰语在中心语之前。随着语言的发展，印欧语系的这种词序也在发生变化，变成了“动—宾”“主词—关系从句”“中心语—修饰语”。法语已经基本完成了这种演变。英语还没有全部完成，两种情况都有，如 my books，the books of mine。

汉语缺乏形态变化，因而词序在其语法手段中有着特殊的、举足轻重的作用。从古到今，汉语的词序变化，主要表现在两个方面：

1. 宾语位置的变化。先秦时代，在肯定句中，有名词、代词宾语位于动词前的残迹。如“戎狄是膺，荆舒是惩”（打击戎狄，惩罚荆舒《诗经·鲁颂·閟宫》）。先秦时代，在否定句中，人称代词作宾语有两种组合规则，宾语位于动词前后都可以。如“故明主者，不恃其不我叛也，恃吾不可叛也；不恃其不我欺也，恃吾不可欺也”（《韩非子·外储说左下》）。这里宾语位于动词之前。“有事而不告我”（《左传·襄公十八年》），这个句子里，宾语位于动词之后。在疑问代词中，疑问代词作动词或介词的宾语时，这些宾语位于动词或介词的前面。如“吾谁欺？欺天乎？”（我欺骗谁呢？欺骗上天吗？《论语·子罕》）、“大王来何操？”（大王来的时候带着些什么？《史记·项羽本纪》）。

以上这几种宾语前置的情况，演变到现代汉语，宾语都变成位于介词或动词之后了。

2. 偏正结构中，大名与小名的位置的变化。在现代汉语中，偏正结构里有一种“小名+大名”的类型。小名在前，大名在后，小名限定后面的大名，如“中国城、重庆市、松树、杨树”。但在上古汉语中，有一种与此相反的词序。如诗经里有“树杞、树桑、树檀”之说，《左传》里有“城颍、城濮、城隶”等地名。用今天的话说，就应该是“杞树、桑树、檀树”，“颍城、濮城、隶城”了。说那时有一些这样的结构，并不是说那时都是这样的结构。演变到现代汉语，这些“大名+小名”的结构一律变成“小名+大名”了。

（二）聚合规则的发展

聚合规则的发展主要表现为形态的改变、语法范畴的消长和词类的发展。

形态的改变，印欧语系的总趋势是简化。比如英语名词的三种性、三个数、八个格的变化，在现代英语中基本上消失了，只有一些留存的遗迹。与之相关的范畴的变化，英语名词的范畴已经消失；数的范畴剩下单、复数的对立，双数已经消失；格的范畴只有在表示生物的名词中还剩下一个属格的形式’s，如 people’s，student’s。代词中还有三个格:主格、属格、宾格(I,my,me)。

汉语缺乏形态变化,其聚合规则的变化,主要表现在三个方面:

一是在历史发展中出现了特有的名量词。汉语的名量词萌芽于先秦。例如:“桓公予之系马三百匹”(《管子·小匡》),“元戎十乘(shèng),以先启行”(《诗经·小雅·六月》)。名量词兴起于两汉,广用于六朝。如“序六艺为九种”(《汉书·艺文志》),“成都有桑八百株”(《三国志·诸葛亮传》)。同时,汉代出现了表示行为单位的“动量词”,如“奋不受药,叩头千下”(《三国志·孙奋传》)。经过隋唐,发展到现在,两类量词都广泛使用开来了。

二是近现代出现了一些构词词缀和构形词尾。汉语本来没有构词词缀,在双音节词逐渐占了优势的情况下,有的词根语素的意义逐渐虚化为构词词缀或构形词尾。如“老-、阿-、第-、-子、-儿、-头”等。鸦片战争以后,仿照西方语言用派生法构词的方法,汉语中陆续增加了一些能产的构词词缀,比如“-化、-性、-主义、-论”等。其中,“-化”大致相当于英语的-ize、-ization等,“-性”大致相当于英语的-ty、-ness等,“-主义、-论”大致相当于英语的-ism。

构形词尾“-着、-了、-过”的产生,在汉语语法史上产生了重要的影响。“着、了、过”原本都是动词,“了”是“终了”“了结”的意思,由南北朝到唐是它由动词向构形词尾转化的过渡时期,元代以后成为真正的构形词尾,表示“完成”的语法意义。“着”原写作“著”,作为动词是“附着”的意思。南北朝以后,开始虚化,宋代完成了虚化过程,大多表示正在进行的语法意义。但直到元代,“着”“了”的分工还不很明确,17世纪以后,“着”“了”才有明确的分工。“过”作为动词,表示从甲处到乙处的过程。虚化以后,表示动作“完毕”或行为、变化“曾经发生”的语法意义。

三是有了重叠法这种语法手段。古汉语中有“重言”,后人叫叠音词,是由两个相同的音节构成的词。叠音词是用重叠的方法构词,即用两个相同的音节构成一个词,一般不能给这个词什么语法意义。可是到了近现代汉语,重叠法已经演变为一种或者表达量,或者强调语气等语法意义的构形语法手段。如动词“说——说说”“听——听听”“商量——商量商量”“讨论——讨论讨论”等,形容词“漂亮——漂漂亮亮”“干净——干干净净”“高兴——高高兴兴”“亮堂——亮亮堂堂”等。

(三)语法发展中的规则类化

规则类化是指在语言的某种语法规则的影响下,其他语法形式向这种规则趋同的演变,也可以说是语法形式按某种占主导地位的规则变化的过程和结果。比如古英语book(书)的复数形式是bec,cow(母牛)的复数形式是kinc,而其他多数名词的复数形式是加词尾如hand—hands，eye—eyes，等等。在规则类化的作用下，book、cow的复数形式也变为books、cows了。

在许多语言的语法规则里，一方面，有比较整齐的、规律性较强的规则，另一方面，几乎无一例外地存在规则以外的语法现象。比如英语名词、动词、形容词的变化，没有例外的形式。规则类化可使许多词的变化趋于整齐划一，从而使人易于掌握。但是，规则例外的现象也有着巨大的影响，规则类化能否产生作用，要看例外现象势力的大小。对于那些例外现象势力大的不规则变化，规则类化往往难以发挥作用。英语的有些名词的单复数的变化，一般情况下加s，但存在不规则的形式，如man—men，sheep（同形）；动词过去式一般是在后面加ed，但存在不规则的形式：go—went—gone，get—got—gotten，have—had—had，eat—ate—eaten，形容词的比较级、最高级分别加er、est，也存在不规则的形式：good—better—best，bad—worse—worst，等等。

三、词汇的发展演变

词汇的发展演变主要表现在新词语的产生、旧词语的消亡和词语的替换三个方面。

（一）新词语的产生

在社会发展的过程中，新事物和新概念会不断出现，随着新事物和新概念的出现，也相应地创造出一些新词来代表它们，以满足人们交际的需要。如吸尘器、计算机、电冰箱、助听器、彩电、电脑等。新词语产生的途径主要是：

1.用原有的构词材料和构词规则构成新词。如汉语用“电”和“脑”合成了新词“电脑”，用“族”作类似词缀的成分派生出单身族、工薪族、打工族、追星族、上班族，用“热”造出了旅游热、留学热、开发热、房地产热、手机热、空调热、电脑热等。英语用super（超级）和highway（公路），合成了superhighway（高速公路），用ice（冰）和cream（奶油）合成了ice cream（冰激凌），用lip（唇）和stick（拐杖）合成了lipstick（唇膏）。

2.词义的分化。在词汇系统发展的过程中，往往在一个意义的基础上会产生另外的新义，每个新义以自己新的语音形式和书面形式构成新词，这样词义的分化也可产生新词语。例如，汉语的“叉”，《说文解字》：“叉，手指相错也。从又一，象叉之形。”段注：“手指与物相错也。凡布指错物间而取之曰叉。因之凡歧头皆曰叉。是以首笄曰叉，今字作钗。”“叉”是动词，由动词“叉”分化出名词“叉”（钗，chāi）。现代汉语的“杈”（chà，旁出的树枝）、“杈（chā，一种用来挑柴草的农具）、“汊”（chà，河流的分岔）、“衩”（chà，“裤衩”的“衩”）、“衩（chà，衣裙两边裂开的缝儿），也都是从“叉”分化出来的。

3. 借词。借词在各种语言中都不同程度地存在。通过借用其他语言的词语来丰富自己语言的词汇，是语言产生新词的重要途径。对借用者来说，借词也是新词（详见第九章第三节）

4. 旧词新用。一些词语随着社会的发展逐渐退出了交际领域，于是被“闲置”在古代的文献中。后来由于交际的需要，人们又赋予它新义而重新使用。虽然这些词是旧的形式，但有了新的语义，也被看作新词语。例如汉语的“火箭”本义是指古代战争中装上火药而发射的箭。而现在通常说的意思是“利用反冲力推进的飞行装置，主要用来运载人造卫星、宇宙飞船等”，可以说，火箭是个新词了。再如汉语“时髦”一词在汉代是“一时的杰出人物”的意思，这个意思没有沿用下来，现在这个词的意思是“形容人的装饰衣着或其他事物入时”，被赋予了新义，成了新词。

（二）旧词语的消亡

在词汇发展的过程中，一些词语因为逐渐不被人们使用而趋于消亡。引起旧词语消亡的原因主要有以下几个。

1. 旧事物的消失。某种事物消失了，代表这种事物的词也就逐渐消失了。在有文字的语言里，代表已经消失了的旧事物的词很多保存在文献中。比如进士、太监、陛下、科举、乡试、八股文、刺史、驸马、太庙、顶戴、朝珠、童养媳，“文革”时的一些词语，如黑五类、黑修养、走资派、大串连等，现在已多不用。

2. 人的认识的变化。人的认识的变化也可引起旧词的消亡。上古时期，汉族人对某些现象划分得很细，同类事物或现象稍有不同就给以不同的名称，如对不同肤色、性别、年龄的马的不同称呼，如骊（纯黑色的马）、骓（青白杂的马）、驳（毛色不纯的马）、黄（黄而杂红的马）、骐（青黑成纹像棋道的马）、骆（白马黑鬃）、驹（二岁的马）、骘（公马）、骆（母马）、赠（四条腿膝下都白的马）、骟（四只蹄子都白的马）、骙（前两脚都白的马）、驹（后两脚都白的马）、骧（后右蹄白色的马）、踦（前左脚白的马）等。随着人们对客观事物抽象、概括程度的提高，马的这些名称也随之消失。

新词语的产生和旧词语的消亡是词汇发展的普遍现象。一般说来，基本词汇是稳固的，变动小，一般词汇则处于经常的变动之中。有的旧词语消亡以后还可以复活，如先生、太太、小姐、旗袍、马褂、票友、买空、卖空、牛市、经纪人、股市等词语，新中国成立以后基本不用，但20世纪80年代以后又陆续复活了。

（三）词语的替换

词语的替换即“事物改换名称”。名称变了，而现实现象本身并没有发生变化。如首——头，面——脸，颈——脖子，余——我，等等。引起词语替换的原因是多方面的：

1. 社会因素。随着语言的发展，一些词语代表的事物并没有消失，但这些词所反映的观念与社会发展的新的观念和意识不符，于是就产生了词语的替换。如汉语用“工资”去替换“俸禄、薪水”，用“演员”替换“戏子”，用“邮递员”替换“邮差”，等等。

2. 语言系统内部的原因。汉语由于音节结构的简化包括浊音清化、腭化、塞音韵尾失落等造成单音节词中的同音词增多，给交际带来麻烦，于是通过加长词的长度，另用一些复音词来替换单音词。例如“见、剑、践、渐”成同音词了，于是用“看见”替换“见”，用“宝剑”替换“剑”，用“践踏”替换“践”，用“逐渐”替换“渐”。“到、道”成同音词了，于是用“到处、到达、到来”等替换“到”，用“道路、道理、道行”等替换“道”。古代汉语“高”的使动用法，有“使……高”的意义，现代汉语分别用“提高、抬高、增高、加高”等双音节词语来表示。

四、词义的发展演变

（一）词义演变的原因

1. 社会的发展和现实现象的变化。例如汉语“革命”，原来指“更改天命”，古人认为王者受天命而立，王者易姓就叫革命；现在革命指“被压迫阶级用暴力夺取政权，建立新制度”，转义为“根本改革”。在古代，床既是坐具又是卧具，后来出现了专供人坐的用具，如椅子、凳子等，“床”的词义也随着发生了变化。《现代汉语词典》对“床”的解释是：“供人躺在上面睡觉的家具。”“钟”原来指古代的一种乐器，后来指早晚用来报时的器具（钟鼓）。西洋的时钟传入我国以后，指能打点报时的时钟。

2. 人们对现实现象认识的发展或深化。典型的例子是，中国古人认为“心”是思维的器官，“心之官则思”，于是许多与思维活动有关的汉字都以“心”作意符。思、想、念、愁、虑、忖、忆、忧等，现代汉语里依然有“心里想”这样的说法。但随着科学技术的发展，现代人认识到“心”是供血的器官，于是词义的解释发生了变化。再如“日”，《说文解字》认为是“太阳之精”，现代人认为是“发光发热的天体，银河系的恒星之一”；“月”，《说文解字》认为是“阙也，太阴之精”，现代人认为是“地球的卫星”，词义的这种变化，都跟人们对现实现象的认识发展或者深化有关。

3. 语言系统内部语言单位的相互矛盾会引起词义的变化。在语言的词义系统中，词义与词义之间存在着相互联系、相互制约的关系，词义系统内部保持着一种相对平衡的状态。如果这种平衡受到了破坏，那么系统内部就会进行调整。因而当一个词的意义发生变化，破坏了原有词义之间的平衡状态时，就可能引起与它有关的词的意义的变化，使其达到新的平衡。例如“深”的本义是从上到下或从里到外的距离大，与“浅”是一对反义词。后来，“深”的意义发生变化，增加了几个义项：一是不易懂的意思，即深奥；一是指感情上或关系上的密切，即深厚等。“浅”的本意是指“不深”，即从上到下或从里到外的距离小。与深的意义变化相对应，“浅”的意义也发生了变化，增加了与“深”引申义相反的几个义项：一是与“深奥”相反的“浅显”义，一是与“深厚”相反的“浅薄”义。

另外，词汇单位之间也存在相互联系、相互制约的关系，在词汇中如果产生了一个与原有的某个词的意义相当的新词，原词意义也会随之改变。这就是说，一个词的意义在反映现实现象时都有自己大致的范围，如果词汇中增加了表示同一范围的现实现象的词，那就会引起这个词的意义发生变化。如“汤”古代泛指热水，《孟子·告子上》：“冬日则饮汤。”由于近代汉语词汇中增加了意义相同的词“热水”“开水”，结果就使这个词的意义发生了变化，现在“汤”一般是指食物煮熟后所得的汁水。再如古代汉语“走”是“跑”“逃跑”之义，“兽见之皆走”（《战国策·楚策一》），“弃甲曳兵而走”（孟子·梁惠王上），后来产生了“跑”。这样，“走”的古义就被“跑”取代了，“走”由此而产生了新义：“人或鸟兽的脚交互向前移动。”同时，“走”又取代了古代汉语的“行”。

（二）词义演变的结果

1. 词义的扩大。词义的扩大指词的一个义项原来所概括反映的客观事物的范围小，演变后，这个义项所概括反映的客观事物的范围比原来的大了。如汉语的“江”“河”本义特指“长江”“黄河”，现泛指一切江河；“灾”，原义指“自然发生的火灾”，即所谓“天火也”，词义扩大后可以泛指“一切灾难”；“牙”原义指口腔后部的“槽牙”，词义扩大后成了“牙的通称”；“菜”，《说文解字》：“菜，草之可食者。”《国语·楚语下》：“庶人食菜，祀以鱼。”“菜”的本义是可以吃的草本植物，以及用这类植物做成的菜肴（即素菜），现在泛指一切经过烹调供下饭、下酒的蔬菜、蛋品、鱼、肉等。英语place通过法语place（地方、广场）的媒介借自拉丁语platea（大街、市场），现在泛指一切地方。词义的扩大有一个共同的特点，即在词的一个意义范围之内发生的变化和发展，是一种由表种概念的词义向表类概念的词义的演变。词义扩大以后，原义被包括在新义之内，一般说来，词的原义都由新的语言形式来表示。

2. 词义的缩小。词义的缩小指演变后词的一个义项所概括反映的客观事物的范围比原来的小。在社会的约定俗成中，人们为了更加细致地把客观事物区分开来，将原来用于泛指的词，变成了用于指称某一特定的或具体的事物的词，这样，就形成了词义的缩小。“丈人”原来指年长男人的通称，现在专指“岳父”。“子”本来兼指男女，《战国策·赵策四》：“丈夫亦爱怜其少子乎？”中的“子”指儿子，《诗经·卫风·硕人》“齐侯之子，卫侯之妻，东宫之妹，邢侯之姨”中的“子”指女儿。现代汉语“子”变为单指儿子。“金”古代汉语指一切金属，现代汉语指稀有金属“金”。wife在中古英语指一切妇女，现在专指妻子。deer在莎士比亚时代泛指一切动物，现在专指鹿。girl原指未成年的男女，现在专指女孩子、姑娘。

3. 词义的转移。词义的转移指词义概括反映的本来是甲类客观事物，演变后，变为概括反映乙类事物，词的指称对象发生了改变，或者说词义表示的概念发生了更换。例如汉语“权”，原指“秤锤”，现在指“权力”。“行李”，原指“两国往来的使者”，现在则指“出门时所带的包裹、箱子等”。“脚”，《说文解字》：“脚，胫也。”“胫”指人的小腿，后来“脚”变成了“人或动物的腿的下端、接触地面支持身体的部分”。“涕”本指眼泪，如《诗经·陈风·泽陂》：“寤寐无为，涕泗滂沱。”毛传：“自目曰涕，自鼻曰泗。”汉代以后专指鼻涕了，如王褒《僮约》：“目泪下落，鼻涕长一尺。”词义的转移可由比喻而引起转移。英语的foot通过比喻引申而产生了“底部”“底座”的意义。也可由借代而引起转移，如英语的pen，俄语的перо，法语的plume，德语的feder，原都指羽毛，后来都用来指钢笔。

4. 词义义项的增减。义项的增加指的是同一个词所表示的概念的增加，从而影响到该词词义的增多和丰富。比如汉语“老”，原指“年纪大”或“老年人”，现在有很多义项：(1)年岁大；(2)老年人；(3)陈旧；(4)原来的；(5)长久；(6)经常；(7)很……英语的head，原义指“头”，后来指一切事物的顶部；居于高位的人；泛指各种各样的带头人。

义项的减少指一个词的几个义项中，有的义项从这个词的意义范围之内消失了。如“喽罗”一词，《词源》的注释为：(1)伶俐，机警。唐代卢仝《寄男抱孙》诗：“喽罗儿读书，何异摧枯朽。”(2)旧称占有固定地盘的强人部众。(3)扰乱，喧噪。明代刘基《送人分题得鹤山》诗：“前飞乌鸢后驾鹅，啄腥争腐声喽罗。”《现代汉语词典》对“喽罗”的解释是：“旧时称强盗头目的部下，现多比喻追随恶人的人。”义项减少了。

在词义演变的结果中，词义的扩大是词义演变的主流。词义的扩大使得词语表达范围扩大而不必另造新词，能够满足社会发展和交际的需要。

思考练习

一、填空题

1.语言分化的不同类型包括________、________和________。

2.语言的发展具有________、________两个特点。

3.世界语Esperanto是由波兰医生________所创制的。

4.舌尖前塞擦音、擦音和齐、撮二呼相拼叫作________;舌面前塞擦音、擦音和齐、撮二呼相拼叫作________。

5.汉藏语系包括________、________、________和________四个不同语族。

二、选择题

1.从词义发展的角度看,以下属于词义转移情况的是(　　)。

A."牙"由"槽牙"的意思变为"牙"的通称。

B."丈人"由"年长男性"变为"岳父"的意思。

C."权"原指"秤锤",现在指"权力"。

D."脸"原指"脸颊",现指"整个面部"。

2.语言的统一可能由不同原因造成,以下属于文化原因导致语言统一的是(　　)。

A.意大利语　　B.英语　　C.德语　　D.法语

3.不属于汉藏语系的语言是(　　)。

A.壮语　　B.苗语　　C.维吾尔语　　D.傣语

4.下列说法中正确的是(　　)。

A.社会方言和地域方言是同一个概念

B.汉语语音系统发展得最快,语法系统发展得最慢

C.语言随着社会的分化而分化

D.中国和俄罗斯相邻,因此汉语和俄语是亲属语言

5.根据汉字考察汉语语音演变的方法不包括(　　)。

A.从形声字的形旁考察古音

B.根据反切考察古音

C.根据古诗词的韵脚考察古音

D.通过借词的读音考察语音的历史演变

三、名词解释题

不平衡性 谱系分类 洋泾浜 历史比较法 规则类化

四、简答题

1.举例说明什么是语言的渐变性。

2.什么是语言的融合？举例说明语言融合的原因。

3.如何确定方言和不同语言？

4.汉语语法组合规则的发展主要表现在哪些方面？

五、分析题

什么是外来词？试对下列外来词进行分类。

BBC 沙发 理论 巧克力 超级市场 LOL 冰激凌 S形路线 可口可乐 拷贝 SOS 麦克风 LG 苹果派 A字裙 蜜月 T型台 迷你裙 警察 交涉 政府 翡冷翠 盂兰盆节 盘尼西林

六、论述题

什么是历史比较法？请论述并举例说明。

【拓展延伸】

[1]陈保亚.论语言接触与语言联盟[M].北京：语文出版社，1996.

[2]杨锡彭.汉语外来词研究[M].上海：上海人民出版社，2007.

[3]王力.汉语语法史[M].北京：商务印书馆，1989.

[4]蒋绍愚.古汉语词汇纲要[M].北京：北京大学出版社，1989.

[5]吴福祥.关于语言接触引发的演变[J].民族语文，2007(2).

[6]史有为.外来词：两种语言文化的融合[J].汉语学习，1991(6).

[7]张晓松.网络语言的社会语言学研究[J].语文建设，2012(8).

后记

POSTSCRIPT

语言学概论作为普通语言学的入门课，是各高校汉语言文学、汉语国际教育、外语等专业学生的专业基础课。由于课程本身具有基础性和理论性，所以术语繁多、概念抽象、理论性强，学生反映枯燥乏味、难学难懂。为了解决这一问题，在多年的教学实践中，编者一直在努力思考如何改革教学方法、教学内容，而教学内容的改革就体现在教材的编写上。适逢重庆人文科技学院文学与新闻传播学院为适应应用型大学转型发展的需要，推出“应用型本科中文专业规划教材”系列，我们对语言学概论的教学内容进行了调整，对教材形式、构架也进行了探索，编写了这本教材。

本教材是在高廉平《语言理论概要》(重庆出版社2006年版)的基础上修订而成的。其主要修订变化有:①在每一章节之前增加“章目要览”“相关知识”“情景案例”“重点提示”，以使学生在学习之前，对本章的内容有总体的把握。章节之后，增加“思考练习”和“拓展延伸”，通过练习和阅读相关书目资料，可以巩固学生对知识的掌握。②章节内容之中，适当增加了一些需要学生了解但又限于篇幅不适合写进教材的内容，以二维码的形式呈现，将二维码与纸质教材相结合，使教学内容更具开放性、延伸性、直观性。③新增加第七章“语用”。自20世纪七八十年代以来，语言学开始关注对语言运用的研究，语用学也成为一本新兴的学科。第七章介绍了语用学的一些基本理论和基础知识，如语境和语境义、合作原则及会话含义、言语行为、蕴涵和预设。④对原教材表述不严密、排印错漏的地方进行了修正。

本教材在编写过程中试图贯彻以下编写理念:理论观点一般为当前学术界的主流思想，尚有争议、有待商榷的观点留给教师在讲课中予以述评和发挥;重视纲目的条理性，行文通俗易懂，便于教学，利于掌握;注重理论联系实际，语料翔实，体现了本教材的实用性特点;充分利用汉语方言，以弥补学生外语之不足。

本教材由高廉平、苗春华主编，代璐修订编写第一章“绪论”、第二章“语言的本质”、第八章“文字”，胡建修订编写第三章“语音”、第五章“词汇”、第六章“语义”、第九章“语言的发展”，李函柯修订编写第四章“语法”，苗春华编写第七章“语用”。

限于编者学力，不妥之处，请专家和读者批评指正。

编者

2019年1月